みんなで育てる家庭養護 里親・ファミリーホーム・養子縁組

家庭養護のしくみと権利擁護

編集代表 相澤 仁

編集 澁谷昌史・伊藤嘉余子

明石書店

シリーズ
みんなで育てる家庭養護
里親・ファミリーホーム・養子縁組

編集代表
相 澤　　仁（大分大学）

編集委員（＊本巻担当編集）
澁谷　　昌史（関東学院大学）＊

伊藤嘉余子（大阪府立大学）＊

渡 邊　　守（NPO法人キーアセット）

長田　　淳子（二葉乳児院）

酒 井　　厚（東京都立大学）

舟 橋　　敬一（埼玉県立小児医療センター）

上鹿渡和宏（早稲田大学）

御園生直美（早稲田大学社会的養育研究所）

千賀　　則史（同朋大学）

野 口　　啓示（福山市立大学）

シリーズ刊行にあたって

　里親家庭で暮らした経験のある人が、当時をふりかえり「手をかけること、手をつなぐこと、手を出さないこと、などなど。野の花のような里親さんの手は、私に長い人生を歩んでいくための生きる力を育んでくれたに違いありません」と語ってくれています。家庭養護のもとで暮らした経験のある多くの子どもたちは、里親家庭やファミリーホームなどにおける養育支援を通して、同じように生きる力を育み人生を歩んでいます。

　未来を担うかけがえのない子ども一人ひとりが心身ともに健やかに成長発達し、健幸な人生を送ってもらうことを願い、家庭の中に受け入れ、養育支援する里親・ファミリーホームなど、家庭養護は極めて重要なシステムです。

　周知のとおり、2016（平成28）年の児童福祉法の改正により、子どもが権利の主体であることが明記されました。また、国および地方公共団体の責務として、家庭において養育されるよう保護者を支援するとともに、それが困難や適当でない場合には家庭と同様の環境（里親、ファミリーホーム、養子縁組）における子どもの養育を推進することになり、家庭養護優先の原則が法律上に規定されました。

　この改正法の理念を具体化するため、厚生労働省に設置された検討会で「新しい社会的養育ビジョン」がとりまとめられ、里親への包括的支援体制（フォスタリング機関）の抜本的強化と里親制度改革、永続的解決（パーマネンシー保障）としての特別養子縁組の推進、家庭養育優先の原則の徹底と年限を明確にした取組目標など、その実現に向けた改革の工程と具体的な数値目標が示されました。

　これらを受けて、都道府県においても「社会的養育推進計画」を策定し、家庭養護の推進に取り組んでいます。こうした抜本的な改革が行われたにもかかわらず、それを実践していくための里親、ファミリーホームおよびそれを支援する関係機関・関係者などに対する総合的なテキストは出版されていないのが現状です。

　このシリーズでは、こうした制度改正などの動向を踏まえ、里親、養親および支援する関係機関・関係者を対象の中心に据えた、実践に役立つ、子どもとともに学び、ともに生活し育ちあう、といった臨床的視点を入れた養成・研修のテキストとして作成しました。これまでの子どものケアワーク中心の個人的養育から、今後目指すべき方向性としての親子の関係調整などを含めた関係機関との連携によるソーシャルワーク中心の社会的養育を基本に据えた、子どもの権利擁護や子どものニーズに合った実践のための基本的な考え

方・あり方について言及し、里親、養親および関係機関・関係者による養育や支援の一助となることを目的として作成しました。

　具体的に言えば、里親家庭やファミリーホームなどで生活する子どもやその家族とかかわる方々に、子どもを健全に育成するには、自立を支援するには、あるいはその家族を支援するにはどのようにかかわればいいのか、そのために地域や関係機関とどのように連携・協働すればいいのか、その一助となるために作成しました。

　実践において迷ったり、考え直したいときなどは、ぜひともこのシリーズを開いてみてください。子どもや家族とのかかわりにおける悩みや迷いを解決するためのヒントが得られることでしょう。どうぞ、このシリーズを、みなさんが家庭養護を必要としている子どもの健全育成や自立支援およびその家庭支援について、深く検討していくための資料として活用してください。

　当然のことながら、子どもの健全育成や自立支援およびその家庭支援をするために必要な内容がすべて網羅されているわけではありませんので、当事者である子どもはもとより、里親、ファミリーホームおよび関係者のみなさんのニーズにお応えできない面もあります。

　あくまでも参考書のひとつですので、みなさんが里親家庭やファミリーホームで生活している子どもやその家族とよりよいかかわりをするためにはどのように対応したらいいのか、それについて検討するためのしくみや基本的な考え方・ポイント、実践上のヒント、エピソードなどについて提供しているものです。その点について十分に認識のうえ、ご理解、ご活用ください。

　このシリーズが、研修テキストなどとして活用され、里親家庭やファミリーホームなどで暮らす子どもの健全育成や自立支援について考えるための契機となれば幸いです。

　最後になりましたが、本シリーズの刊行にあっては、編集・執筆全般にわたってご指導をいただいた編集委員の方々をはじめ執筆者の方々はもちろんのこと、本シリーズの刊行をご快諾いただき、刊行全般にわたりご教示いただいた明石書店の方々、深澤孝之氏、辛島悠氏、ならびにご協力いただいた方々に、この場を借りて心より深謝申し上げます。

編集代表　相澤　仁

はじめに

　すべての子どもには、生まれてきた家庭で愛情を受け、幸福を実感しながら健やかに成長・発達する権利があります。しかし、現実には、保護者からの虐待や育児放棄、経済的事情などさまざまな理由によって社会的養護を必要とする子どもたちが全国にいます。

　2017（平成29）年8月に取りまとめられた「新しい社会的養育ビジョン」では、社会的養護を必要とする子どものための代替的養育については、家庭での養育を原則とし、里親委託を推進するという方向性が示されました。これまで施設養護を中心に展開されてきた日本の社会的養護は、これまでとは異なるかたちで展開することを目指し始めたのです。

　本書は、「シリーズ みんなで育てる家庭養護（里親・ファミリーホーム・養子縁組）」の第1巻として、家庭養護のしくみの全体像について、子どもの権利擁護という観点から説明しています。

　具体的には、第1章では、現代社会における子どもを取り巻く状況を理解した上で、社会的養護を必要とする子どもたちの背景や必要としている支援等について考えます。第2章では、社会的養護に関する制度の全体像と今後目指すべき方向性と課題について概説しています。第3章では、社会的養護の中でも家庭養護（里親・ファミリーホーム・養子縁組）に焦点をあて、より詳細にその内容や実施体制等について解説します。第4章では、家庭養護の役割や意義、価値や理念について、子どもの権利という視点から考えていきます。第5章では、日本における古代から現在に至るまでの家庭養護の歴史的変遷について概観します。第6章では、家庭養護の現状と直面している課題を踏まえ、今後の展望について説明します。第7章では、家庭養護の中でも特に養子縁組に焦点をあて、制度の概要と今後の課題や方向性について解説します。第8章では、「里親及びファミリーホーム養育指針」の内容を概観しながら、これからの家庭養護のあるべきすがたについて考えていきます。第9章では、家庭養護に委託される子どもの声を聴く（アドボケイト）を中心に、家庭養護における子どもの権利擁護のためのしくみづくりについて考えます。

　本書は、現在、里親として活動されていてさらなるステップアップを目指す人、これから里親になることや養子縁組を考えている人にぜひ読んでいただきたいと思います。本書が、自分たち（里親・ファミリーホーム・養親）が担っている役割について理解したり、これから里親になろうとする人に伝えるべきことについて考えたりするきっかけになればうれしいです。また、里親家庭や養子縁組家庭を支援する立場にある人にも広く読んでいただ

きたいと思います。

　里親制度や養子縁組制度が、子どものための制度であることをあらためてみなさんと確認した上で、今後の家庭養護や社会的養護のあり方について一緒に考え創造していくことができれば幸いです。

2021年5月

伊藤　嘉余子

目　次

第1章　現代社会と子どもの権利擁護

第2章　社会的養護の制度と動向

第3章　家庭養護とは

第8章　里親及びファミリーホーム養育指針に見る家庭養護のあり方

第9章　家庭養護における子どもの権利擁護

現代社会と
子どもの権利擁護

社会的背景／子どもの権利／参加する権利／環境づくり

1. 子どもを取り巻く社会の現状

❶ 困難な条件下で生活している子どもに気づく

これは、宇宙のとある星のおはなしです。

その星では、おうちにも学校にも遊び場にも、爆弾が降っていました。

その星では、14才以下の少女が7秒にひとり、結婚していました。

その星では、1億5000万人もの子どもたちが働いていました。

その星は、地球です。

この物語を変えましょう。

　これは、国際的な非営利組織であるセーブ・ザ・チルドレンが、公益社団法人ACジャパンの支援を受けて各種メディアに掲載した、「子どもたちの惑星」というタイトルの作品である◆1。このような形で世界の子どもたちが置かれている状況を知るとき、多くの日本人は世界平和や社会的公正に関する正義心をくすぐられると同時に、「日本に生まれ育ってよかった」といった安心感を抱くのではないだろうか——それはとても自然な感情だといっていいだろう。

　しかし、それと同時に、「日本に生まれ育ってよかった」と感じていない子どもたちが今この瞬間にも存在していることを忘れていないだろうか。その子どもたちは、爆弾が降り注ぐ恐怖にはさらされていないが、SNS上で誹謗中傷の対象とされ続けている。14歳以下で結婚をすることはないが、性的な暴行にさらされたり、疾病等に苦しむ親に代わって幼いきょうだいの世話に追われたりしている。劣悪な環境で長時間労働を強いられているわけではないが、家計を助けるために働きながら高校に通っており、同じ年齢の子どもたちと同じように学び、進路を選ぶチャンスについて考える余裕もなく過ごしている。

　「極めて困難な条件の下で生活している児童が世界のすべての国に存在する」◆2のであり、どこか遠い国の出来事と考えることは間違っている——まずこのことを心に留めておいてほしい。あなたが今居住する地域の中にも、おそらく、困難な条件下で暮らしている子どもたちがいるはずだ。そして、その子どもたちは、一時的あるいは長期的に、社会的養護のもとで暮らすことを必要とするかもしれないのである。

　なお、日本の子どもたちが直面している困難な状況すべてをここで取り上げることはできない。ここでは、その一端を理解することを目的として、被災、貧困、虐待、自殺という4つの困難を取り上げる。いずれも困難を抱える当事者だけに起因する問題ではなく、

何かしらの社会的背景があって生じているものだということに留意しながら学びを深めてほしい。問題が社会の中で生まれるという認識は、問題を社会の中で解決するという認識の土台となり、子ども家庭福祉で求められる困難解決手法の理解につながっていくことになる。

▶▶▶実践上のヒント

何か困った状態に置かれた子どもがいたら、その子どもの力がないと判断する前に、どういう事情があってそうなったのかに関心を持つようにしてみるとよい。

❷ 被災

　昨今、台風、水害、地震などの自然災害により住み慣れた家や地域を失うシーンを目にすることが多くなっている。実際、国際的な災害情報データベース・EM-DATに基づいて中小企業庁が作成した、我が国における自然災害発生件数（「死者が10人以上」、「被災者が100人以上」、「緊急事態宣言の発令」、「国際救援の要請」のいずれかに該当する事象の件数）に関する資料◆3を見ると、1970年代には34件、1980年代には41件しか発生していなかった自然災害が、1990年代には52件、2000年代には61件、2011 〜 18年には東日本大震災の影響もあって67件となっており、増加している傾向が見て取れる。

　防災・減災対策の充実に伴って、災害による死者数自体は減少しているが、災害のたびに多くの子どもたちの基本的な生活基盤が奪われていく事実に変わりはない。例えば、資料1-1◆4を見てほしい。これは被災地で学習支援を行っている団体が紹介している子どもたちの姿である。もちろん、これはほんの一例にすぎず、被災体験がどれだけ多くの子どもたちに、どういった形で影響を及ぼし続けるのか、わたしたちは十分に知りえていない。それは被災地支援の不十分さにつながり、子どもたちが「自分たちは社会によって守られている」と実感する機会を奪うことにもつながっていきかねない。

資料1-1　被災した子どもたちに起こっていること

・失業し、遠方に就職した親も多く、子どもの孤独な時間が増加
・父親・母親・兄姉・祖父母など、多くの子どもが家族を失った
・駅や線路が流され、道も未整備なため、外出も困難な状態
・地域コミュニティが離れ離れになり、地域との関係性を失った
・仮設住宅が狭く、壁も薄いため、家庭での学習時間が減少・震災のストレスが影響して起きている不登校
・親の目が行き届かず起きている非行

出所：被災地の放課後学校「コラボ・スクール」ウェブサイト（https://www.collabo-school.net/page/2/）2020年4月1日閲覧。

　そして、その一方で、被災前から、貧困や家庭内での暴力といった困難な状況下にいながら、誰にも「助けて」の声を上げられずにいた子どもたちが存在したことも分かってき

た。資料1-2[5]は、被災して初めて発覚した、被災前の子どもたちの姿だ——こうした子どもたちは、当然、被災地以外にもたくさん存在するに違いない。これも被災経験からわたしたちが学べることのひとつといえる。

資料1-2　被災する前に子どもたちが経験していたこと

> 　父親のリストラをきっかけに生活は困窮、父から母への暴力は絶えず、姉は家出、自分自身も不登校。どうすることもできなかった中学生を救ったのは、震災でした。
> 　震災があったから「支援につながることができた。」「苦しみからやっと解放された。」そんな子ども・若者たちに、震災後の現場でたくさん出会ってきました。
> 　貧困、いじめ、ネグレクト、虐待・・・本人自身ではどうしようもできない状況に置かれ、誰にも「助けて」の声を上げられずにいる子どもや若者がいるという事実。
> 　どんな境遇のもとにおかれた子ども・若者であっても、「すべての子ども・若者が自分の人生を自分で生きる」ことができる地域社会を創るため、私たちは活動します。

出所：NPO法人TEDICウェブサイト（https://www.tedic.jp/activity/）2020年4月1日閲覧。

▶▶▶実践上のヒント

　被災の例に見られるように、困難な状況は、危機的な状態を脱してからもなお、実際には継続している場合が多い。当座の問題が消滅したことで安心するのではなく、その経験が子どもの人生にとってどんな意味を持つものであったのか、時間をかけて探る姿勢も時には必要である。

❸ 貧困

　我が国は、経済成長で成功したことにより、自分の生活程度を中流に属していると認識している人たちが大多数となり、日本全体が貧困から抜け出したかのように考えるようになった。しかし、経済成長が鈍化し、不況の壁に直面すると、失業等で生活苦に陥る人たちが少なからずいることに意識が向くようになっていった。これが我が国における貧困の再発見へとつながった。

　貧困が再発見されるためには、「貧困のとらえ方には、大きく2つのものがある」という考え方が必要であった。ひとつは、生命を維持するに足る必要栄養素が欠けるほどの状態を示すもので、絶対的貧困と呼ばれる——発展途上国に多く見られる貧困であり、おそらくは多くの人たちがイメージしやすい状況であろう。もうひとつは、ある社会で生活を送るために必要なものが欠けてしまう状態（等価可処分所得の中央値の半分に満たない世帯員の割合）を指すもので、相対的貧困といわれる。**貧困の再発見では、後者の相対的貧困の実態を明らかにすることが積極的になされた。**

　国際的な基準を踏まえて算出された相対的貧困のもとで暮らす子どもの割合を調べてみると[6]、貧困問題が注目されていなかった1980年代であっても10人中1人は貧困状態にあったこと、徐々に貧困率が上昇して2012年には16.3％の子どもたちが貧困状態にあっ

たことが分かる。とくに、ひとり親家庭の子どもの貧困率は今でも50%を超えており、この改善が強く求められる状況にある。

　なお、貧困問題は単なる経済的不利だけにとどまる問題ではない。経済的不利は、さまざまな社会的活動や生活条件の欠如に結びつき、経済的水準以外のさまざまな局面で格差を生じさせていく。さらに、こうした経験の中で育つことで、子どもたちが「自分にもいろいろなチャンスがある」ということを実感させる機会を低下させ、学習意欲の低下や自己肯定感の欠如といった、生きる力そのものにも影響を及ぼしていく。図1-1[7]は、経済的な不利がさまざまな生活条件の不利へと連鎖し、それが子どもの人生全体に影響を及ぼすものであると考えられるようになっている様子をモデル的に表したものである。

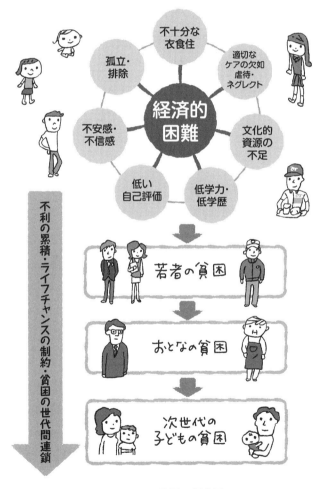

図1-1　貧困の概念図
出所：子どもの貧困白書編集委員会編（2009）『子どもの貧困白書』11頁より。

子どもが友達とコミュニケーションを取るために必要なスマホやゲーム機は、たとえ貧困状態であっても所有率が高い。相対的貧困の状態にあれば、その代わりにあきらめているものが必ずあると考えた方がよい。

❹ 虐待

現在話題になることが多い虐待問題も、実は再発見がなされたものである。

子どもへの残虐な扱い自体は、貧困を背景とした身売りや捨て子といった形を取りながら、かなり以前から存在した。家の中で子どもが残虐な取り扱いをされていることも少なからずあり、昭和初期には児童虐待防止法の制定も行われた（これは現在施行されている児童虐待防止法とは異なるものである）。その後、第二次世界大戦とその後の社会的混乱の中、子どもの家庭内での虐待を問題視する動きは停滞した。

それを大きく変えるきっかけとなったのが、アメリカ合衆国における虐待の再発見であった。1960年代に、小児科医のケンプ（Kempe, C. H.）が、たまたまできたとは思えないような怪我をしている子どもたちを発見し、これをバタード・チャイルド・シンドローム（被虐待児症候群）と名付けて発表したのだった。この発表を契機として、家庭内での身体的虐待のほか、心理的虐待、性的虐待、ネグレクトの発生も問題視されるようになり、その研究成果は我が国にも紹介された。

アメリカ合衆国からはだいぶ後れを取ることになるが、我が国でも1990年から児童相談所における児童虐待相談対応件数の統計が継続的に取られるようになり、子ども虐待防止が施策として体系化されるようになった。2000年には児童虐待の防止等に関する法律が制定され、その後、法改正が繰り返されながら、より効果的な虐待防止対策の構築に力が注がれている。

現在、児童相談所では、20万近くの虐待相談への対応が図られている（➡第2章参照）。実態をもう少しイメージしやすくするため、いささか乱暴な計算方法になるが、2019年10月1日現在の18歳未満人口（1860万人）を分母、児童相談所での取扱件数を分子として計算すると、93人に1人の子どもが児童相談所につながっていることになる。いうまでもなく、これ以外にも、市町村のみにつながっている子ども、虐待の疑いを持たれないまま地域で暮らし続けている子どもがいることを忘れてはならない。わたしたちが虐待に対する理解を深めれば、統計に表れる虐待相談対応件数はもっと増えていくかもしれない。

なお、虐待は保護者が加害行為をしているという実態があるため、どうしても保護者にのみ非難が集中しがちである。しかし、子どもへの虐待が発生する要因についての研究成果に基づけば、図1-2[8]のような複雑な関連図を作成することができる。そのため、**虐待**

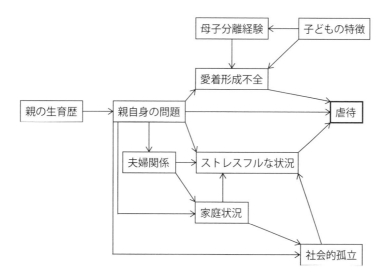

図1-2　虐待の発生要因
出所：庄司順一（2007）『子ども虐待の理解と対応——子どもを虐待から守るために（改訂新版）』117頁より。

について学びを深めると、保護者の苦しみについても目を向けざるを得なくなるのである。

❺ 自殺

　あまり考えたくないことではあるが、若い人たちであっても命を失うことがある。ニュースやドキュメンタリーを観ていれば、闘病の末に亡くなる子ども、交通事故により死亡する子どもがいる現実を直視せざるを得ない。

　さまざまな理由で子どもたちは亡くなるが、若い世代の自殺は深刻な社会問題である。厚生労働省のまとめている自殺対策白書では、日本における10〜39歳の死因順位の1位が自殺であることを記述することとあわせて、「15〜34歳の若い世代で死因の第1位が自殺となっているのは、先進国（G7）では日本のみであり、その死亡率も他の国に比べて高いものになっている」[9]と指摘している。しかも、我が国の自殺率は全体的には大きく低下している一方、20歳未満は横ばい、20〜30代は減少傾向にあるものの減少率はあまり大きくないとされる。

　なぜこのような状況が存在するのだろうか。特定非営利活動法人である「自殺対策支援センター　ライフリンク」は、523名の遺族の協力のもと、約5年の年月をかけて自殺の理由を丁寧に探っている[10]。その結果、まったく同じ亡くなり方をしている人はいないものの、自殺された方の属性により、自殺するまでのプロセスに一定の規則性があることを見出している。とくに、学生・生徒42名の自殺に関する調査結果を見ると、最初にいじめ、教師との人間関係の不調、学業不振があり、これらがきっかけとなって進路に関す

る悩みや精神的不調が積み重なり、さらにこれが悪化してうつ病や将来への不安を強め、自殺に至る様子が見て取れる。また、約40％は自殺の比較的直前まで専門機関に相談しており、最期まで何とか生きようとしていたことも指摘されている。

　社会的養護においても、自立援助ホームの実践報告などを見ると、自殺により若い人たちが命を自ら絶った例がしばしば言及されている◆11。自立援助ホームは、児童養護施設退所者等が社会的自立をしていくために利用する場であるが、とくに生活困難が絡み合ってきた経験をしている子どもたちがつながることが多い◆12。そうした子どもたちが自殺をする場合も、家族や学校、職場といった社会的な場でのつながりがうまくいかないことも影響しており、「その子どもが自殺したのは個人的な問題」として認識すべきではない。

▶▶▶実践上のヒント

　自殺未遂の件数についての統計は存在しない。自殺の問題は、現在把握されている以上に、もっと広範に日本社会の中に見られるものだと考えた方がよい。

　また、社会的養護というと虐待を理由とする事例が思い浮かびやすいが、父母の死亡を理由として児童相談所につながった子どもがいることを忘れてはならない。その中には、父母が自殺（未遂）をしている場合もあると思われる。

　社会的養護にかかわる人たちは、安心できる環境の中で身近な他者との信頼関係を回復していく中で、孤立感を和らげ、自己肯定感を高めるような支援をこうした子どもたちが必要としていることを認識したい◆13。

2. 子どもの権利擁護とは

❶ 権利思想について理解する

　前節で述べたような困難な状況を社会全体でしっかりと共有し、社会的な対策をとっていくためには、基本となる考え方や基準をはっきりさせておくことが重要である。このこととかかわって、家庭養護を学ぶ際には、権利思想について基本的知識を有しておくことが不可欠である。

　権利思想が形をなすようになったのは、近世から近代のヨーロッパであった。それ以前は、権力のある人たちが一般の人たちの自由や財産を奪うことは珍しいものではなかったのだが、理性的に物事をとらえることを強調した啓蒙主義の時代になると、上下関係を重

視する封建的な発想を不合理だとして批判する人たちが現れた。そこから、生命や自由は一人ひとりにかけがえのないものとして備わっている人権であって、**誰かに差し出したり、誰かから奪われたりすることは本質的にできないもの**──人が人として生きることを可能にしているもの──だという思想が形作られていったのである。そして、一人ひとりの生命や自由、財産をいかにして権力者から干渉されないよう保障していくかが、近代国家の形成と運営にあたって重要なテーマとなっていった。

その後、資本主義が発達して人々の貧富の差が拡大すると、国が人間らしい生活をすべての国民に保障することについても重視されるようになった。貧困が個人の能力の反映というよりも、自由に教育や仕事を選べない社会的な境遇と深く関連しているということが科学的に証明されたこともあり、国が人権保障に果たす役割は拡大していった。

❷　権利とは何か

権利（rights）とは、簡単にいえば、「正当性のあること」といえるものである。

例えば、あなたが養育していた子どもがアパートを借りて自立生活を送ることになったとしよう。賃貸契約が済めば、子どもはそこを自由に利用し、不当に立ち退きを迫られることはない──すなわち、そこで居住する権利を獲得したことになる。この権利は法的に守られたもので、万一、権利が侵害されたと感じたなら、裁判所に訴えることも可能である。

ただし、裁判所に訴えれば必ず勝訴するということではない。あらかじめ正当に取り結ばれた契約にそむくようなことをしたと認められた場合（賃貸料の滞納があるなど）、「権利を行使するうえで必要な責任を果たしていない」と見なされ、子どもがアパートに住み続ける権利は、制限されたり、あるいはまったく認められなくなったりする──すなわち、アパートに居住し続ける正当性は失われ、逆に賃貸者側の言い分に正当性があると認められるのである。

このように、人が生きていくうえで保障されるべきものが不当に奪われてしまうことがないよう、お互いに権利を主張するのみならず、それに伴う責任を遂行しながら生活をしている。

❸　権利と人権の違い──子どもの権利をどう理解するか

権利の中でも、とくに「人間の」という形容詞が付されると、人権（human rights）といわれるものとなる。これは、権利の中でも、「人間として絶対に奪われてはならないもの」として位置づけられているものである。例えば、日本国憲法にも定められる「言論の自由」は、人間が生まれながらにして持っている人権のひとつである。そして、いかなる人であっても、言論の自由は侵されざるべきものと考えられている。

このように、人権に言及する場合は、他者の人権を侵害しないという条件を除いては、責任が問われることはない。例えば、アパートの賃貸の例でいえば、契約していたアパートに居住し続ける権利を失うことがあったとしても、そのことで周りの人から石を投げられるようなことは認められないし、アパートを追い出されたことが不当だと考え、主張すること自体が禁止されるようなこともない。なぜなら、人身の自由、思想の自由、表現の自由は、基本的人権として憲法で保障されているものであり、**年齢が低いからとか、公的な保護を受けているからという理由で奪われてよいものではないからである。**

本書の中で繰り返し述べるように、家庭養護を含む現在の子ども家庭福祉においては、子どもの「権利」を擁護することが、その原理に据えられるようになっている。しかし、注意深く、子どもの「権利」といわれているものを吟味すると、いずれも「責任」を伴うと考えるのは不自然なもの、つまり「人権」に該当するものばかりが含まれていることに気づくだろう。このようなややこしい用語の使われ方をしているのは、子どもの権利の原語であるchildren's rightsを不正確に翻訳してしまったところにあるものと思われる[14]。したがって、「子どもの権利」という表現が出てきたときには、**「権利」の部分を「人権」と同義のものとして読むことが適当である可能性が高いと理解しておいて、まず間違いない。**

❹ 子どもの権利の内容

子どもの権利について理解を深める場合、児童の権利に関する条約（子どもの権利条約。以下、権利条約とする）を抜きに考えるわけにはいかない。権利条約は、1989年に国連で採択され、日本政府が1994年に批准したものである。これまでに子どもの権利の重要性が世界人権宣言等で確認されてきたにもかかわらず、権利侵害を受けている子どもたちが多く存在することを前文で示し、その後、54条にわたり、子どもの権利及び権利が守られるための仕組み等について規定している。前節で述べたような社会状況を広く知るため、権利条約の条文からいくつかを取り上げ、それぞれについて日本の実態を調べてみてほしい。

なお、子どもの権利の中身については、4つに分けて理解することが一般的である（➡詳しくは9章を参照）。

▶▶▶実践上のヒント

児童の権利に関する条約の条文の中から関心のあるものをひとつ選び、我が国の子どもはその条文に記されている権利が保障されているか、されていないとしたらその理由はなぜか、子どもにどのような影響が及んでいるのか調べてみることで、子どもと社会環境のつながりをより広く理解することができる。

❺ 子どもの権利の内容

　子どもの権利について学びを深めていくと、子どもの最善の利益を保障するという表現がしばしば出てくることに気づく。それは、権利条約の第3条における「児童に関するすべての措置をとるに当たっては、公的若しくは私的な社会福祉施設、裁判所、行政当局又は立法機関のいずれによって行われるものであっても、児童の最善の利益が主として考慮されるものとする」との規定を反映している。これを仔細にこだわらずあえて噛み砕いていえば、「社会的に強い立場にある者が善意を以て子どもに干渉するときがあるが、そのときには最善の利益を子どもが享受することを一番大切なこととして考えなさい」という意味である。

　しかし、何が最善の利益なのかを判断することは、決して簡単なことではない。そこで大事になるのが、児童の権利に関する条約に立ち戻り、何か手がかりがないかと考えてみることである。

　そのとき、とくに留意してほしいのが、「参加する権利」である。「子ども」というと、どうしても未熟であるという印象が先立ち、「子どもは自分にとって何がいいかを判断して決定することはできない」という側面から判断しがちである。確かに子どもは経験が少ない分、自己決定に必要な情報を欠いたままで暮らしていることが多い。しかし、どんなに未熟性が高い子どもであっても、「自分のことは自分で決めたい」という欲求を自然のものとしてもっている。この自然な気持ちを大事にしながら、一緒に何がいいかを考えるということが、子どもの自己決定力を育んでいくことになると考えられる。

▶▶▶**実践上のヒント**

　子どものしつけは「おしつけ」といわれることもある。子どもに何かしてほしいことがあるときこそ、子どもの気持ちや考えに耳を傾けるようにしたい。

3. 子ども家庭福祉の中の社会的養護

❶ 子どもの幸福と環境

　政治学研究者である小林は、とくに「子どもの幸福度」に注目して研究を進め、その成果を著書として刊行している。その中で、子どもに焦点を絞った理由について、次のように述べている[15]。

「大人の幸福度」については、環境要因とともに本人の自助努力が規定要因となり、その両者を判別することは容易ではない。しかし、「子どもの幸福度」については、一義的には環境要因が規定しており、本人に責任を帰すものではないと考えている。このため、各自治体が担う役割は大きく、自治体の努力次第で成果が目に見えて出ることになる。

　子どもの幸福度研究は今後も発展していくものと思われるが、小林の指摘するとおり、子どもの育つ環境をどのように自治体が用意するか、その政策のあり方が大きく影響することは間違いないだろう。

❷ 社会環境づくりとしての子ども家庭福祉

　本シリーズで詳しく学ぶ家庭養護は、子ども家庭福祉という公的に用意されたサービスの一部である。子ども家庭福祉は、子どもによい環境を保障することに強い関心を持つ学問であり、実践である。

　現代日本における子ども家庭福祉は、児童福祉法を基本法として展開されているが、その法律に記された総則を見ても、子ども自身を変えていくという発想よりも、子どもたちが育っていく環境をつくることが重視されていることが分かる。まずは、以下に引用する総則本体をじっくり読んでほしい。

　児童福祉法の総則
　第1条　全て児童は、児童の権利に関する条約の精神にのっとり、適切に養育されること、その生活を保障されること、愛され、保護されること、その心身の健やかな成長及び発達並びにその自立が図られることその他の福祉を等しく保障される権利を有する。
　第2条　全て国民は、児童が良好な環境において生まれ、かつ、社会のあらゆる分野において、児童の年齢及び発達の程度に応じて、その意見が尊重され、その最善の利益が優先して考慮され、心身ともに健やかに育成されるよう努めなければならない。
　2　児童の保護者は、児童を心身ともに健やかに育成することについて第一義的責任を負う。
　3　国及び地方公共団体は、児童の保護者とともに、児童を心身ともに健やかに育成する責任を負う。
　第3条　前二条に規定するところは、児童の福祉を保障するための原理であり、この原理は、すべて児童に関する法令の施行にあたって、常に尊重されなければならない。

　まず注目してほしいのは、第 1 条である。児童福祉法の最初に、**子どもは誰でも福祉を等しく保障される権利を有している**ことが認められている。これをどうやって保障していくのかを考えることが、子ども家庭福祉を考える第一歩でなければならない。

　さらに第 2 条に目を移すと、この子どもに享有されている権利保障にあたっては、国民（社会）全体で子どもの意見を大事にして、子どもにとって何が一番いいのかを考える環境をつくりましょうというメッセージが含まれていることが分かる。子育てというと保護者の責任が問われがちであるが、児童福祉法という法律は保護者の責任もさることながら、それとともに子どもが権利を行使することのできる社会をつくること、そのことに対して**国及び地方公共団体**（都道府県・市町村）も責任を果たしていくことを重視しているのである。

　このような権利を守る重層的な仕組みの中で、子どもが育つ環境が改善されていく。それが子どもの幸福の実現へとつながっていく。もちろん、家庭養護も、子どもにとってよい環境を用意する社会的取組の一環に位置づけられるものである。

❸ 最後の砦としての社会的養護

　子ども家庭福祉の中には、保育や子育て支援、障害児福祉、ひとり親家庭福祉など、さまざまな分野がある。本書で学ぶ家庭養護は、その分野の中のひとつである社会的養護の一部である。

　社会的養護は、子どもの権利を守る最後の砦である。最後の砦というと、「社会から隔絶した場」や「かりそめの場」をイメージされるかもしれないが、それは正確な理解とはいえない。最後の砦であればこそ、たとえ一時保護や短期入所の場であっても、そこでは**どんな子どもでも安全に安心して受け止められ、自分の人生に主体的・能動的にかかわっていこうという気持ちが生まれるような環境を用意する**ものでなければならない。一般的な子育てで獲得したノウハウを存分に生かすことのできる分野でもあるが、同時にそれだけでは太刀打ちいかない難題もそこには横たわっている。

　その難題にひとりで立ち向かうのではなく、保護者（養育者）・社会・国及び地方公共団体という重層的な仕掛けを理解し、いろいろな人たちの協力を得て、子どもの権利擁護という課題を社会的に実現していくような知恵を身につけたい。

（澁谷昌史）

▶注
1　公益財団法人 AC ジャパン「子どもたちの惑星（支援キャンペーン）」ラジオ CM 用ナレーションより（https://www.ad-c.or.jp/campaign/support/support_04.html）2020 年 4 月 1 日閲覧

2　外務省「児童の権利に関する条約」（政府訳）前文より（https://www.mofa.go.jp/mofaj/gaiko/jido/zenbun.html）2020年4月1日閲覧

3　中小企業庁『2019年版中小企業白書』398頁より（https://www.chusho.meti.go.jp/pamflet/hakusyo/2019/PDF/chusho/00Hakusyo_zentai.pdf）2020年4月1日閲覧

4　被災地の放課後学校「コラボ・スクール」ウェブサイト（https://www.collabo-school.net/page/2/）2020年4月1日閲覧

5　NPO法人TEDICウェブサイト（https://www.tedic.jp/activity/）2020年4月1日閲覧

6　厚生労働省政策統括官（統計・情報政策担当）「平成30年　グラフで見る世帯の状況　—国民生活基礎調査（平成28年）の結果から—」24頁（https://www.mhlw.go.jp/toukei/list/dl/20-21-h28_rev2.pdf）2020年4月1日閲覧

7　子どもの貧困白書編集委員会編（2009）『子どもの貧困白書』明石書店、11頁

8　庄司順一（2007）『子ども虐待の理解と対応——子どもを虐待から守るために（改訂新版）』フレーベル館、117頁

9　厚生労働省『令和元年版自殺対策白書』10頁（https://www.mhlw.go.jp/wp/hakusyo/jisatsu/19/dl/1-3.pdf）2020年4月1日閲覧

10　NPO法人ライフリンク「自殺実態白書2013【第一版】」（http://www.lifelink.or.jp/hp/Library/whitepaper2013_1.pdf）2020年4月1日閲覧

11　例えば、藤野興一（2008）「『こころの基地』としての自立援助ホーム——『鳥取フレンド』の歩み」『こころの科学』（137）、43～48頁。前川礼彦（2011）「自立援助ホーム『湘南つばさの家』帰る場所のない少年が生きる力を取り戻すまで」『婦人公論』96(1)、48～50頁

12　高橋一正（2011）「虐待を受けてきた入居者への自立援助ホームでの支援について」『臨床心理学』11(5)、665～670頁

13　永井亮（2019）「我が国の児童養護施設における『死別を体験した子どもたち』へのグリーフワークの必要性」『世界の児童と母性』85、34～37頁

14　髙橋重宏監修（2007）『日本の子ども家庭福祉——児童福祉法制定60年の歩み』明石書店、53頁

15　小林良彰編著（2015）『子どもの幸福度』ぎょうせい、209頁

▶参考・引用文献

相澤仁編集代表（2012）『やさしくわかる社会的養護シリーズ1　子どもの養育・支援の原理——社会的養護総論』明石書店

木村草太編（2018）『子どもの人権をまもるために』晶文社

富井真紀（2019）『その子の「普通」は普通じゃない——貧困の連鎖を断ち切るために』ポプラ社

日本弁護士連合会子どもの権利委員会編著（2017）『子どもの権利ガイドブック【第2版】』明石書店

森田ゆり（1998）『エンパワメントと人権——こころの力のみなもとへ』解放出版社

子どもの虐待死亡事例から考える

　2022年度から、18歳未満のすべての子どもの死亡原因を検証する仕組みが全国的に導入される。このことにより、子どもが死亡に至った詳細な経緯が把握され、再発防止に資するような施策の提案が行われることが期待される。予防できる死を見出し、何らかの社会的対策を組んでいくことは、現代社会における重要課題といってよい。

　実は、子どもが虐待により死亡した事例については、すでに15年以上前から厚生労働省や各地方公共団体に設置された委員会により検証が行われるようになっている。検証のための手引き書も作成されているし、検証結果については厚生労働省や子どもの虹情報センターのウェブサイトで閲覧することもできる。検証のあり方について課題がないわけではないが、ここから多くのことが学ばれ、国への提言や実践のポイントの整理が行われてきたことは間違いない。

　たとえば、0日・0か月児の死亡がかなりの割合を占めることが明らかになり、やがて虐待死亡事例につながるようなリスク要因が妊娠期から確認できることを明確に認識するようになったのは、この検証の大きな成果のひとつといえる。

　厚生労働省に設置されている委員会報告書に基づき、0日・0か月児の虐待死にかかる検証結果を具体的に追ってみると、まず2006年に公表された「第2次報告」において、「母子健康手帳の発行の際や、妊産婦健診、乳幼児健診等母親と接する機会を十分に活かす必要」があり、「妊娠期から妊婦健診を行う医療機関や地域保健機関においてハイリスクの妊婦を把握し、支援を早期に開始することによって、虐待の発生を予防することが重要」と述べられ、妊娠期からのニーズキャッチとそこで得られた情報の共有化についての提言がなされている。その翌年に出された「第3次報告」では、子どもの出生前であっても要保護児童対策地域協議会の対象とすることや、地域の保健医療機関間での情報ネットワークの構築、妊産婦への相談窓口の周知など、さらに踏み込んだ提言がされている。

　さらに、2011年に公表された「第7次報告」においては、第1〜7次報告の対象期間内に発生・発覚した0日・0か月児の死亡69事例・77人の分析が行われている。これにより、望まない妊娠等の妊娠期の問題と虐待死との関係が、よりいっそう明らかなものと

表　国の検証で取り上げられたテーマ

報告書	取り上げられたテーマ
第10次報告	0日・0か月児死亡事例 精神疾患のある養育者における事例
第12次報告	施設入所等の経験のある子どもの死亡事例
第13次報告	疑義事例（虐待による死亡と断定できないと報告のあった事例）
第14次報告	若年（10代）妊娠
第15次報告	転居
第16次報告	実母がDVを受けている事例

された。

　そして2012年、妊産婦（特定妊婦）支援を要保護児童対策地域協議会において協議できるようにする児童福祉法改正がなされた。この法改正は、死亡事例からの学びがなければ起こりえなかったかもしれないといってもいいだろう。

　このほか、国の検証では、毎年死亡事例・重症事例の検証を行うことに加え、特定のテーマについて蓄積されたデータを検証しなおしている（表参照）。関心のある特集を手掛かりにしながら、子どもの死亡・重症事例から学べることを探してほしい。

（澁谷昌史）

第 **2** 章

社会的養護の制度と動向

1. 社会的養護とは

❶ 家庭支援の必要性

　「社会的養護」とは、「保護者のいない児童や被虐待児など、家庭的環境上養護を必要とする児童などに対し、公的な責任として、社会的に養護を行う」制度をいう。

　民法では第818条において親権について「成年に達しない子は、父母の親権に服する。」とし、第820条では、「親権を行う者は、子の監護及び教育をする権利を有し、義務を負う。」としている（監護及び教育の権利義務）。

　子どもにとって、出自を知り、その父母のもとで育つことが望ましいとされる一方で、子ども虐待のように子どもの最善の利益を考慮した際に父母などの保護者から分離した方がよいと判断される場合や、適切な家庭環境が存在しないといった場合がある。こうした適切な養育環境にない子どもに対して、公的責任のもと社会的に適切な養育環境を整備して提供する社会的養護のしくみが必要となる。その担い手として、里親や児童養護施設や乳児院などの児童福祉施設がある。これまで、社会的養護を必要とする子どもの生活の場は児童養護施設などが中心となってきたが、子どもが家庭で育つ権利を保障するために、里親を中心にしようとする取り組みが進められている。

❷ 社会的養護を支える子ども観

　日本の児童福祉の理念は、日本国憲法（1946（昭和21）年）、児童福祉法（1947（昭和22）年）、児童憲章（1951（昭和26）年）などに見ることができる。日本国憲法では第11条（基本的人権）、13条（尊厳性の原則）、14条（無差別平等の原則）、25条（健康で文化的な最低限度の生活保障）などが当てはまる。

　児童憲章には、子どもの権利は以下のように規定されている。

- ・　児童は、人として尊ばれる
- ・　児童は、社会の一員として重んぜられる
- ・　児童は、よい環境の中で育てられる

　これらはいずれも、子どもが大人、そして社会から受け取る権利である。2016（平成28）年に改正された児童福祉法では、児童の権利に関する条約（子どもの権利条約、1989（平成元）年）の理念が反映され、第1条から第3条では、児童福祉の理念や原理の見直しが行

われた（➡詳しくは第1章参照）。

　子どもの育ちは、第一に親や家庭が責任をもって支えるものである。そして、国や社会が親による子育てを支えるものであることを示している。ここに、「家庭的環境上養護を必要とする児童」などに対し、「公的な責任」として、「社会的」に養護を行うという社会的養護の責任が示されている。さらに、子どもの意見が尊重され、その最善の利益が優先されると明確に規定しているのである。

❸ 社会的養護における子どもの権利

　社会的養護の実践においては、子ども固有の権利についての理解が不可欠である。子どもも主体であるという考え方はフランス革命前後に源流をみることができる。ルソー（Jean-Jacques Rousseau, 1712-1778）はその著書『エミール』（1762年）の中で子どもも主体的な生活者であること、そして人間的権利を有することを明言している。子どもをありのままに受け止め、今を生きる主体としてとらえる教育のあり方や社会における子どものとらえ方を提示し、その成長のプロセスを通じて有徳の市民を形成しようとする考え方は子どもの権利を考えるうえで重要な視点とされた。

　日本では1877（明治10）年に尾崎行雄がスペンサー（Spencer, H., 1820-1903）の"Social Statics"を『権理提綱』と訳して出版しているが、その中に「児童の権利」と題した一節がある。

　子どもの権利の制度化が始まるのは第一次世界大戦（1914-1919）以降になる。この戦争の反省から生まれたのが、イギリスの国際児童救済基金連合による世界児童憲章（1922年）である。翌1923年には、児童の権利宣言が発表される。これは1924年に国際連盟によりジュネーブ宣言として採択される。これは子どもの権利が国際的規模で考えられた最初のものである。

　ジュネーブ宣言では、「人類が児童に対して最善の努力を尽くさなければならない義務」として、①心身の正常な発達保障、②要保護児童への援助、③危機時の児童最優先援助、④自立支援、搾取からの保護、⑤児童の育成目標という5点を掲げている。

　その後、第二次世界大戦を経て、国際連合は国際的な子どもの人権宣言として「児童の権利に関する宣言」を世界に呼びかける。児童の権利に関する宣言は「人類は児童に対し、最善のものを与える義務を負うものである」とし、1966年に制定された国際人権規約において法的な力を持つものとなっていく。同規約のB規約[1]には第24条で「児童の権利」が組み込まれている。

　ここまでの宣言や条約における子どもは、社会的弱者として保護される存在であった。しかし、主体者としての人権保障への大きな転換となったのが、児童の権利に関する条約

（以下、子どもの権利条約と記す）である。この条約は1989（平成元）年に国連総会において採択され、日本は1994年4月に158番目の批准国となった。

条約の第5条では、父母など保護者の意思や指示、指導などを行う権利が尊重されている。そして第7条では、子どもは出自を知り、可能な限り父母を知り、父母によって養育される権利が規定されている。この条約は、全条文を見渡しても、明確に理念をうたった条文は見当たらない。しかし、子どもは1つの固有の人格を持った存在であること、受動的権利に加えて能動的権利を持った存在であること、子どもへのかかわりにおいては常に「最善の利益（the best interest）」が考慮されるべきであることなどが定められており、これらが児童福祉法に反映されている。

柏女霊峰 は『現代児童福祉論』（2007）の中で児童福祉の基本構造について触れ、「児童福祉とは、児童や子育てのおかれた環境全体を視野に入れ、児童福祉の理念に基づき、児童福祉の目的とその法令に基づいて制度化し、その運用ルールを示したもの、およびそのルールに基づいた具体的実践行為（方法）の体系である」、としている。そして「**児童福祉は理念・制度・方法の三つの要素の関数である**」とし、CW＝f（I・S・M）（CW：Child Welfare I：Idea S：System M：Method）としている（柏女2018）◆2。子どもの権利条約や児童福祉法の理念は、社会的養護を実践する家庭養護の従事者、施設養護の従事者によって具体的なサービスとして子どもたちに提供される必要がある。

❹ 社会的養護の基本理念

社会的養護の基本理念や原理については、厚生労働省が作成し、2012（平成24）年に地方自治体等に通知として示された以下の6つの指針から読み取ることができる。

(1) 児童養護施設運営指針
(2) 乳児院運営指針
(3) 情緒障害児短期治療施設運営指針
(4) 児童自立支援施設運営指針
(5) 母子生活支援施設運営指針
(6) 里親及びファミリーホーム養育指針

これら6つの指針で示されている理念や原則は、対象となる施設等の目的や役割などはさまざまであるにもかかわらず共通した内容になっている。すなわちすべての社会的養護における養育・支援の共通基盤として重要なものであるといえる。ここでは社会的養護の2つの基本理念と6つの原理が示されている。

　社会的養護の基本理念は以下の2つである。

① 　子どもの最善の利益のために
② 　すべての子どもを社会全体で育む

　「子どもの最善の利益（the best interest）」は、「子どもの権利条約」に掲げられている原則である。第3条には「児童に関するすべての措置をとるにあたっては（略）児童の最善の利益が主として考慮されるものとする」と規定されており、子どもの福祉においては「子どもの最善の利益」を第一優先に考えるべきとされている。児童福祉法第2条においても基本原則として掲げられており、社会的養護を必要とする子どもの福祉や権利擁護を図るうえでの基本理念として定められたものである。

　また、②については、児童福祉法第2条に定められた国民の努力義務と国・地方公共団体の育成責任、そして「子どもの権利条約」第20条「一時的若しくは恒久的にその家庭環境を奪われた児童又は児童自身の最善の利益にかんがみその家庭環境に留まることが認められない児童は、国が与える特別の保護及び援助を受ける権利を有する」を根拠とするものである。

　社会的養護の原理は以下のとおりである。

① 　家庭養育と個別化：すべての子どもは、適切な養育環境で、安心して自分をゆだねられる養育者によって養育されるべき。「あたりまえの生活」を保障していくことが重要。
② 　発達の保障と自立支援：未来の人生を作り出す基礎となるよう、子ども期の健全な心身の発達の保障を目指す。愛着関係や基本的な信頼関係の形成が重要。自立した社会生活に必要な基礎的な力を形成していく。
③ 　回復をめざした支援：虐待や分離体験などによる悪影響からの癒しや回復をめざした専門的ケアや心理的ケアが必要。安心感を持てる場所で、大切にされる体験を積み重ね、信頼関係や自己肯定感（自尊心）を取り戻す。
④ 　家族との連携・協働：親と共に、親を支えながら、あるいは親に代わって、子どもの発達や養育を保障していく取り組み。
⑤ 　継続的支援と連携アプローチ：アフターケアまでの継続した支援と、できる限り特定の養育者による一貫性のある養育。様々な社会的養護の担い手の連携により、トータルなプロセスを確保する。
⑥ 　ライフサイクルを見通した支援：入所や委託を終えた後も長くかかわりを持ち続ける。虐待や貧困の世代間連鎖を断ち切っていけるような支援。

子どもは権利の主体として「社会的養護を受ける権利」を有している。「すべての子どもを社会全体で育む」ということが国の社会的養護の基本理念である。そして社会的養護関係者（施設職員や里親など）だけが担うものではなく、地域住民を含めて社会全体が社会的養護を必要とする子どもたちの育ち・生活・発達を保障していくことが求められていることが読み取れる。

----

2. 社会的養護のしくみ

----

❶ 措置制度のしくみの特徴

　社会福祉において、行政が職権でサービス提供の必要性を判断し、サービスの種類・提供機関を決定するしくみのことを措置制度という。児童養護施設や乳児院、里親家庭等の利用も、この措置制度によって行われる。1990年代以降の社会福祉基礎構造改革◆3では、「利用者の立場に立った社会福祉制度の構築」を実現するための一環として、利用者が事業者と対等な関係のもとでサービスを契約する利用契約制度への移行が進められていった。しかし、社会的養護は、子どもを守るべき保護者が子どもを守ることが難しくなったときに、公的責任のもとで保護するしくみである。例えば、虐待の事実がありながら親子分離に応じない保護者から子どもを保護する場合など、職権による判断を必要とする場面も少なくない。そのため、措置制度のしくみが残されている。

表2-1　児童養護施設等の措置費について

	乳児院、児童養護施設、児童心理治療施設、児童自立支援施設、自立援助ホーム、ファミリーホーム、里親	母子生活支援施設、助産施設
対象者	要保護児童	児童の福祉に欠ける母子、経済的に困難な妊産婦
利用方式	措置制度（自立援助ホームは行政への申込決定）	行政への申込決定
実施主体	都道府県、指定都市、児童相談所設置市（児童相談所）	都道府県、市、福祉事務所設置町村（福祉事務所）
財源	措置費（国庫負担2分の1）	措置費（国庫負担2分の1）

出所：厚生労働省通知「児童福祉法による児童入所施設措置費等国庫負担金について」
1999（平成11）年4月30日に基づき筆者作成。

❷ 措置の流れ

① 児童相談所の相談援助活動

　社会的養護を必要とする子どもの措置に関しては、児童相談所が中心となって行われる。児童相談所は、「市町村と適切な協働・連携・役割分担を図りつつ、子どもに関する家庭その他からの相談に応じ、子どもが有する問題又は子どもの真のニーズ、子どもの置かれた環境の状況等を的確に捉え、個々の子どもや家庭に適切な援助を行い、もって子どもの福祉を図るとともに、その権利を擁護すること（以下「相談援助活動」という。）を主たる目的として都道府県、指定都市及び児童相談所設置市に設置される**行政機関**」（児童相談所運営指針第1章第2節の1の(1)）である。2020（令和2）年7月1日現在、全国の児童相談所数は220か所となっている。

　児童相談所の相談援助活動は、「すべての子どもが心身ともに健やかに育ち、その持てる力を最大限に発揮することができるよう子ども及びその家庭等を援助することを目的とし、児童福祉の理念及び児童育成の責任の原理に基づき行われる。このため、常に子どもの最善の利益を優先して考慮し」（児童相談所運営指針第1章第2節の1の(2)）展開される。

　児童相談所は、この目的を達成するために、以下の4つの条件を備えていることが求められる（児童相談所運営指針第1章第2節の1の(3)）。

　①　子どもの権利擁護の主体者である明確な意識を持っていること
　②　児童家庭福祉に関する高い専門性を有していること
　③　地域住民や子どもに係る全ての団体や機関に浸透した信頼される機関であること
　④　児童福祉に関係する全ての機関、団体、個人との連携が十分に図られていること

② 措置の流れ

　児童相談所における相談援助活動の流れは図2-1に示すとおりである。相談、あるいは通告によって相談を受理し、次に調査、診断、判定によって指導方針や措置を決定する流れとなっている。図にもあるように、児童相談所には一時保護機能がある。しかし、一時保護は保護に至る背景にかかわらず混合の処遇が行われている。非行や障害、虐待など、さまざまな背景の子どもたちがともに生活を送るには限界がある。さらに近年、一時保護を必要とするケースが増加している。そのため、里親宅や児童養護施設等への一時保護委託が行われる場合も増えている。

　児童相談所による相談援助活動が展開されるうえで、市町村との連携は不可欠である。関係機関との連携のあり方は図2-2に示すとおりである。民生児童委員や学校など、子どもにかかわる関係機関との連携は要保護児童対策地域協議会において情報共有や協議が行われる。

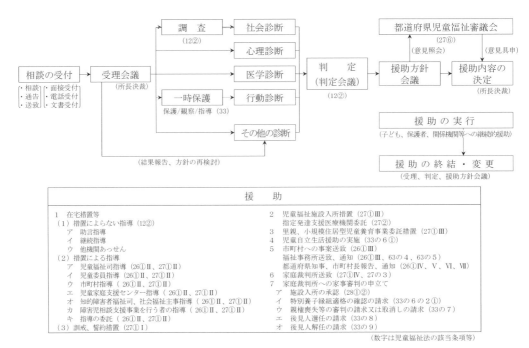

図2-1　児童相談所における相談援助活動の流れ

出所：厚生労働省（2020）「児童相談所運営指針」（https://www.mhlw.go.jp/content/000375442.pdf）。

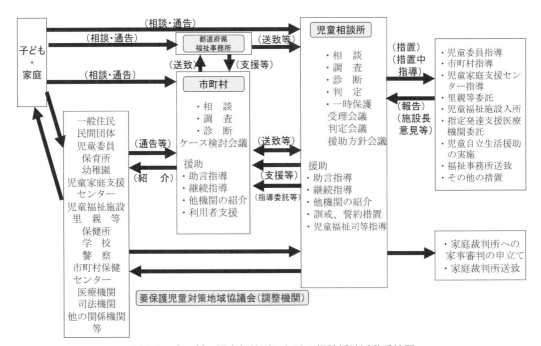

図2-2　市町村・児童相談所における相談援助活動系統図

出所：厚生労働省（2020）「児童相談所運営指針」（https://www.mhlw.go.jp/content/000375442.pdf）。

そして、児童相談所における判定および援助指針の作成は図2-3に示す流れによって行われる。判定に向けては複数の専門職による診断が行われる。具体的には児童福祉司による社会診断、児童心理司による心理診断、医師による医学診断、児童指導員や保育士による行動診断が合議されたうえで判定が行われ在宅のままで支援が可能か、親子を分離しての支援が必要か判断される。判定の結果社会的養護での養育が適切となった場合は、子ども本人や親の意向、関係機関の意見、委託先の里親または措置先の児童福祉施設の意見を踏まえて、子どもの自立と家族再統合に向けた援助指針が立てられることとなる。里親や施設の利用においては、親権者の同意が必要となってくる（児童福祉法第27条1項3号）。しかし、保護者が虐待の事実を認めない場合や、里親委託等に同意できない場合には、児童福祉法第28条に基づいて家庭裁判所に措置に関する承認の申し立てを行い、承認されれば措置を進めることができる。

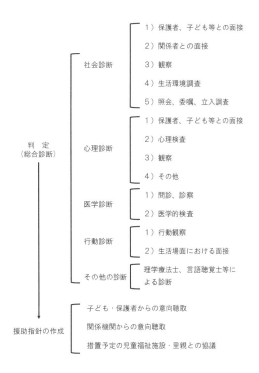

図2-3　判定と援助指針の作成
出所：厚生労働省（2020）「児童相談所運営指針」
(https://www.mhlw.go.jp/content/000375442.pdf)。

アセスメントにおいては、「子どものパーマネンシー」を考慮することが求められる。家庭復帰、あるいは親族等による養育が難しい場合、養子縁組や里親等、家庭と同様の養育環境を提供することが必要である。それが難しい場合、あるいは子ども自身の行動上の問題等治療的かかわりが必要な場合などに児童養護施設等、児童福祉施設での社会的養護の提供が検討される。

❸ 社会的養護の種別

相談や通告を通して児童相談所がかかわることになった場合も、まずは、子どもが家庭において健やかに養育されるよう、保護者を支援し、家族関係調整を行うことが求められる。しかし、それが難しい場合にも、社会的養護は児童福祉法や子どもの権利条約の理念にのっとり、児童が「家庭における養育環境と同様の養育環境」において継続的に養育されるよう環境を整備していく必要がある。

児童養護施設や乳児院等の施設において養育される施設養育の概念に対し、養育が里親

家庭といった家庭の中で行われる場合、これを「家庭養護」とし、施設で行う家庭的な養護を「家庭的養護」としている（図2-4）。

　社会的養護を提供する主体として施設養護も含めて示すと図2-5になる。家庭で育つ権利を保障するために、家庭養育を受けられる子どもの数を増やしていくことが喫緊の課題であるが、2020（令和2）年3月末の里親等委託率は21.5%となっており、家庭養護の担い手を拡充していくことが大きな課題である。

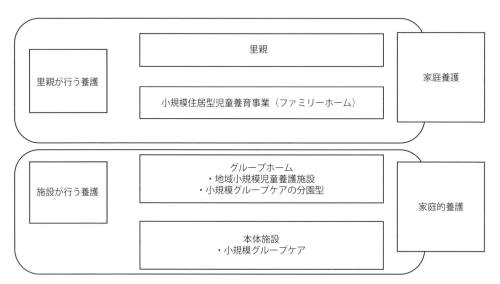

図2-4　社会的養護における「家庭養護」と「家庭的養護」概念
出所：厚生労働省（2012）「第13回社会保障審議会児童部会社会的養護専門委員会資料」より筆者作成。

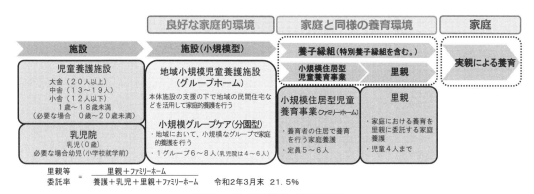

図2-5　社会的養育の供給体制
出所：厚生労働省（2021）「社会的養育の推進に向けて（令和3年5月）」。

3. 国際的動向と社会的養護における里親委託推進

❶ 国際連合「児童の代替的養護に関する指針」とその影響

　国際連合は2009（平成21）年11月の総会において「児童の代替的養護に関する指針」を採択した。この指針は「児童の権利に関する条約、ならびに親の養護を奪われ、または奪われる危険にさらされている児童の保護及び福祉に関するその他の国際文書の関連規定の実施を強化する」（厚生労働省訳）ことを目的としたものである。さらに、代替的養護のあり方について、家庭を基盤とした環境の重視と脱施設化の方向性を示しており、特に3歳未満の乳幼児については家庭を基盤とした環境で提供されなければならないとしている。施設養育については、子どもの最善の利益に沿う場合に限られるべきと一定認めつつも「大型の施設が残っているところでは、脱施設化という方針のもと、いずれは施設の廃止を可能とするような、明確な目標と目的をもって、代替案を発展させなければならない」としている。

　1994年に子どもの権利条約を批准して以降、第3回目にあたる日本に対する国連子どもの権利委員会の総括所見が出されたのは2010（平成22）年のことである。その中でわが国の代替的養護について以下のような改善勧告が行われた。

53. 委員会は、第18条に照らし、締約国が以下の措置をとるよう勧告する。
 (a) 子どもの養護を、里親家庭、または居住型養護における小集団編成のような家庭的環境のもとで提供すること。
 (b) 里親養護を含む代替的養護現場の質を定期的に監視し、かつ、あらゆる養護現場による適切な最低基準の遵守を確保するための措置をとること。
 (c) 代替的養護現場における児童虐待を調査し、かつその責任者を訴追するとともに、虐待の被害者が苦情申立て手続、カウンセリング、医療的ケアその他の適切な回復援助にアクセスできることを確保すること。
 (d) 金銭的支援がすべての里親に提供されるようにすること。
 (e) 「子どもの代替的養護に関する国連指針」（国連総会決議A/RES/64/142参照）を考慮すること。

　この要請に基づいて、日本の代替的養護の体制整備が行われていくこととなる。

❷ 里親委託ガイドラインにおける里親委託優先の原則

　2011（平成23）年1月、社会保障審議会の中に「児童養護施設等の社会的養護の課題に関する検討委員会」が設置される。この検討委員会における検討課題として示されたのが、里親委託推進のためのガイドラインの素案である。この検討委員会での審議を経て2011年3月に里親委託ガイドラインが各都道府県に通知されている。

　里親委託ガイドラインの画期的な特徴として、里親委託優先の原則が明記されている点が挙げられる。「家族は、社会の基本的集団であり、家族を基本とした家庭は子どもの成長、福祉及び保護にとって自然な環境である。このため、保護者による養育が不十分又は養育を受けることが望めない社会的養護のすべての子どもの代替的養護は、家庭的養護が望ましく、里親委託を優先して検討することを原則とするべきである」とし、社会的養護を必要とする子どもに対して里親委託を優先して検討する必要性が述べられている。特に乳幼児については「安定した家族の関係の中で、愛着関係の基礎を作る時期であり、子どもが安心できる、温かく安定した家庭で養育されることが大切である」と強調している。里親委託ガイドラインが里親委託を優先する理由として子どもの成長や発達にとって、以下の3点の重要性をあげている。

① 特定の大人との愛着関係の下で養育されることにより、自己の存在を受け入れられているという安心感の中で、自己肯定感を育むとともに、人との関係において不可欠な、基本的信頼感を獲得することができる

② 里親家庭において、適切な家庭生活を体験する中で、家族それぞれのライフサイクルにおけるありようを学び、将来、家庭生活を築く上でのモデルとすることが期待できる

③ 家庭生活の中で人との適切な関係の取り方を学んだり、身近な地域社会の中で、必要な社会性を養うとともに、豊かな生活経験を通じて生活技術を獲得することができる

そして「社会的養護の基本的方向」としては、以下の4点が示されている。

① 家庭的養護の推進

② 専門的ケアの充実

③ 自立支援の充実

④ 家族支援、地域支援の充実

　家庭的養護の推進においては、社会的養護は原則的に里親やファミリーホームを優先すること、そして施設養護をより家庭的な養育環境に近い形態に変えていく必要があるとしている。2012（平成24）年1月に行われた第13回社会保障審議会児童部会社会的養護専門委員会では、2の❸で述べた「家庭的養護」と「家庭養護」の用語の整理が行われている（図2-4）。

　その後、2015（平成27）年の「新たな子ども家庭福祉のあり方に関する専門委員会」の提言を経て、2016年に児童福祉法の改正が行われた。子どもの権利条約を批准してから実に20年以上の歳月を要して、ようやく条約の理念が法の理念に位置づけられることにつながったのである。

4. 社会的養護を必要とする子どもたち

❶ 現代社会と要保護ニーズ：社会的養護のニーズの変化

　日本は、1989（平成元）年以降、少子化の一途をたどっている。日本全体の子どもの人数は減っているにもかかわらず、社会的養護を必要とする子ども（要保護児童）は増加傾向にある。子どもの人数全体の減少から考えても、家族機能の低下と家族へのケアの必要性がうかがえる。子どもの社会的養護を担う施設の整備や里親の確保が重要であることに加えて、子育て支援や、子ども虐待防止など、社会的養護につながる前の予防的な支援が必要である。

　また、社会的養護を必要とする背景も変化してきた。児童相談所における児童虐待に関する相談件数は年々増加しており、2019（令和元）年度には19万3780件（速報値）となっている（図2-6）。

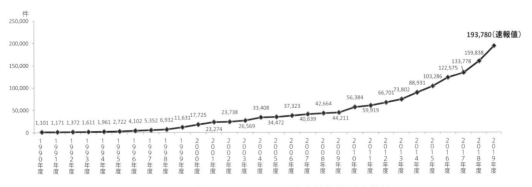

図2-6　児童相談所における児童虐待相談対応件数
出所：厚生労働省ホームページ「児童虐待相談対応件数の動向」令和元年度児童虐待相談対応件数（速報値）
（https://www.mhlw.go.jp/content/000696156.pdf）を基に作成。

これは同時に、施設入所児童、里親委託児童に占める被虐待児童の割合も年々増加傾向にあることを示している。こうした実態から、社会的養護につながったあとの被虐待児への支援強化や子どもの養育に携わる大人の専門性の向上、そして虐待防止のための子育て家庭支援の拡充が求められている。

❷ 社会的養護の現状

　社会的養護のもとで生活する児童は約4万5000人おり、その内訳は図2-7のとおりである。母と子がともに入所する母子生活支援施設を除く児童福祉施設において生活している子どもが約3万人、里親家庭で生活している子どもが約5800人いる。

里親	家庭における養育を里親に委託	登録里親数	委託里親数	委託児童数	ファミリーホーム	養育者の住居において家庭養護を行う（定員5〜6名）	
		13,485世帯	4,609世帯	5,832人			
	区分 （里親は 重複登録 有り） 養育里親	11,047世帯	3,627世帯	4,456人	ホーム数	417か所	
	専門里親	716世帯	188世帯	215人			
	養子縁組里親	5,053世帯	351世帯	344人	委託児童数	1,660人	
	親族里親	618世帯	576世帯	817人			

施 設	乳 児 院	児童養護施設	児童心理治療施設	児童自立支援施設	母子生活支援施設	自 立 援 助 ホ ー ム
対象児童	乳児（特に必要な場合は、幼児を含む）	保護者のない児童、虐待されている児童その他環境上養護を要する児童（特に必要な場合は、乳児を含む）	家庭環境、学校における交友関係その他の環境上の理由により社会生活への適応が困難となった児童	不良行為をなし、又はなすおそれのある児童及び家庭環境その他の環境上の理由により生活指導等を要する児童	配偶者のない女子又はこれに準ずる事情にある女子及びその者の監護すべき児童	義務教育を終了した児童であって、児童養護施設等を退所した児童等
施 設 数	144か所	612か所	51か所	58か所	221か所	193か所
定　員	3,906人	31,494人	1,992人	3,464人	4,592世帯	1,255人
現　員	2,760人	24,539人	1,370人	1,201人	3,367世帯 児童5,626人	662人
職員総数	5,226人	19,239人	1,456人	1,799人	2,075人	885人

小 規 模 グ ル ー プ ケ ア	1,936か所
地域小規模児童養護施設	456か所

図2-7　社会的養護の現状
出所：厚生労働省（2021）「社会的養育の推進に向けて（令和3年5月）」。

　社会状況の変化に伴い、子どもたちのニーズも変化している。ここでは児童養護施設と里親を例にニーズの変化を見ていく。厚生労働省「児童養護施設入所児童等調査の概要（平成30年2月1日現在）」によると、委託（入所）時に「両親又は一人親あり」の割合を見ると、里親で78.4％（前回52.2％）、児童養護施設で93.3％（前回81.7％）となっており、保護者がいながら社会的養護を必要とする子どもが増加傾向にあることがうかがえる。さらに「虐待経験あり」の子どもの割合を見てみると里親で38.4％（前回31.1％）、児童養護施設で65.6％（前回59.5％）となっている。このことは背景にある家族機能の低下を示すとともに、被虐待児へのケアに関する専門性がますます重要となっていることを示している。

里親へのケアも重要である。乳児院への入所経路を見てみると、里親からの措置変更は前回調査では24人（0.8%）だったのに対し、今回は54人（1.9%）となっている。里親への委託後のケアが一層充実する必要があることが考えられる。

また、障害児の児童養護施設への入所も増加している。2018（平成30）年の調査では、児童の心身の状況については、何らかの障害について「該当あり」とする割合が、里親では24.9%、児童養護施設では36.7%となっている。このことは、知的障害や発達障害のある子どもの入所が増えていることに加えて、虐待を受けたことによるPTSD（心的外傷後ストレス障害）や愛着障害へのケアを必要とする子どもが増えていることを示している。障害児のケア・養育が十分に可能となるような機能整備や専門性、心理的ケア機能の向上が必要となっていることがうかがえる。

▶▶▶実践上のヒント

　子どものトラウマに焦点をあてた心理的ケアは非常に重要な課題である。日常生活の中で子どもが困り感をかかえることを防ぐためには、日常生活の中で恒常的に「安心」と「安全」を提供することが大切である。子どもは、感情をさまざまな形で表現する。時には里親を困らせるような言動で表現することもある。そのような場合は、子どもを中心にして、児童相談所、里親支援機関等との連携のもと丁寧な支援を続けることが必要である。

5. 社会的養護の現状と課題

❶ 家庭支援機能の強化とパーマネンシーの保障

2004（平成16）年の児童福祉法改正では、児童養護施設や乳児院に家庭支援専門相談員（ファミリーソーシャルワーカー）の配置が可能となった。乳児院、児童養護施設、児童心理治療施設、児童自立支援施設に配置が義務づけられている。家庭支援専門相談員には、施設に入所している子どもの回復に向けたケアだけでなく、親子関係の調整や家庭環境調整の再統合の支援などを行うことが求められている。

また、従来は乳児院の入所年齢は2歳までとされ、子どもたちが措置変更による分離不安や見捨てられ不安にさらされるというリスクが指摘されてきたが、乳児院と児童養護施設の入所年齢が緩和され、必要に応じて乳児院では就学前まで、児童養護施設では乳児

（0歳児）の入所が可能となっている。これは子どもが不必要な傷つきを経験するリスクを回避し、特定の大人との安心で安定した関係をできるだけ維持しようとするパーマネンシー（永続性）の保障のための方策であったと評価することができよう。

2011（平成23）年度に、国は社会的養護の充実に向けて、里親委託優先の原則や里親委託推進の取り組み方針をまとめている。この際に示された「里親委託ガイドライン」は家庭養護推進を大きな方針として掲げているが、これを受けて2012（平成24）年度には、里親委託の推進・里親家庭への支援を充実の具体的な方策として、全国の児童養護施設及び乳児院に里親支援専門相談員の配置が可能となった。里親支援専門相談員は里親家庭の新規開拓に加え、里親サロンの運営や里親委託の推進等、関係機関と連携して里親家庭への支援活動を展開している。

> ▶▶▶実践上のヒント
>
> 里親サロンは里親の情報交換の場として機能するほか、同じ立場の人が互いに相談するピアサポート・ピアカウンセリングの機能も持っている。里親としての活動に悩んだとき、誰かにヒントをもらいたいときに気軽に活用できる資源である。

❷ 施設における家庭的養護の推進

児童養護施設が良好的な家庭環境を目指して小規模化、地域化していく取り組みを「家庭的養護の推進」という。家庭的養護を推進するための「地域小規模児童養護施設」が新たに制度化されたのは、2000（平成12）年のことである。さらに2004（平成16）年には「小規模グループケア」が事業化され、児童養護施設における養育形態の小規模化が進められている。

2008（平成20）年の児童福祉法改正では、「小規模住居型児童養育事業」（ファミリーホーム）が制度化された。家庭養護の推進のための里親委託率の目標値が設定されるとともに、施設においては、養育形態の小規模化や地域分散化が整備されている。2019（令和元）年10月1日現在、小規模グループケアは1936か所、地域小規模児童養護施設は456か所となっており、2013（平成25）年度の814か所、269か所からそれぞれ増加している。

❸ 自立支援の充実

2004（平成16）年の児童福祉法改正で、施設の業務としてアフターケアが位置づけられたものの、人員を十分に配置することができないためアフターケアの充実は長年課題とされてきた。

子どもが一人の自立した大人になった後も、家庭は重要な基盤として機能し続ける場合が多いが、社会的養護を経験した若者の場合はその基盤も持たない状況で幼少期の傷つき

体験をかかえたまま自立をする場合が少なくない。その中で失業や退学、望まない妊娠、離婚などさまざまな困難に直面することも少なくない。

そのため、自立後の生活を視野に入れつつ、安心・安全な場所で、自己肯定感を育みながら、自立に必要な力を獲得できるような養育を行うことが各施設には求められている。また、これまで法律上は社会的養護の対象は18歳までとされてきたが、必要に応じて20歳まで延長できる制度の活用や、高校中退者の措置延長を積極的に行うこと（18歳未満で退所させることのないようにすること）で若者が社会の中で孤立することがないよう継続的にケアすることも重要である。

大学等高等教育への進学率の低さも課題である。厚生労働省によると、2018（平成30）年度末に高等学校等を卒業した児童について、全高卒者の大学進学率が51.9％なのに対し、児童養護施設退所児童の大学進学率は14％にとどまっている。就職に役立つ資格の取得や、進学希望の場合の学習塾の利用もできるよう、高校生の特別育成費の充実や、大学等進学支度費、就職支度費の大幅な増額が必要である。

また、2017（平成29）年４月より、「社会的養護自立支援事業」が実施されている。これは里親等への委託や、児童養護施設等への施設入所措置を受けていた者で18歳（措置延長の場合は20歳）到達により措置解除された者のうち、自立のための支援を継続して行うことが適当な場合について、原則22歳に達する日の属する年度の末日まで、個々の状況に応じて引き続き必要な支援を実施することなどにより、将来の自立に結びつけることを目的として実施されるものである。施設や里親が一定の実家機能を発揮しながらこうした事業に子どもをつないでいくことが求められる。

▶▶▶実践上のヒント

　　大学側も社会的養護を経験した若者への支援体制を構築しつつある。たとえば早稲田大学では、2017年度より「児童養護施設やファミリーホーム入所者および出身者、または養育里親家庭で育った里子が、経済的理由により早稲田大学への進学を断念することのないよう」（同大学HPより）紺碧の空奨学金として入学検定料および入学金、授業料等の免除のほか月額９万円を給付している。委託児童から大学進学の相談を受けた場合は、こうした各大学独自の制度についても調べるとよい。一方、社会的養護出身者の奨学金は施設出身者を対象としている場合も少なくない。里親家庭で育つ子どもへの支援を一層充実させるための社会への働きかけが課題である。

6. これからの社会的養護

❶ 新しい社会的養育ビジョンの提示

2016（平成28）年の児童福祉法改正では、権利の主体として子どもが明確に位置づけられた。社会的養護については、第3条の2で、児童が家庭における養育環境と同様の養育環境において継続的に養育されるべきであること、またそれが適当でない場合もできる限り良好な家庭的環境において養育されるよう、必要な措置を講じなければならないと方向性が示されている。

2011年の「社会的養護の課題と将来像」を全面的に見直し、この改正法の理念を具体化するために2017（平成29）年8月に提示されたのが、「新しい社会的養育ビジョン」である。ビジョンの中では①市町村におけるソーシャルワーク体制の構築と支援メニューの充実、②代替養育の全ての段階において、子どものニーズに合った養育の保障という2つの基本的骨格が示されている。

そして、ビジョンの実現に向けた取り組みとして以下の9項目をあげている。

(1) 市区町村の子ども家庭支援体制の構築
(2) 児童相談所・一時保護改革
(3) 里親への包括的支援体制（フォスタリング機関）の抜本的強化と里親制度改革
(4) 永続的解決（パーマネンシー保障）としての特別養子縁組の推進
(5) 乳幼児の家庭養育原則の徹底と、年限を明確にした取組目標
(6) 子どもニーズに応じた養育の提供と施設の抜本改革
(7) 自立支援（リービングケア、アフターケア）
(8) 担う人材の専門性の向上など
(9) 都道府県計画の見直し、国による支援

ビジョンでは、保護者と分離して行われる代替養育は、本来は一時的な解決であるとし、「漫然とした長期間にわたる代替養育措置」を行わず、家庭復帰、親族との同居、あるいは、それらが不適当な場合の養子縁組、中でも特別養子縁組といった永続的解決を目的とした対応を児童相談所、里親、施設の連携のもとすべての子どもに対して行うべきであるとしている。

国および地方公共団体には、まずは、児童が家庭において健やかに養育されるよう、保

護者を支援することが求められる。しかし、家庭における養育が適当でない場合、「代替養育」として社会的養護が実施される。原則として家庭養護が優先され、高度なケアを必要とする場合などに施設での家庭的養育が提供されるという方向が示されているのである。

❷ 新しい養育ビジョンへの疑問

新ビジョンにはさまざまな現場からの戸惑いの声、研究者からの指摘が寄せられる。

全国児童養護問題研究会は、会のホームページにおいて「新しい社会的養育ビジョン」への意見書を公開している[4]。意見書に示されたのは以下の5点である。

1. 子どもが望む家族との距離感を保ちながらその自立を支援するためには、養子縁組・里親か施設かの二者択一ではなく、子どもの権利を守る社会的養護の多様な選択肢の必要性

2. 里親委託の拡充については、国際的なフォスターケア・ドリフト（子どもが家族のもとに帰ることも、養子縁組をすることもなく、何人もの里親のもとをたらい回しになること）問題、日本の里親委託解除・措置変更の多さ、被措置児童等虐待発現率などの現状に立脚した現実的な改革の実施の必要性

3. 施設養護において「良好な家庭的環境」を実現するために、子どもを主人公とする施設運営、「個と集団の育ちあい」の観点による実践を可能にする設備運営基準の改善の必要性

4. 今後の乳児院・里親とフォスタリング機関・児童相談所の関連の明確化

5. 地域で子どもが育つ「共育て」の観点をもつ地域づくりの必要性

また、浅井春夫[5]は、①里親養育先進国における委託児童のドリフトが頻繁に行われているという事実について、新ビジョンは目を背けているのではないか、②新ビジョンを進めるうえでの「拙速さ」、「強引さ」があるのではないか、③施設養護の運営と実践の積み重ねを正当に評価したうえでの検討がほとんどなされていないのではないか、という3点を指摘する。

ここで必要なのは、「新しい社会的養育ビジョン」が必要か不要かという議論ではなく、日本社会における子どもたちの現状と課題を解決するために課題を整理しつつ「子どもが家庭で育つ権利の実現」に向けて議論する場を持つことであろう。児童福祉法にもうたわれる「子どもの最善の利益」を目指して、子どもの育ちを取り巻くすべての大人が、子どもにとって何が必要なのか、原点に戻ってともに吟味していく必要がある。

❸ 子どもと家族を支援するために

　この章では、最後にあらためて柏女（2007, 2018）の「児童福祉は理念・制度・方法の三つの要素の関数である」という一文に立ち返ってみたい。

　児童福祉法では「子どもの最善の利益」が考慮されることが明文化され、また第3条の2は、すべての子どもを養子縁組、里親を含む「家庭」で育てるという「家庭養護」の方向性を示すものとなっている。また、子どもの権利条約では、第9条において、子どもが家族と引き離されない権利の保障をうたっており、第20条において、家庭で暮らすことができない子どもには国によって代わりとなる家庭が提供されることを保障している。

　家族支援の目標は、虐待等不適切な養育環境から子どもを分離することが最終目的ではない。本来は子どもが家族と引き離されないよう予防的に子どもや家族に支援することと、たとえ分離されても「子どもが家庭で育つ権利」まで剥奪されることがないよう、社会が代わりとなる家庭を用意しなくてはならないのだ。

　一方で、家庭養護が推進されていくことの課題も残っている。生活単位が小規模化になること、里親として子どもを養育することは、大人の側にもさまざまな変化を求めることになる。時には直接子どもにかかわる大人だけでは抱えきれない課題に直面することも予想される。いかなる場合も、子どもたちに提供される家庭に代わる新しい養育環境が、安心で安全なものであるように、直接的に子どもにかかわる大人を支えるしくみも重要である。

　ジューン・ソブンは、子どもが成長し、自尊心を持った一人の大人として新しい人間関係を築くためには「永続性（パーマネンシー）」と「自己肯定感・アイデンティティ」の2つの発達の柱が重要であるとしている。「永続性（パーマネンシー）」の概念は、子どもにとって「家族が一番であること」、「血のつながった家族が重要であること」、「親との愛着が大事であること」の価値観を基盤にしている。血のつながった家族とともにいることが重要だという意味ではない。血のつながった家族とのつながりがルーツにあることを知ったうえで、新しい家族とのつながりを一番だと感じるための支援も含まれる。また「自己肯定感・アイデンティティ」の感覚は、親や家族、その他愛情をかけてくれる人とのアタッチメントを形成しうる関係の中で育まれる。これら2つの柱が十分に保障されて初めて自尊心を持った大人へと成長することができるのである。虐待等さまざまな逆境体験を経験した子どもにかかわるとき、その子どもが成長し、一人の自尊心を持った大人として新しい人間関係を築く未来を描くために、施設と里親、そして児童相談所等の関係機関に所属するすべての大人が子どもを中心に据えて連携・協働していく必要がある。

　新ビジョンの示す脱施設化は、すなわち施設の解体を意味するものではない。すでに長年の施設養育の中で積み重ねられてきた高い専門性に基づいた支援が、里親、あるいはこれから里親を目指そうとする市民にとって、社会的養護を必要とする子どもと生活をとも

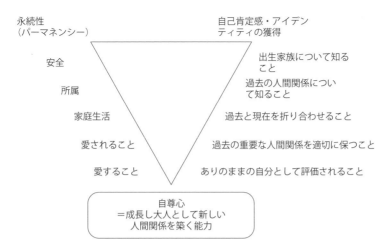

図2-8　児童相談所における児童虐待相談対応件数

出所：ジューン・ソブン著、平田美智子、鈴木真理子訳（1998）『児童福祉のパーマネンシー──ケースマネジメントの理念と実践』筒井書房、47頁を基に筆者作成。

にし、自立に向けて支援するための手引きとなりうる。従来のような大きな生活単位での養育からは脱していく必要があるだろう。しかし、施設の持つ治療機能、家族支援機能、里親支援機能などは里親と子どものウェルビーイング（よりよく生きること）の増進に不可欠である。新しい社会的養育ビジョンの具体化に向けて、里親を希望する市民の開拓と合わせて高い専門性を持って児童養護施設で里親子を支援する専門職の育成も大きな課題である。

（石田賀奈子）

▶注

1　世界人権規約（**国際権利章典規約**）：世界人権宣言の内容を基礎として条約化されたものである。人権諸条約の中で最も基本的かつ包括的であるとされている。社会権規約と自由権規約は1966年の第21回国連総会において採択され、1976年に発効した。社会権規約をA規約、自由権規約をB規約と呼ぶ。日本は1979年に批准した。

2　柏女霊峰（2018）「子ども家庭福祉学とは何か」『総合福祉研究』（21）、29 〜 42頁

3　第二次世界大戦後、生活困窮者の保護、救済を中心として展開されてきた社会福祉は、時代の経過とともに、保護、救済とは別に、幅広い領域のサービスが求められるようになった。次の社会に対応する多様な福祉の展開が必要となる中、1951（昭和 26）年社会福祉事業法の制定以来、あまり変化のなかった法律についても、中央社会福祉審議会の論議を経て社会福祉事業法を初めとする関連の法律が改正されている。これらの一連の改革が基礎構造改革である。
具体的な改革の方向は以下の3点となる。
（1）個人の自立を基本とし、その選択を尊重した制度の確立
（2）質の高い福祉サービスの拡充
（3）地域での生活を総合的に支援するための地域福祉の充実

4　全国児童養護問題研究会（2017）「『新しい社会的養育ビジョン』に対する意見—子どもたちと支援者の現実から出発した『子どもが主人公』『個と集団の育ちあい』の観点にたつ制度改革を求めます—」http://youmonken.org/vision.pdf

5　浅井春夫（2018）「『新しい社会的養育ビジョン』をどう読むか」浅井春夫、黒田邦夫編『〈施設養護か里親制度か〉の対立軸を超えて——「新しい社会的養育ビジョン」とこれからの社会的養護を展望する』明石書店、12 〜 36頁

▶参考・引用文献────────────────────────────

浅井春夫、黒田邦夫（2018）『〈施設養護か里親制度か〉の対立軸を超えて——「新しい社会的養育ビジョン」とこれからの社会的養護を展望する』明石書店

柏女霊峰（2007）『現代児童福祉論』誠信書房

柏女霊峰（2018）「子ども家庭福祉学とは何か」『総合福祉研究』（21）、29 〜 42頁

ジューン・ソブン著、平田美智子、鈴木真理子訳（1998）『児童福祉のパーマネンシー——ケースマネジメントの理念と実践』筒井書房

第 **3** 章

家庭養護とは

Key Word

家庭養護概念／里親制度／ファミリーホーム／養子縁組制度／家庭養護対象

1. 家庭養護の概念

　家庭養護という用語については、里親及びファミリーホーム養育指針などを作成する過程の中で、里親・ファミリーホームワーキンググループから「家庭的養護」と「家庭養護」の用語の整理について提案があり、2012（平成24）年1月に開催された第13回社会保障審議会児童部会社会的養護専門委員会で協議した結果、次のように整理された。

　里親及びファミリーホームは、「家庭的養護」と呼ばれてきたが、保護の必要な児童を養育者の家庭に迎え入れて養育を行う「家庭養護」であるという理念を明確にするため、「家庭養護」と「家庭的養護」の用語を区別することとした。「施設養護」に対する言葉としては、里親及びファミリーホームには「家庭養護」を用い、また、施設において家庭的な養育環境を目指す小規模化（地域小規模児童養護施設、小規模グループケア）の取組には、「家庭的養護」を用い、両者を合わせて言うときは、これまで通り、「家庭的養護の推進」を用いることとなった。

　国連の「児童の代替的養護の指針」との関係では、family-based care が「家庭養護」、family-like care が「家庭的養護」、residential careが「施設養護」であると整理されたのである。（➡第5巻第1章を参照）

　その後、2016（平成28）年の児童福祉法改正において家庭養育優先の原則（児童福祉法第3条の2）が規定され、国・地方公共団体においては、子どもが家庭において健やかに養育されるよう、保護者を支援することを原則とした。そのうえで、家庭における養育が困難などで親子分離が必要な場合には、「家庭における養育環境と同様の養育環境」、すなわち「家庭養護」でもある里親家庭やファミリーホーム（小規模住居型児童養育事業）への委託及び養子縁組を推進することとされた。そして、それが適当でない場合には、「できる限り良好な家庭的環境」、すなわち「家庭的養護」でもある小規模かつ地域分散化された地域小規模児童養護施設や分園型小規模グループケアなどで養育されるよう、必要な措置を講ずることとされたのである。

　それを具体化するためにまとめられた「社会的養育ビジョン」では、家庭における養育環境と同様の養育環境である「『別の家庭における養育』とは、特別養子縁組、普通養子縁組、及び里親養育（養育里親、親族里親、専門里親）による養育を指す。なお、家庭養育にはファミリーホームが含まれるが、その養育者が里親登録を受けている場合に限り家庭養育の一形態とみなすべきである。」と述べている。

　その「家庭における養育環境と同様の養育環境」における養育の機能や養育環境とみな

される要件について、次のように定義している。

1）特に重視されるべき養育に関する機能

「家庭における養育環境と同様の養育環境」は、家庭での養育が困難な子どもが対象であり、単に、虐待やネグレクトのない良好な生活基盤というだけではなく、逆境体験や離別・喪失による傷つきからの回復を促進する生活基盤となる必要がある。以下はそのために必要な養育の機能である。

① 心身ともに安全が確保され、安心して生活できる機能

② 継続的で特定的な人間関係による「心の安全基地」としての機能

③ 生活単位としての生活基盤を提供する機能

④ 発育及び心身の発達を保障する機能

⑤ 社会化の基盤としての機能

⑥ 病んだ時の心身の癒しと回復を促進する機能

⑦ トラウマ体験や分離・喪失体験からの回復を促進する機能

⑧ 新たな対象とのアタッチメント形成を促進する機能

⑨ 発達を促し、生活課題の解決が意図的・計画的に図られる機能

ただし、こうした機能を家庭のみで遂行するのではなく、社会的資源を活用しつつ具体化することが重要である。

2）当該養育環境とみなされる要件

上記の機能を果たすことのできる養育環境としては、以下の要件が考えられる。ただし、養育環境としての適切性は総合的に判断されるものであるため、以下は参考として考えるべき項目である。

① 子どもと継続的な関係を持ち、親密で信頼できる関係を形成して養育を行うことができる特定の養育者がいること

② 子どもの安全が守られる「家」という物理的環境が提供されること

③ 特定の養育者と生活基盤を共有すること

④ 同居する他の子どもたちと生活を共有すること。同居する子どもたちの構成が可能な限り安定していること

⑤ 生活が、明確な構造を持ちつつ、一方で、子どもたちのニーズに応じて柔軟に営まれること

⑥ 子どものニーズに敏感で、ニーズに応じた適切なケアを提供できること

⑦ 社会的に受け入れられる価値を共有し、かつ子どもの自律や選択が尊重されること

⑧ 地域社会に位置付いており、子どもと養育者が地域社会に参加していること

⑨　子どもの権利を守る場になっていること

⑩　養育者が、子どものトラウマや関係性の問題に関する知識と対応方法を習得しており、必要に応じて専門家の助言を求めることができること

⑪　子どもの状況に応じて適切な家庭教育を提供できること

このように「家庭における養育環境と同様の養育環境」とは、概念的には「家庭養護」でもあることを意味しており、代替的養護の一部であり、児童の代替的養護に関する指針における「family based care」を示している。それは、子どもの最善の利益の実現を図るために、単に、良好な生活基盤というだけではなく、逆境体験などによる心的外傷からの回復などを促進する生活基盤となる養育機能やその機能を果たすことができる養育環境の要件を満たすことのできる家庭による養護である。すなわち子どもの権利を護り子どものニーズに適切に対応できる家庭による保護・養育であり、具体的には、里親、ファミリーホーム、養子縁組による保護・養育を指している。

また、2016（平成28）年の児童福祉法改正において、里親やファミリーホームは、委託された子ども及びその保護者に対して、関係機関との緊密な連携を図りつつ、親子再統合のための支援など家庭環境調整を行うことになった。

さらに、2020（令和2）年の児童福祉法改正で、子育て短期支援事業（ショートステイなど）が、市区町村から直接、里親等へ委託することが可能となり、子育て支援を活用する側の里親が反対に地域の子育て支援にもより一層助成することが求められることになった。

このような状況を踏まえれば、家庭を基本とする養護を提供する「家庭養護」とは、狭義には、里親等による養護を意味しているが、広義には、一時保護、ショートステイ、家庭支援等、地域における子どもや家庭への支援を含めて幅広く捉えることができる。

- -

2. 家庭養護の体系（里親制度／ファミリーホーム／養子縁組）

- -

❶ 里親制度

① 里親の種類と要件

（ア）里親の種類

里親の種類は、表3-1で示すとおり、養育里親、専門里親、養子縁組里親、親族里親の4区分である。

　養育里親とは、保護者のない児童又は保護者に監護させることが不適当であると認められる要保護児童、具体的には、孤児、家出した児童、被虐待経験のある児童などを養育することを希望し、かつ、研修の受講など登録要件を満たす者のうち、都道府県知事が要保護児童を委託する者として適当と認め、養育里親名簿に登録されたものをいう。

　専門里親とは、養育里親の登録要件に加えて一定の専門性を確保するための登録要件を満たす者であって、①心身に有害な影響を受けた被虐待児童、②非行などの行動上の問題のある児童、③心身に障害がある児童のうち、都道府県知事が特に支援が必要と認めたものを養育するものとして養育里親名簿に登録されたものをいう。

　養子縁組里親とは、要保護児童を養育すること及び養子縁組によって養親となることを希望し、研修の受講など登録要件を満たす者のうち、養子縁組里親名簿に登録されたものをいう。

　親族里親とは、要保護児童の扶養義務者及びその配偶者である親族であって、要保護児童の両親などが死亡、行方不明、拘禁、疾病による入院等の状態により、養育を受けられなくなった要保護児童の養育を希望する者のうち、都道府県知事が児童を委託する者として適当と認めるものをいう。

（イ）里親の登録（認定）要件
　次に里親の登録（認定）要件について説明する。
　4つの里親とも、登録に必要な共通する基本的要件とは次のとおりである。（表3-1を参照）

【基本的要件】（4つの里親に共通する登録の要件）
①　要保護児童の養育についての理解及び熱意並びに児童に対する豊かな愛情を有していること。
②　経済的に困窮していないこと（親族里親は除く。）。
③　里親本人又はその同居人が次の欠格事由に該当していないこと。
　　a　禁錮以上の刑に処せられ、その執行を終わり、又は執行を受けることがなくなるまでの者
　　b　児童福祉法等、福祉関係法律の規定により罰金の刑に処され、その執行を終わり、又は執行を受けることがなくなるまでの者
　　c　児童虐待又は被措置児童等虐待を行った者その他児童の福祉に関し著しく不適当な行為をした者

表3-1　里親制度の概要（里親類型別一覧表）

区分	養育里親	専門里親	養子縁組里親	親族里親
対象児童 （対象人数） （対象年齢）	要保護児童	次に挙げる要保護児童のうち、都道府県知事がその養育に関し特に支援が必要と認めたもの。 ①児童虐待等の行為により心身に有害な影響を受けた児童。 ②非行等の問題を有する児童。 ③身体障害、知的障害又は精神障害がある児童。	要保護児童	次の要件に該当する要保護児童。 ①当該親族里親に扶養義務のある児童。 ②児童の両親その他当該児童を現に監護する者が死亡、行方不明、拘禁、入院等の状態となったことにより、これらの者により、養育が期待できないこと。
	（対象人数） 委託児童は4人まで 里親が同時に養育する委託児童及び当該委託児童以外の児童（実子など）の人数の合計は、6人を超えることができないこと。	委託児童は4人まで（うち専門里親として委託できる児童は2人まで） 里親が同時に養育する委託児童及び当該委託児童以外の児童（実子など）の人数の合計は、6人を超えることができないこと。	養育里親に同じ	養育里親に同じ
	（対象年齢） 里親が養育する委託児童は、18歳未満の者とすること。ただし、都道府県知事が委託児童、その保護者及び児童相談所長からの意見を勘案して必要と認めるときは、当該委託児童が満20歳に達する日までの間、養育を継続することができること。			
里親登録 （認定）の 要件	【基本的要件】（4つの里親に共通する登録の要件） ① 要保護児童の養育についての理解及び熱意並びに児童に対する豊かな愛情を有していること。 ② 経済的に困窮していないこと（親族里親は除く）。 ③ 里親本人又はその同居人が次の欠格事由に該当していないこと。 a 禁錮以上の刑に処せられ、その執行を終わり、又は執行を受けることがなくなるまでの者 b 児童福祉法等、福祉関係法律の規定により罰金の刑に処され、その執行を終わり、又は執行を受けることがなくなるまでの者 c 児童虐待又は被措置児童等虐待を行った者その他児童の福祉に関し著しく不適当な行為をした者			
	基本的要件に該当する者であって、養育里親研修を修了しているもの。 ※年齢に一律の上限は設けない。養育可能な年齢であるかどうかを判断。	基本的要件及び次の要件のいずれかに該当する者であって、専門里親研修を修了し委託児童の養育に専念できるもの。 ア 養育里親として3年以上の委託児童の養育の経験を有すること。 イ 3年以上児童福祉事業に従事した者であって、都道府県知事が適当と認めたものであること。 ウ 都道府県知事がア又はイに該当する者と同等以上の能力を有すると認めた者であること。 ※年齢に一律の上限は設けない。養育可能な年齢であるかどうかを判断。	基本的要件に該当する者であって、養子縁組里親研修を修了しているもの。 ※一定の年齢に達していることや、夫婦共働きであること、特定の疾病に罹患した経験があることだけをもって排除しない。子どもの成長の過程に応じて必要な気力、体力、経済力等が求められることなど、里親希望者と先の見通しを具体的に話し合いながら検討。	基本的要件（②を除く）に該当する者であって、要保護児童の扶養義務者及びその配偶者である親族であり、かつ、要保護児童の両親等が死亡、行方不明、拘禁、疾病による入院等の状態となったことにより、これらの者による養育が期待できない要保護児童の養育を希望するもの。 ※扶養義務のない親族については、親族里親ではなく、養育里親を適用する。

54

登録の有効期間	養育里親名簿の登録の有効期間については５年とすること。（５年ごとに更新研修の受講）	専門里親としての登録の有効期間については２年とすること。（２年ごとに更新研修の受講）	養子縁組里親名簿の登録の有効期間については５年とすること。（５年ごとに更新研修の受講）	児童の委託が解除されたときには、その認定を取り消すこと。
研修の受講義務	義務（養育里親研修） （1）基礎研修（概ね２日間） （2）登録前研修（概ね４日間） （3）更新研修（概ね１日間）	義務（専門里親研修） （1）認定研修（原則概ね３か月以上、１か月間に履修できる科目は３科目、スクーリングの期間は概ね３日間、実習期間はのべ７日間（宿泊研修を１回を含む）） （2）更新研修（2日程度）	義務（養子縁組里親研修） （1）基礎研修（概ね２日間） （2）登録前研修（概ね４日間） （3）更新研修（概ね１日間）	義務ではない 必要に応じ、養育里親研修の活用等により、養育の質を確保するための必要な研修を実施すること。
里親に支給される手当等	養育里親手当（1人あたり90,000円） 一般生活費（食費、被服費等。1人あたり月額） 乳児 59,510円、乳児以外 51,610円 その他（幼稚園費、教育費、入進学支度金、就職支度費、大学進学等支度費、医療費、通院費等）	専門里親手当（1人あたり141,000円） 一般生活費（食費、被服費等。1人当たり月額） 乳児 59,510円、乳児以外 51,610円 その他（幼稚園費、教育費、入進学支度金、就職支度費、大学進学等支度費、医療費、通院費等）	一般生活費（食費、被服費等。1人あたり月額） 乳児 59,510円、乳児以外 51,610円 その他（幼稚園費、教育費、入進学支度金、就職支度費、大学進学等支度費、医療費、通院費等）	一般生活費（食費、被服費等。1人あたり月額）乳児 59,510円、乳児以外 51,610円 その他（幼稚園費、教育費、入進学支度金、就職支度費、大学進学等支度費、医療費、通院費等）
委託について	児童の最善の利益が図られるように、児童のアセスメントや里親家庭と児童の調整を十分にした上で、適切に養育できると認められ、最も適合する里親家庭に委託するように十分に配慮すること。特に、その児童がこれまでの人的関係や生活環境の連続性が保障できるよう、原則として児童の通常の居住地のできるだけ近くで里親家庭に委託するよう配慮すること。	当該児童が虐待等の行為により受けた心身への有害な影響、非行等の問題及び障害の程度等を的確にアセスメントして、児童相談所が慎重に判断した上で委託すること。委託期間は２年以内（必要と認めるときは、期間を超えて養育を継続することはできる）。	養子縁組を希望する里親家族と永続的な関係性を築くことが委託する児童にとって最善の利益となるように、慎重かつ総合的に判断した上で委託すること。	扶養義務がある親族に養育を委ねた結果、経済的に困窮し、生計を維持することが困難になる場合には、一般生活費等の支給を受けて養育が可能になるこの制度を有効活用すること。
レスパイト・ケア	1 援助の対象者は、現に委託児童を養育している里親で、里親の一時的な休息のための援助（レスパイト・ケア）を必要とする里親 2 レスパイト・ケアは、都道府県が必要と認める日数			
自立支援計画	里親は、児童相談所長があらかじめ里親並びにその養育する委託児童及びその保護者の意見を聴いて委託児童ごとに作成する自立支援計画に従って、委託児童を養育しなければならないこと。			
家庭環境調整	里親等は、委託された児童及びその保護者に対して、関係機関との緊密な連携を図りつつ、親子の再統合のための支援等を行うこと。			
関係機関連携	里親は、委託児童の養育に関し、児童相談所、フォスタリング機関、児童の就学する学校その他の関係機関と密接に連携しなければならないこと。			
登録里親数	11,047世帯	716世帯	5,053世帯	618世帯
委託里親数	3,627世帯	188世帯	351世帯	576世帯
委託児童数	4,456人	215人	344人	817人

※　手当等は令和２年度予算　里親数・児童数は福祉行政報告例（令和２年３月末現在）

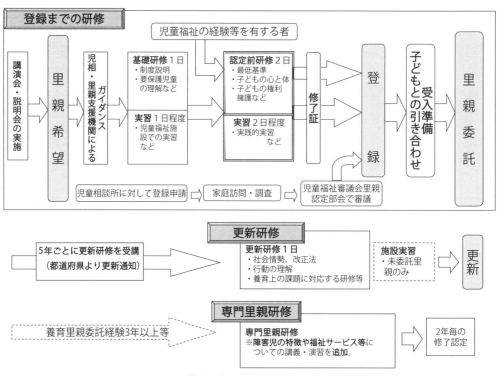

図3-1　養育里親の里親研修と登録の流れ
出所：厚生労働省（2021）「社会的養育の推進に向けて（令和3年5月）」。

　この要件に加えて、各里親（親族里親を除く）に義務づけられた研修を受講するといった登録要件を満たし、家庭訪問調査や児童福祉審議会の審議を経て、認められれば、登録（親族里親場合は認定）になる。

　相談・申請から登録（認定）までの流れについては、図3-1を見れば分かるように、次のようになる。

　相談 → 申請 → 里親認定のための調査／研修 → 児童福祉審議会の審議 → 登録（認定）

② 里親への研修

　各里親に課されている研修については、図3-1に示したとおりである。
養育里親については、①基礎研修（概ね2日間）②登録前研修（概ね4日間）③更新研修（概ね1日間）の3つの研修を受講することになる。

　具体的な研修カリキュラム例については表3-2のとおりである。

　養子縁組里親の研修については、養育里親と同様の種類と期間で実施される。
専門里親については、①認定研修（原則概ね3か月以上、1か月間に履修できる科目は3科目、スクーリングの期間は概ね3日間、実習期間はのべ7日間（宿泊研修を1回を含む））②更新研修（2日程度）の2つの研修を受講することになる。

表3-2　里親研修カリキュラム（例）
実施機関は、都道府県（法人、NPO等に委託可）

	目的	期間	内容
(1)基礎研修 ・養育里親を希望する者を対象とした基礎研修	①社会的養護における里親制度の意義と役割を理解する ②今日の要保護児童とその状況を理解する（虐待、障害、実親がいる等） ③里親にもとめられるものを共有する（グループ討議）	1日 + 実習1日程度	①里親制度の基礎Ⅰ ②保護を要する子どもの理解について（ex 保護を要する子どもの現状、児童虐待問題） ③地域における子育て支援サービス（ex 地域における子育て相談・各種支援サービス等） ④先輩里親の体験談・グループ討議（ex 里親希望の動機、里親にもとめられるもの） ⑤実習（児童福祉施設の見学を主体にしたもの）
(2)認定前研修 ・基礎研修を受講し、里親について概要を理解した上で、本研修を受講する ・本研修を修了、養育里親として認定される	社会的養護の担い手である里親として、子どもの養育を行うために必要な知識と子どもの状況に応じた養育技術を身につける	2日 + 実習2日程度	①里親制度の基礎Ⅱ（里親が行う養育に関する最低基準） ②里親養育の基本（マッチング、交流、受託、解除までの流れ、諸手続等） ③子どもの心（子どもの発達と委託後の適応） ④子どもの身体（乳幼児健診、予防接種、歯科、栄養） ⑤関係機関との連携（児童相談所、学校、医療機関） ⑥里親養育上の様々な課題 ⑦児童の権利擁護と事故防止 ⑧里親会活動 ⑨先輩里親の体験談・グループ討議 ⑩実習（児童福祉施設、里親）
(3)更新研修 ・登録または更新後5年目の養育里親 ・登録有効期間内に受講し登録更新する	養育里親として児童の養育を継続するために必要となる知識、新しい情報等を得る	1日程度 ※未委託の里親の場合は、施設実習（1日）が必要	①社会情勢、改正法など（ex 子どもをとりまく最新情勢、児童福祉法・児童虐待防止法改正等の制度改正） ②児童の発達と心理・行動上の理解など（ex 子どもの心理や行動についての理解） ③養育上の課題に対応する研修（ex 受講者のニーズに考慮した養育上の課題や対応上の留意点） ④意見交換（ex 受講者が共通に抱えている悩みや課題についての意見交換）

出所：厚生労働省（2021）「社会的養育の推進に向けて（令和3年5月）」。

認定研修で受講するカリキュラムは次のとおりである。

① 養育の本質、目的及び対象の理解に関する科目（講義）

社会福祉概論　児童福祉論　地域福祉論　養護原理　里親養育論　発達臨床心理学
医学（児童精神医学を含む）　社会福祉援助技術論

② 養育の内容及び方法の理解に関する科目（講義・演習）

児童虐待援助論　思春期問題援助論　家族援助論　障害福祉援助論　専門里親演習

③ 養育実習（実習）

養育実習

❷ ファミリーホーム（小規模住居型児童養育事業）

① ファミリーホームとは

ファミリーホーム（小規模住居型児童養育事業）は児童を養育者の家庭に迎え入れて養育を行う家庭養護の一類型である。2008（平成20）年の児童福祉法改正において、国は、里親型のグループホームとして自治体で行われていた事業を「小規模住居型児童養育事業」として法定化するとともに、その事業に対して措置費を交付できるように制度化したのである。

現在、ファミリーホーム数は372か所で、1548人の委託児童が生活している（2019年3月末現在）。

ファミリーホームでの養育は、児童福祉法施行規則（第1条の9）に基づき、養育者の住居において、複数の委託児童が養育者の家庭を構成する一員として相互の交流を行いつつ、委託児童の自主性を尊重し、基本的な生活習慣を確立するとともに、豊かな人間性及び社会性を養い、委託児童の自立を支援することを目的として行われなければならないのである。実際に、ファミリーホームでは、養育者の家庭で5〜6人の子どもを受け入れ、家庭的雰囲気の中での生活や養育を通して、基本的な生活習慣などを身につけるとともに、子ども同士の相互の影響力を生かしつつ、子どもの自主性を伸ばし自立できるよう支援している。

「ファミリーホームの設置を進めるために」において、ファミリーホームの設置運営の促進ワーキンググループは、ファミリーホームのメリットと意義について次のように指摘している。

【ファミリーホームのメリットや意義】

◆　養育者が変わらないため、一貫した関わりができる。

◆　一般生活の家庭に近い環境。

◆　子どもの生活に目が届きやすく、個別の状況に合わせた対応を取りやすい。

◆　生活の中で子どもたちに家事や身の回りの暮らし方を普通に教えやすい。

◆　調理をすることにより、食を通じた関わりが豊かに持てる。

◆　近所とのコミュニケーションの取りかたを自然に学べる。

◆　集団生活によるストレスが少なく、子どもの生活が落ち着きやすい。

◆　安心感のある場所で、大切にされる体験を提供することにより、子どもが自己肯定感を育める。

◆　子どもたちが我が家という意識で生活でき、それが生活の主体性につながり、自立の力が日常生活を通じて身についていく。

◆　家庭や我が家のイメージを持ち、将来家庭を持った時のイメージができる。

◆　自立を意識し、意図的に子どもに関われる。

◆　地域の子ども会、自治会に参加するなど地域での生活を体験することができる。

② ファミリーホーム運営の要件

（ア）ファミリーホームの事業者の要件

　ファミリーホームは、第２種社会福祉事業であり、都道府県知事が適当と認めた法人または個人が事業者となって開設することができる。

　事業者の要件は次のとおりである。

① 　養育里親（専門里親を含む）として一定の養育経験を有する者であって養育者であるもの

② 　児童養護施設等の職員として一定の経験を有する者であって養育者であるもの

③ 　児童養護施設等を設置する法人であって、その職員を養育者とし、ファミリーホームとして住居をその養育者に提供している法人であること

（イ）ファミリーホームの養育者等の要件

　ファミリーホームの養育者の要件は、ファミリーホームに生活の本拠を置く者でなければならず、児童福祉法第34条の20第１項各号（里親の基本的要件③のb～d）のいずれにも該当しないものであって、次の各号のいずれかに該当するものとなっている。

① 　養育里親として２年以上同時に２人以上の委託児童の養育の経験を有する方

② 　養育里親として５年以上登録している者であって、通算して５人以上の委託児童の養育の経験を有する方

③ 　乳児院、児童養護施設、情緒障害児短期治療施設又は児童自立支援施設において児童の養育に３年以上従事した方

④ 　都道府県知事が前各号に掲げる者と同等以上の能力を有すると認めた方。なお、補助者は、法第34条の20第１項各号の規定に該当しない者となっている。

（ウ）対象児童及び対象人員

　対象児童は、里親同様、要保護児童である。委託児童の定員は、５人又は６人である。

（エ）職員配置

　職員の配置については、「夫婦である２名の養育者＋補助者１名以上」又は「養育者１名＋補助者２名以上」となっている。

（オ）設備及び経費

設備については、委託児童、養育者及びその家族が、健康で安全な日常生活を営むうえで必要なものを設けることになっている。

経費については、委託児童数に応じた措置費（現員払い）が支弁される。

❸ 養子縁組制度

養子縁組は、ごく簡単にいえば、民法に基づき、実の親子関係のない人との間で、法律上の親子関係を結ぶ制度である。（➡第7章を参照）

養子縁組は、普通養子縁組と特別養子縁組の2つのしくみから出来上がっている。

① 普通養子縁組

普通養子縁組とは、従前からある養子縁組で、戸籍上の現在の親との関係を継続したまま、2つの親子関係を作り出す制度である。養子となる者は、養親より年長でない者であれば可能で、養親となる者と養子となる者との契約で成立する。未成年者の場合は、家庭裁判所の許可が必要になる。なお、15歳未満の場合には、代諾者（法定代理人）がその子どもに代わって承諾することになる。

② 特別養子縁組

特別養子縁組とは、子どもの福祉の増進を図るために、永続的な関係（パーマネンシー）を保障することの必要性を認めた時に、養子となる子どもの実父母との法律上の親子関係を解消し、実子と同じ親子関係を結ぶ制度である。

その意義の1つは、子どもの健全な育成を図るために、愛情のある温かい家庭を提供し、法的に親子関係を結び、より安定性のある養育などができるようになることである。

特別養子縁組は、適切な支援を提供しても実父母による養子となる子どもの養育が著しく困難等の事情がある場合において、次のような要件を満たしたうえで、その子どもの利益のため特に必要があると家庭裁判所が審判によって決定すれば成立する。

①　実親の同意（実父母の同意が必要。子どもの利益を著しく害する事由がある場合は実父母の同意が不要となる場合もある）

②　養親の年齢（夫婦であって25歳以上。ただし、養親の一方が25歳以上一方が20歳以上でも可）

③　養子の年齢（15歳未満。ただし、15歳に達する以前から養親となる者に監護されていた場合に18歳に達する前までは、審判の請求は可）

④　半年間の監護（養親となる者が養子となる子どもを6か月以上適切に監護していること）

3. 家庭養護の対象

　家庭養護の対象になる子どもは、基本的には要保護児童（保護者のない児童又は保護者に監護させることが不適当であると認められる児童）である。なお、里親は、子育て短期支援事業の担い手として活用されており、要支援児童（保護者の養育を支援することが特に必要と認められる児童）も対象になっている。

　里親及びファミリーホーム養育指針では、対象児童について次のように述べている。

① 　新生児から年齢の高い子どもまで、すべての子どもが対象
② 　保護者のない子どもや、親から虐待を受けた子ども、親の事情により養育を受けられない子どもなど
③ 　保護者による養育が望めず養子縁組を検討する子どもや、実親との関係も保ちながら長期間の養育を必要とする子ども、あるいは、保護者の傷病などで短期間の養育を必要とする子どもなど
④ 　障害のある子どもや非行の問題がある子どもなど個別的な支援を必要とする子ども

　なお、社会的養育ビジョンにおいて、次のような場合には、里親等へ委託する対象としては適当ではないと言及している。

① 　家庭環境では養育が困難となる問題を持つケアニーズが高い子ども
　　例：それまでの育ちの中で他者への不信感や家庭への怒りが強く、最大限の努力を行っても、家庭での養育が困難であり、子どもが他者や自分自身を傷つける危険性がある場合。
② 　家庭内でのトラウマ体験や里親不調を経験した子どもで、子ども本人の家庭環境に対する拒否感が強く、「できるだけ良好な家庭的環境（小規模施設など）」の提供が適切であると判断される場合。
　　例：親のDVを目撃するなどによって家庭そのものに強い拒否感を持つ場合や、里親不調を複数回経験した子どもの場合などで、里親等の家庭養育に強い不安をもっているため、一時的に「できるだけ良好な家庭的環境（小規模施設など）」を提供することがその回復に有効であると考えられる場合。

4. 家庭養護の実施体制

❶ 児童相談所の役割

　児童相談所の役割は、里親制度、ファミリーホーム（小規模住居型児童養育事業）、養子縁組制度の積極的かつ円滑な実施である。（➡第2巻を参照）

　里親制度に関しては、児童相談所は、一貫した責任体制の下に、フォスタリング業務を包括的に実施する役割を担っている。

　具体的な役割は、① 里親に関する普及啓発　② 里親のリクルート及びアセスメント　③ 里親登録前後及び委託後における里親に対する研修　④ 子どもと里親家庭のマッチング　⑤ 子どもの自立支援計画の策定　⑥ 子どもの里親委託中における里親養育への支援　⑦ 家庭環境調整　⑧ 里親委託措置解除後における支援などのフォスタリング業務である。

▶▶▶実践上のヒント

　①　自立支援計画は、児童相談所長があらかじめ里親並びに委託児童及びその保護者の意見を聴いて作成することになっているので、里親は計画づくりに参加すること。また、計画の定期的な評価・見直しを実施すること。関係機関・支援者とともにチームによる養育を展開するためにも、役割分担などを明確にした計画を策定すること。
　②　子どもの適切な養育や家庭環境調整をするためにも、児童相談所など関係機関養育などに必要な情報の提供を受けること。必要な情報の提供がない場合には児童福祉審議会に申し出ること。

---

❷ フォスタリング機関（里親養育包括支援機関）の役割

　フォスタリング機関が児童相談所であれば、その役割は上記のフォスタリング業務の実施である。民間のフォスタリング機関であれば児童相談所と信頼関係に基づく良好なパートナーシップを構築し、連携協働してフォスタリング業務を実施することである。

　「フォスタリング機関及びその業務に関するガイドライン」においては、

① 　より多くの里親を開拓し、里親との確かな信頼関係を基盤に、里親の持つ養育能力を十分に引き出し、伸ばすことで、質の高い里親養育を実現し、維持すること
② 　里親と子どもが、地域社会の偏見や理解不足のために孤立することのないよう、関係機関による支援のネットワークを形成し、地域社会の理解を促進することで、子

どもの最善の利益の追求と実現を図ること

　という、フォスタリング業務の目的を定め、この目的を実現するため、フォスタリング業務の成果目標として次の3つを掲げている。

① 　委託可能な里親を開拓し、育成すること
② 　里親との信頼関係を構築し、相談しやすく、協働できる環境を作ること
③ 　子どもにとって必要な安定した里親養育を継続できる（不調を防ぐ）こと

（相澤 仁）

▶参考・引用文献
相澤仁、柏女霊峰、澁谷昌史（2012）『子どもの養育・支援の原理──社会的養護総論』明石書店
相澤仁、川﨑二三彦（2013）『児童相談所・関係機関や地域との連携・協働』明石書店
相澤仁、林浩康（2019）『新・基本保育シリーズ6　社会的養護Ⅰ』中央法規出版
相澤仁、松原康雄（2013）『子どもの権利擁護と里親家庭・施設づくり』明石書店
厚生労働省雇用均等・児童家庭局家庭福祉課監修（2003）『子どもを健やかに養育するために──里親として子どもと生活をするあなたへ』日本児童福祉協会

里親リクルートについて

　家庭養護を推進するためには、里親のリクルートが最重要課題のひとつであり、委託する子どもの在籍校への通学などを考慮すれば校区単位での里親登録を目指す必要がある。

　また、子どものニーズへの適切な対応や子どもと里親とのマッチングなどを考慮すると、委託対象児童1人に対して、少なくとも2人以上の里親登録が必要である。小学校区単位に2人ずつの里親登録を考慮すると、全国に4万人の里親登録者の確保が必要になるのである。さらに、「児童養護施設入所児童等調査の概要（平成30年2月1日現在）」によれば、60歳以上の里親が約30%を占めており、引退する里親のことも考慮してリクルート活動を展開しなければならない。そのためには、国・都道府県レベルから個人レベルまでのリクルート活動が必要である。

　国・都道府県レベルにおいては、ホームページ、SNSなどのソーシャルメディア、マスメディアの活用などが考えられるが、里親支援にかかる効果的な実践に関する調査研究結果（伊藤2017）によるとホームページによるリクルート活動は有効であるとの結果がでている。里親月間において集中的に実施する広報啓発によるリクルート活動のみならず、継続的な広報啓発によるリクルート活動を実施することが必要である。

　地区・地域レベルにおいては、住民に対してのチラシなどの配布、回覧及びポスティング、広報イベントの開催などによるリクルート活動の展開が考えられる。

　個人レベルにおいては、社会的養護関係者による里親登録や1里親1リクルート活動などが考えられる。最も効果が期待されているのが里親による里親リクルート活動である。これまでもこの方法によるリクルート活動が最も効果をあげているといわれている。

　今後は、施設養護から家庭養護へと移行していくことになれば、里親やファミリーホームでは、これまで施設養護の対象であった子どもの委託を受けることにもなり、養育の質の向上も図っていかなければならない。したがって、里親リクルート対策においても、量を確保しつつも質も考慮した里親リクルート活動を展開していかなければならない。

　また、現在、共働き里親家庭などが約50%であり、共働き家庭をリクルートするための子育て支援策の対応（育児休暇）なども必要である。里親家庭の住宅所有状況については、自家が約80%（「自家・一戸建て」72.0%、「自家・集合住宅」9.2%）であり、借家が20%

弱（「借家・集合住宅」10.4％「借家・一戸建て」6.0％）となっており、今後は借家住まいの人をリクルートするためにも住宅支援について検討することが必要である。

　家庭養育優先の原則に基づくならば、できる限りより家庭に近い環境で養育されるべきであり、親族で養育する親族里親を積極的に有効活用すべきである。

　このような里親リクルート活動を総合的積極的に展開しても、里親リクルートが推進できない場合には、筆者は、民生委員のような法律による里親の確保（義務的配置）について検討すべきであると考えている。

　具体例

　第〇条　養育里親は、市町村の区域にこれを置く。

　第〇条　養育里親の定数は、前条の区域ごとに、厚生労働大臣の定める基準を参酌して、都道府県の条例（例：小学校区に複数配置）で定める。

　第〇条　養育里親は、認定要件を満たすものであって、市区町村長の推薦により、都道府県知事がこれを委嘱する。

　里親を確保し市民権を得るためには、民生・児童委員制度と同様な規定の整備（条例化）が必要である。周知のとおり、国は我が事、丸ごとの地域共生社会の実現に向けた対策を推進している。地域共生社会づくりを形成していくためにも、地域の重要な資源のひとつとして里親を確保することが必要なのではないのか。

　参考

　第三条　民生委員は、市（特別区を含む。以下同じ。）町村の区域にこれを置く。

　第四条　民生委員の定数は、厚生労働大臣の定める基準に従い、都道府県知事が、前条の区域ごとに、その区域を管轄する市町村長（特別区の区長を含む。以下同じ。）の意見をきいて、これを定める。

　第五条　民生委員は、都道府県知事の推薦によつて、厚生労働大臣がこれを委嘱する。

（相澤 仁）

参考文献：伊藤嘉余子（2017）『「里親支援にかかる効果的な実践に関する調査研究事業」報告書』平成28年度厚生労働省子ども・子育て支援推進調査研究事業

第 **4** 章

家庭養育支援と
家庭養護の役割

Key Word

児童相談所／児童の権利に関する条約（子どもの権利条約）／里親養育の最低基準／
子どもの代替的養育ガイドライン／パーマネンシー

はじめに

　里親はさまざまな思いをもって里親登録に至る。ようやく子どもが来てみると、あまりの目まぐるしさに日々を過ごすだけで精いっぱいだろう。「ふつう」の暮らしを体現することは里親養育の価値とされ、日常生活で意識する機会は多くないかもしれない。しかし、その暮らしを根元から支える法制度があり、それらは養育に迷ったときの指針になりうる。本章ではそれらに目配りするものである。他章で子どもの権利擁護としての社会的養護について説明があるので、ここでは家庭養護に関する法制度について分かりやすく解説したい。

- -

1. 家庭養護に関する法制度

- -

　まず、子どもの権利や里親養育の基準を取り上げていくことにする。子どもを養育する／子どもが育つという一見ごくあたりまえの営みは、実はその時代や社会の中で共有される子ども観の上に成り立っている。はじめに扱う児童の権利に関する条約（以下、子どもの権利条約と記す）は、世界中で一定の子ども観を共有しようとする約束事ともいえ、家庭養護の制度を理解していくために大切なものだ。

❶ 子どもの権利条約に見る家庭養護

① 子どもの権利条約の輪郭

　子どもの権利条約は、18歳未満のすべての人の保護と基本的人権の尊重を促進することを目的として、1989（平成元）年11月20日の国連総会にて全会一致で採択された。国際人権規約や女子差別撤廃条約などと並び、主要人権条約のひとつに連なる。日本は、1990（平成2）年9月21日にこの条約に署名し、1994（平成6）年4月22日に批准、同年5月22日に国内で効力が発生している◆¹。前文にあるように、1924（大正13）年の児童の権利に関するジュネーブ宣言や1959（昭和34）年の児童の権利に関する宣言、世界人権宣言等を踏まえ、子どもの調和のとれた発達や特別な保護等のために制定するに至った。子どもの権利条約は、前文と第1～54条からなる◆²。なお条約の内容が締約国内で確実に実現されるため、児童の権利に関する委員会◆³が設置されており、委員は世界中から選出され4年の任期をつとめる（第43条6項）。締約国は、定期的に子どもの権利実現のためにとった措置やそれによる進歩を報告し（第44条1項）、委員会による審査を受ける。日本政

府も第4回・第5回統合定期報告書を 2017（平成29）年6月30日に提出した。

② 家庭養護に関するポイント

　前文から第54条まである条約のうち、とりわけ社会的養育に直接的に言及するのは、第20条や第21条等であろう。網羅的に条約を紹介するには紙幅が足らないが、家庭環境の重要さ、子どもの養育に関する保護者の責任や子どもの意見表明といった事項を踏まえてから、第20条と第21条の各概要を見てみることにしよう。

（ア）子どもの最善の利益と意見の尊重、子どもと親の関係

　まずおさえるべき点は、第3条1項が示すように、子どもに関するすべての措置において、「公的若しくは私的な社会福祉施設、裁判所、行政当局又は立法機関のいずれによって行われるものであっても、児童の最善の利益が主として考慮されるものとする」ことが原則であることだ。そして同じく重要なのは、「自己の意見を形成する能力のある児童がその児童に影響を及ぼすすべての事項について自由に自己の意見を表明する権利を確保する」（第12条1項）ことであり、子どもの意見はその年齢や成熟度に応じて考慮される点である。生命に固有の権利（第6条1項）や、氏名や国籍を取得する権利（第7条1項）を持ち、その身元関係事項を不法に干渉されない（第8条1項）等も前提としてある。

　条約では、子どもの調和のとれた発達のために家庭環境や家族の重要性を前提として（前文）、父母あるいは法定保護者による、子どもの養育及び発達に対する共同責任と第一義的責任（第18条1項）を明記し、こうした者がその責任を果たせるよう、適切に援助するのは国の責任であることも述べている（第18条2項）。だからこそ、子どもの最善の利益のために必要でない限り、子どもが父母の意思に反して父母から分離されるべきではないし（第9条1項）、父母の一方や双方から離れても定期的に直接の接点を持ち続ける権利が尊重され（第9条3項）、どのプロセスにおいても子ども自身が参加し意見を述べる機会を持つものとされる（第9条2項）。

（イ）第20条「家庭環境を奪われた児童等に対する保護及び援助」

　一時的にあるいは恒久的に家庭環境を奪われた子どもや、子ども自身の最善の利益をかんがみてその家庭環境にとどまることが認められない子どもは、国による特別の保護及び援助を受ける権利を持つ（同条1項）。締約国は、それぞれの国内法に従って代替的な監護を確保し（同条2項）、その際「里親委託、イスラム法のカファーラ[4]、養子縁組又は必要な場合には児童の監護のための適当な施設への収容を含むことができる。解決策の検討にあたっては、児童の養育において継続性が望ましいこと並びに児童の種族的、宗教的、文

化的及び言語的な背景について、十分な考慮を払うものとする」（同条3項）とされている。

（ウ）第21条「養子縁組に際しての保護」

養子縁組の制度を認める締約国は、児童の最善の利益について最大の考慮が払われることを確保するとされている。権限のある当局によって法律に基づいて、父母、親族及び法定保護者に関する子どもの状況にかんがみて行われること等（a）や、子どもが出身国で適切な監護を受けられない場合には国際養子縁組も検討される（b）が、当該養子縁組が関係者に不当な金銭上の利得をもたらすことがないようできうるすべての措置をとること（d）、適当な場合には二国間または多数国間の協定等を締結する等（e）が規定される。

こうした家庭養護と関連の深い条文は、児童の代替的養育ガイドラインとも通ずるが、これは第3節で取り上げる。

③ 子どもの権利委員会の勧告と日本の報告に関する議論

2019（令和元）年は、子どもの権利条約が国連にて採択されて30年、日本が批准して25年の節目の年でもあった。日本政府の第4回・第5回報告の内容とその課題について平野（2018）は、子どもの権利をどの程度実現できているのか適切にはかるデータが十分収集・提示されないため施策の効果が分かりにくいことや、「権利基盤型アプローチ」への視点など委員会勧告に誠実に応答していない箇所が多いことなどを指摘している。2017（平成29）年11月自由権規約委員会が日本の第7回報告書に向けた事前質問事項という簡略報告手続をとるなど隣接する報告書や審査結果も参照しながら、子どもの権利条約の実施を進める必要があるという（平野2018）。

❷ 児童福祉法と里親養育の最低基準等

さて、子どもの権利条約を国際基準としておきつつ、国内の里親養育の質の保障について、児童福祉法、続いて里親養育の最低基準について説明していく。

① 児童福祉法

子どもの権利条約が定める権利のひとつである「家庭で育つ権利」を保障するため、2016（平成28）年の児童福祉法改正では、実親による養育が困難な場合に里親や特別養子縁組等による養育を優先する「家庭養育優先」の理念が規定された。児童福祉法にこうした原則が明記された意義は大きい。同時に、家庭養育の質が担保され、子どもにとって安心・安全でなければならない。そこで、国、地方自治体、里親を含めた養育責任者の責務について、同法第45〜48条が定められている。例えば、第45条の2では、厚生労働大

臣は里親の行う養育に、「児童の身体的、精神的及び社会的な発達のために必要な生活水準を確保する」基準を定めるとし、里親もこれを遵守することとされる。ほか、預かる子どもの福祉に必要な監護、教育及び懲戒（第47条）、体罰の禁止（第47条）、就学義務（第48条）、子どもと実の保護者の再統合のための連携義務（第48条の3）などが続く。

② 里親養育の最低基準とその背景

　児童福祉の法体系の基盤となる児童福祉法のもと、省令で里親養育の最低基準（「里親が行う養育に関する最低基準」2002年厚生労働省令、以下「最低基準」と記す）が具体的に規定される。このように国際基準、児童福祉法、省令や、本章では十分言及しないが里親及びファミリーホーム養育指針（2012年 厚労省雇用均等・児童家庭局長通知）などが整備されている。里親養育は、研修を受け里親登録をした里親がその家庭で公的責任のもと子どもを養育する仕組みであり、公私の両面が組み込まれた制度である。委託児童として預かる子どもにはそれぞれの生育歴があり、一人ひとりの子どものニーズを満たす養育が求められる。それゆえ、実子の子育てとは違う中途養育、実家族との分離に至った環境を理解し、養育の質に一定の基準が設けられるのもうなずけよう。

　ここで疑問に思われた方もいるかもしれないが、2002（平成14）年まではこうした省令レベルでの基準は存在しなかった。「最低基準」以前には、児童福祉法が施行されてからほどない1948（昭和23）年に出され1987（昭和62）年まで続いた「家庭養育運営要綱」（厚生省事務次官通知）や、後継の「里親等家庭養育運営要綱」があり、「最低基準」に通ずるような内容に言及されていた。それらは、戦後の混乱期には労働力や養育費目当てといった搾取の恐れや浮浪児の非行への対応など孤児対策の色合いも強かった。時代の変化とともに、保育ニーズの増加、離婚件数増加や不登校等の児童問題の「多様化」、そして少子化と虐待問題の社会問題化という子ども・家族問題の社会の認識の変化や、子どもの権利に関する国際動向、子ども観・家族観の変容等を背景に、里親に求められる姿もまた変容してきた。つまり、子どもの権利条約や児童福祉法の理念を踏まえて、里親にも子どもの人権を擁護する者としてふさわしい要件を備えることが要請され、養育の質を多面的に保障する最低基準が設けられたのである◆5。

③ 最低基準のポイント

　さて、「最低基準」は幾度かの改正を重ねて現在に至る。最低基準は第1条から第20条まであり、すべてを詳細に述べる紙幅はないので、重要なポイントをおさえることにする。

　まず前提として、最低基準を超えた養育の質の向上である。里親は最低基準を遵守し、最低基準を超えて常に自身の行っている養育の質を向上させるよう努めなければならない

とされている（第3条）。そのうえで、実子や他の児童と比較して差別的な養育や、心身に有害な影響を与える行為をしてはならない等の「平等な養育、虐待等の禁止、及び懲戒にかかる権限の乱用禁止」（第5、6条）、義務教育にとどまらず必要な教育を受けさせるよう努めねばならないという「教育」（第7条）についても述べられている。当該児童の尊厳を守り、持てる力を伸ばすための努力を規定しているものといえよう。同時に、「子どもの意思表示への応答」（第13条第1項）にあるように、委託児童からの苦情だけでなくさまざまな意思表示を受け止め、迅速かつ適切に対応することも、子どもの権利として欠かせないものだろう。

　また生活のうえで、子どもの健康・衛生や金銭、個人情報の管理（第8条〜11条）もあたりまえかもしれないがおさえておきたい点である。例えば、常に委託児童の健康状況に注意し、健康保持のための適切な措置をとり（第8条第1項）、食事提供は正しい理解と望ましい習慣を養うことを目的として行われる必要があり（第8条第2項）、食器や水など衛生的な管理に努め必要な措置を講じなければならない（第9条）。ファミリーホームのような監査はないが、里親も「給付金として支払を受けた金銭の管理」として、委託児童に係る給付金をその趣旨に従って用いる、収支の状況を明らかにする記録を整備するなどが規定されている（第9条の2）。「秘密保持」としては、正当な理由なく、知り得た委託児童やその家族の秘密を漏らしてはならない（第11条）とされる。

　さらに、社会的養育のもとで育つ中で重要なこととして、自立支援計画や記録の整備（第10、12条）、関係機関との連携と家庭環境調整への協力（第15条、20条）があげられている。委託期間が長くなり、担当福祉司の変更を重ねる中でしばしば曖昧になる自立支援計画だが、本来的には、「児童相談所長があらかじめ当該里親並びにその養育する委託児童及びその保護者の意見を聴いて当該委託児童ごとに作成する自立支援計画に従って、当該委託児童を養育しなければならない」とされる。子どもの養育状況に関する記録を整備しておくこともかかせない。近年は、乳児院時代のアルバムを里親委託時に譲り受けるといった、子どもに記録の空白を残さない取り組みもよく聞く。それはやはり関係機関等との連携によるものの一部でもある。里親は「養育に関し、児童相談所、里親支援機関、当該委託児童の就学する学校その他の関係機関と密接に連携しなければならない」（第15条）こと、そして「専門里親は、児童相談所長が児童家庭支援センター、里親支援機関、児童委員、福祉事務所等の関係機関と連携して行う委託児童の家庭環境の調整に協力しなければならない」（第20条）と、子どもを囲むチームの一員としてソーシャルワーク過程にかかわることが示される。家庭環境調整は専門里親について書かれているが、養育里親でも実親のいる子どもは多く、あてはまるケースもある。

④ 最低基準から養育指針へ

　2000年代の一連の社会的養育改革の中で、2011（平成23）年3月30日付厚生労働省雇用均等・児童家庭局長通知「里親委託ガイドライン」（4回にわたり一部改正）における里親委託を原則とする検討、高齢児を含めたすべての子どもを里親委託対象とすること、等が明記された。さらに、2011年7月の「社会的養護の課題と将来像」とりまとめを受け、2012（平成24）年3月29日に発出された同通知「里親及びファミリーホーム養育指針」は、宮島（2012）によれば「最低基準」を超えて、里親養育等の「あるべき方向性」や「目標とする養育の水準」などをまとめたものだという。養育技術や質の向上などの項目が、最低基準よりさらに掘り下げて具体的に記述されている。

▶▶▶実践上のヒント

　委託児童の立場からは、里親による体罰をどのように認識しているのだろうか。元里子5名にインタビュー調査を行った知見（中川2019）によれば、里親からの身体的、精神的暴力等の経験が語られる。家庭養護特有の一例としては、「施設にかえす、かえさないの話になると、やっぱり生命線みたいな感じ」といった措置変更を想起させる言葉から強い不安を感じ意見を言えなくなる、「両親と喧嘩していたら、突然うちの子じゃないと途中で言われて」のように心情に配慮のない真実告知の仕方がなされる例もあったという。熟慮せず口をついて出た言葉が子どもに及ぼす影響も、養育者はよく認識しておくことが望まれる。

2. 児童虐待防止における家庭養護の役割と意義

　家庭養護が子どもの権利擁護の重要な一端を担うのはこれまで述べてきたとおりだが、加えてそれまで不適切な養育環境にあった子どもにとって、あたりまえの食事や清潔な暮らし、家族成員間の労りといった積み重ねによる家庭イメージの書き換えなどの効果もあろう。しかし、ケースにもよるものの、基本的には実家庭との関係を断って代替をつとめることが求められているわけではない。そのことは、里親も頭では分かるものの、心情としては複雑な場合もある。以下では、実親との交流実態と里親子の揺れる気持ちをふまえ、子どもを中心に実親と里親との三者関係を構想することにしたい。

❶ 実家庭との交流実態と里親・委託児童の心情

① 実親子の交流

　まず、里親家庭にやってくる子どもたちの実親との関係はどうなっているのだろうか。現在、社会的養育に入る子どもにはほとんどの場合親族がおり、なんらかの交流を持つ場合も一定数ある。厚生労働省が5年おきに行う「児童養護施設入所児童等調査」は、里親家庭の状況や施設養護のもとにいる措置児童に関する調査である。2020（令和2）年1月に公表された2018（平成30）年2月1日時点の最新版◆6で確認すると、里親委託になった当時の子どもの78.4%には両親かひとりの親がいる。児童養護施設や乳児院に措置となった子どもはさらにその割合が高い傾向にある。委託児童のうち両親ともいなかったり不明だったりしても、祖父母やおじおば、きょうだいが保護者である場合が6割を超えるのである。

　しかし、里親委託時点でいた家族との関係は、「交流なし」が70.3%、「交流あり」でも一時帰宅するケースは6.7%にとどまり（児童養護施設では33.8%）、面会しているのは17.2%、電話・メール・手紙は4.2%だった。このような家族との関係は、子どもの委託の見通しとも関係している。委託児童の今後の見通しのうち「保護者のもとへ復帰」はわずか10.2%、一方「自立まで現在のままで養育」68.7%、「養子縁組」12.2%と、当該里親家庭での長期にわたる養育が見込まれている。

② 里親と委託児童の心情

　里親にとって、子どもの生みの親というのはさまざまな感情を呼び起こされる存在であろう。例えば、待ちに待って委託されてきた子どもの言動の背景に、不適切な養育環境を彷彿とさせられたとき。面会に行ってきた子どもが荒れているとき。次はこの日に面会に来るといって、すっぽかされて深く傷つく子どもを見たとき。どんな親であっても、子どもは慕う気持ちを秘めていることは多い。一方で、長い不妊経験のトンネルをようやく抜けて子どもに出会えたのに、どうしても実親にはかなわないと感じられたり、子どもが前にいた施設の担当者を大切に思う気持ちに接して心にさざ波が立ったりすることもある。実際、実親や親族がいても交流の難しいケースが多いとはいえ、子どもが何歳で里親委託になったかや、その成長に応じて、子どもの中には実親イメージが醸成される。たとえ実親とある時点から接点がなくなったとしても、子どもが生い立ちを受け入れていく過程では、実親の存在をどうにかして意味づけなければならなくなる。

　一方子どもの立場からすれば、十分に年齢相応の意見を聞いてもらえる機会のないままに一時保護所、里親や児童養護施設へと行先を変更されることも残念ながら少なからずあり、子どもは自分がいつまでここにいてよいか大きな不安を覚える。そして、里親家庭になじんだとしても、実親に対する想いと里親への想いとの間で忠誠葛藤と呼ばれる葛藤を

感じたり、自分の中につくられた実親イメージと交流等で知った実際の実親とのギャップにどう対処するか悩んだりする場合もある。里親に対して遠慮することもある。子どもにとって、揺れ動く気持ちを表現してもよいと思える状況や、何はともあれ受けとめられている感覚を得られることは重要だろう。

　このように実親子と里親子の関係は複雑なものだが、安藤は、実親との交流の有無にかかわらず、子どもの観点を尊重すること（例えば里親をどう呼ぶか、里親を親と思いたいかなど）の重要さを述べた。また、里親たちが子どもの自己肯定感に配慮し、子どもに命をくれた人として実母を認めると同時に子どもとの出会いを喜ぶ存在として里親自身を認めることにより、実親と対立することなく里親としての自分を意味あるものと納得するやり方や、いつか付き合える可能性を残し実親の悪口は言わない、といった里親たちの対処実践があるという（安藤 2017a）。

❷ 実親との距離感におけるいくつかのポイント

　かねてより、子どもが実親や近親者のもとに帰ることや、そうした人々との関係を絶たないことが子どもの愛着や発達等のために大切であると指摘されてきた。しかし、適切な交流でなければ子どもにもつらい思いをさせることになる。親族ではない里親のもとにいる子どもたち、その里親とソーシャルワーカーにそれぞれ調査をしたスペインのマルティネスらは、実際は交流のない子どもの割合が高い、実親との面会の質がよくない、交流の約束がしばしば守られないなどの実態があるという。そして交流に関して子どもやソーシャルワーカーの評価より、里親による評価の方がより悪いといった結果もあったとする。親子の交流の質や程度が低い背景には、典型的な親の問題（メンタルヘルス、薬物乱用の経験、教育歴の低さなど）や子育てスキル不足の可能性もあるため、交流に際してのより十分な準備を要することを浮き彫りにする（María D. Salas Martínez *et al.* 2016）。

　また、実親との交流がどんな場合にも一律に望ましいわけではない。例えば養子縁組と長期里親における実親との交流を扱ったハウ＆スティールは、少なくとも短期的・中期的には親子関係を維持することが悪影響のように見えるケースもあるとする。再び子どもがトラウマに苦しむような交流のケースでは、子どもが安全で守られていることを感じ、心安らぐことが優先されるニーズである。それゆえ、中期的には実親と交流することはすすめられないという。ただし子どもが、レジリエンスや心理的自立、かつてトラウマになった実親との接触が引き起こす感情に落ち着いて対処できる力を持てるかどうかによっては、いつか何らかのかたちでの交流を持つ可能性を否定するものでない（Howe & Steele 2004）。

　日本では親族はいても交流のない子どもが多く、自立まで里親委託になることも少なく

ない。実親との葛藤を乗り越えた里親について伊藤ら（2019）は、実親との交流にかかる
負担等を感じつつも、子どもの気持ちの揺れに寄り添い、実親・委託児童関係の調整を支
援しようとし、徐々に実親への怒りから脱して子どものために実親を支援するという経験
をしてゆくという。もちろん、すべてのケースで実親に対する葛藤を乗り越えるというこ
とは難しい。実親の言動、居住や職業の状況等から、子どもと関係を築こうという姿勢が
見えず、子ども自身も里親家庭、実親家庭いずれにも根を下ろせないようなとき、里親の
一部には実親子関係修復よりも里親家庭での関係をまず重んじようとする、等の対応がと
られていた（安藤2017a）。

Episode

　子どものために実親を支援することは分かっているが、実際にはいろいろな困難があ
るのも事実だ。これは実親と交流のある子どもを預かる、里親さんのエピソードである。
その方は、里親は「実親の手助け、補完」と捉えていた。しかし、実親に親としての自
覚が感じられないことが続き、「手助けにはなっていない」「会いにはいくけどあずけっ
ぱなし」と里親としての立場性を迷い、「『仕事』として捉えないとやれないときもある
ね……」と語った。養育のうえで理念通りにいかない場面は多く、自分を責めるのでは
なく考え方を変えたり、聞いてもらう、知識を身につけるなどの引き出しを持っておく
ことも大切である。（語りの引用は安藤（2017a）より）

---

3. 家庭養護に関連する理念──パーマネンシー、実家族の養育の優先等

　本節では、家庭養護の理念がどこから来て、現在の日本の家庭養護にどのようにつなが
っているのかを見ていきたい。取り上げるのは、国連の子どもの代替的養育ガイドライン
と国際的な概念であるパーマネンシーである。家庭養護に関する理念に通底しているのは、
実家族や身近な大人による養育の優先、子どもと特定の大人との永続的な関係の保障等と
いえるだろう。

❶ 国連の子どもの代替的養育ガイドライン

① ガイドライン採択まで

　第1節で見た子どもの権利条約から20年後の2009（平成21）年11月20日、国連は

Guidelines for Alternative care of Children（子どもの代替的養育ガイドライン、以下ガイドラインと記す）を採択した。子どもの権利条約で代替的養育は家庭的環境を優先する旨言及されていたものの、日本を含めた締約国の中にはそれが実現していない国もあり、子どもの権利委員会はたびたび勧告を行ってきた。平野（2012）によれば、子どもの権利委員会第25会期（2000年）の「子どもに対する国家の暴力」についての一般討議、第37会期（2004年）の決定7号「親のケアを受けていない子ども」の採択等を経つつ、子どもの代替的養護に関する国際的指針の策定に向けた動きは本格化し、第40会期の討議で採択された「親のケアを受けていない子ども」に関する51パラグラフからなる勧告の基本的な考え方は後の子どもの代替的養育ガイドラインに反映されているという。このような前史をもって採択されたガイドラインには、2011（平成23）年3月30日の厚労省雇用均等・児童家庭局家庭福祉課仮訳[7]、SOS子どもの村福岡による訳[8]があり、いずれもインターネット上で閲覧できる。ここで引用するのは後者の訳であることをことわっておく。

② ガイドラインの構成と概要

　ガイドラインは、167のパラグラフからなる。簡単に構成を見てみると、「Ⅰ．目的」のあと、「Ⅱ．一般的原則と展望」では子どもの発達における家族の重要さや代替養育における原則等を示し、このガイドラインが基本的には18歳未満のすべての子どもに対する公式・非公式な代替養育を対象とすること等が述べられる（「Ⅲ．このガイドラインの範囲」）。「Ⅳ．代替養育の必要性を防止する」では、代替養育に至る前に子どもの実親による養育が全うされるよう各国が支援を行い、家族の分離後も子どもと家族の再構築を促進すること等が書かれる。「Ⅴ．養育提供の枠組み」「Ⅵ．最適な養育形態の決定」では、養育の大枠や、適切な代替養育のかたちを選択するためのアセスメント等について述べられる。「Ⅶ．代替養育の提供」はボリュームがあり、69〜136パラグラフを占める。ここでは、代替養育一般の条件や法的責任、監査とモニタリング、そしてアフターケアまで、具体的な記述がある。「Ⅷ．居住国以外での子どもへの養育提供」は、居住国を離れた子どもが受け入れ先で不利のないよう、安全と権利の保障等が述べられ、最後に「Ⅸ．緊急事態における養育」ではその理由を問わず、実親の養育を受けない子どもにはガイドラインに沿うこと等を奨励する。

　概要は、宮島（2012）によれば、①代替的監護を受けることは家庭環境を奪われた子どもの権利ではあるが、これをできるだけ避けるために、子どもと家族への支援を行うべきこと、②できる限り分断を避け、できるだけ短期間かつ特定の養育者との愛着関係という基本的ニーズに留意して内容を決定すべきこと、③家庭養護と施設養護は相互補完的関係ではあるが、その子どもにとって合理的に考え最も利益になるときに限られた期間で例外

的に適用されるべきこと、④施設養護においても小規模家庭的環境が与えられるようにすべきこと、⑤養護の質等は定期的審査とその向上が常に目指されること、⑥養護をどうするかは、子ども・保護者・その他関係者・養護提供者の参加のもとで協議されるべきこと、⑦子どもが人権を行使し資源を利用でき、心から信頼できる養護提供者以外の人にもいつでも会えるようにすること、などである。重要な理念は複数のパラグラフにまたがって繰り返し述べられている。

③ ガイドラインを活かすために

　このように膨大な内容を含むガイドラインは、現在の日本の状況からはほど遠い内容も多い。どうしても取り組まねばならない点として、以下では複数の論者の指摘を見てみたい。上述の宮島（2012）は、「1．里親とFH（ファミリーホーム）の養育が、公の養育であるという理解を拡げること」「2．里親とFHについてアセスメントすることの重要性を認め、活用すること」「3．子どもに提供される養育が、子どものニーズに基づき、子どもとすべての関係者の『参加』と『協議』のもとで決定され、計画され、提供されること。また、実際に提供される養育が、同じように定期的に審査されるべきこと」「4．良質の養育者を増やすこと」「5．養育者が養育を開くことができる、すなわち効果的なサポートを受けられる体制をつくること」「6．よく訓練された専任の職員および機関によって個々の児童・実親への支援と里親へのサポートが実施・展開（マネジメント）されること」という6点を挙げた。ガイドラインを実践に活かした国内の有名な例では、福岡市の市民団体・NPOを核とした「ファミリーシップふくおか」のうねりとこれに基づく「SOS子どもの村福岡」の活動等があろう。福岡市子ども相談センターの藤林（2011）は、ガイドラインの項目のいくつかを実現してきたが、3人以上のきょうだいなどは積極的理由がなくても施設措置になる場合があったため、子どもが住み慣れた場所の近くにとどまるための「校区里親」を目標とするなど、里親登録者の拡大や家庭養護を相補する施設ケアの充実を指摘している。

> **Episode**
>
> アメリカ・ワシントン州の社会的養護経験のあるジニー・キーさんは、ノーマルシー（normalcy）という言葉を使う。「里親に預けられた子どもや若者にとってnormalcyとは、彼らと同年代の人たちと『同じ』と感じること」だという。里親の制度下にいる子どもたちや若者は、同年代の子どもが体験する活動や機会——例えば、キャンプや遠足に参加するために許可書に親のサインをもらう、などもその一つ——を逃していると感じることがあったそうだ。当事者ユースとしてアドボカシー運動を続け、法律をも変えてき

た。あたりまえの生活とは何か？ 正答が難しいからこそ、思考をとめないことが重要ではないだろうか。(引用は kee, J. & Jones, E.（2018）より)

❷ パーマネンシー

パーマネンシー（permanency）は日本語に直訳すると「永続性」等と訳されることが多いだろう。上述のガイドラインでもこの言葉が含まれていた。日本で紹介されるようになったのは2000年前後からと比較的新しい概念だが、海外では歴史がある。アメリカとイギリスの例を見たあとに、日本の状況を取り上げよう。

① パーマネンシーの起源

1970年代のアメリカでは、里親家庭をあちこち転々と変わる、いわゆるドリフト（drift）の有害さと、家族との継続的かかわり（continuity）、そしてパーマネンシーを持つことの子どもの情緒的・社会的ニーズを明らかにした諸研究があった（Colton and Williams 1997=2008: 398-9）。アメリカで「パーマネンシー・プランニング」として始まった、子どもの「パーマネンシーの感覚」を保障するという考え方は、のちにヨーロッパに広がったという（平田2002）。そして、当初は「一定の短期間に目標を決めて、愛情あふれる親または養育者と継続的な関係を保ち続けられる家庭で子どもが生活できるように援助していく組織的なプロセス」とされ、目下その家庭とは法的な親子関係のある家庭が最も望ましいとされていた（平田2002）。日本語でこの概念が導入され始めた初期の著書であるソブンの訳書（原著はChild Placement: Principles and Practice 2ed.）（1994=1998）の序文によると、パーマネンシーはイギリスでも1970年代から80年代初めにかけて強調され、出生家庭に復帰できない子どもの積極的養子縁組が行われる一方、施設保護は減少したという。ここでパーマネンシー（permanency, permanency planning）は、「子どもが複数の里親などにあちこち保護されるのではなく、子どものニーズに合った一貫した処遇をすること。重要なのは、子どもが実親やきょうだい、一定の里親、養親等の養育者と一貫した心理的つながりを持ち続けられるよう計画をたてること」とされている。このように、パーマネンシーの起源は半世紀前にさかのぼる。

② パーマネンシーを重んじた実践

アメリカでは1997年の「養子縁組・家族安全法」（Adoption and Safe Families Act, ASFA）の制定後、子どもが家庭を離れてから一定期間で迅速にパーマネントな家庭を見つける努力を州に要請する一方、家庭復帰の見込が薄い子どもには里親との養子縁組や親族ケアなどの代替計画を同時に行う処遇——コンカレント・プランニング——が行われるようになる

（平田2002）。現代に目を移し、ニューヨークのフォスターケア機関でソーシャルワーカーとして勤務経験のある樽沼（2015）も、「家庭復帰を目指して実親の支援をしていても、もしこれがだめだった場合、養子縁組に切り替えるのに、タイムラグというか時間がかかっては困るので、養子縁組する可能性があるのであれば誰に持っていこうかなどと、同時にプランをしていて、子どもが必要以上に宙ぶらりんな状態にならないように」ソーシャルワークを行うといい、コンカレント・プランニングをパーマネンシーを得るために実施していたという。ただ子どもの年齢が高い、課題を持つ子どもはなかなかパーマネンシーを得にくいという問題も残っているほか、ASFAの規定のように子どもがフォスターケアに一定期間いても家庭復帰できない場合親権剥奪の手続きを進めるという点への賛否両論の議論はあるという。しかし、フォスターケアに期限をつける枠組みがあることで、ソーシャルワーカーが必死に子どものパーマネンシーを得ようと働くそうである（樽沼2015）。

　加えて、イギリス◆9のパーマネンシーはアメリカと少し異なる部分もある。アメリカにも長期里親というケースワークの目標はあるものの、イギリスのlong term fosteringはもう少しパーマネンシーの選択肢としての積極的意味が強いように感じる。里親委託が長引くことについて、積極的な選択肢か最後の頼みの綱か、安全と不確実性はともに成り立つか等議論があったが（Schofield *et al.* 2000）、2015年に2010年の規則を改定して「long term fostering」の申し合わせが法的に示された。長期里親養育が最も適切なパーマネンシーのための選択であるならば、子どもの現在から将来にわたるニーズに応じられる里親の能力があること、大人への移行も含めて子どもの年齢やプランにより委託期間が異なること、当局が養育者・実親・子どもとアレンジメントを確認していること等が定められる（Department for Education 2015）。筆者が2019年にバーミンガムのフォスタリング・エージェンシー（民間による里親支援・養子縁組支援機関）を訪れた際ディレクターに尋ねたところでは、長期里親委託はパーマネンシーの選択肢であり、子どものニーズに応じてということだった。このように、欧米内でも制度設計によってパーマネンシー保障の仕方にはグラデーションがあるようである。ここまでの代替養育をめぐるガイドラインやパーマネンシーの思想をたどると、実家族がある場合にはいかに距離をはかりながら関係を維持するか、どのように子どもと実家族を分離しないかがセットとしてとらえられていることが分かる。そうした思想は、子どもの権利条約における親と分離されない権利と整合的で、児童福祉法改正の内容、社会的養育ビジョンの下敷きともなっている。

③日本におけるパーマネンシー──ニュアンスの違い

　ひるがえって、日本の場合はどうだろうか。伊藤（2017）は措置変更に言及する中で、「日本では欧米と比して『パーマネンシー』という言葉の使われ方が柔軟で、時に欧米と

は異なるニュアンスで用いられることもある」とする。同書では、家庭復帰や家族再統合が難しい子どもの代替的養育として施設や里親が「パーマネンシー」を保障できるか、という視点で展開しているが、「里親養育はパーマネンシーではない」とする欧米の定義とは用語の使い方が異なるとして留意している。先に述べたように欧米といっても一枚岩ではないものの、日本でいわれるパーマネンシーは確かに依って立つところが違うことが多いようである。いいかえれば、パーマネンシーを柱とした選択肢を切れ目なく用意するのではなく、措置した先でなるべく安定的に養育者との関係を構築すべく尽力するともいえよう。

　日本でこのようなパーマネンシーの用い方をするのも背景がある。よく知られているように、日本では長らく、長期の養育里親が里親養育の担い手の中核であった。ひと昔前の里親像といえば、実親との関係性の薄い子どもを幼少期から預かり、満期措置解除まで育て上げ、その後もできる限り金銭的・精神的支援を続けるようなあり方を思い浮かべることができる。今でこそ、実親のいる子どもや年長児の里親委託が増加し、そうしたほとんど養子縁組に近いような長期委託は主流とはいえなくなってきた。また自立に際して給付型奨学金や身元保証事業もあり、里親の熱意と放っておけなさに甘んじるばかりの状況も改善を見せつつある。とはいえ、長期里親委託で安定しているのであれば、それもパーマネンシーの手段のひとつとしては悪くないという意見もある。里親委託が増えれば、それだけ不調による措置変更のリスクも増加する可能性もある。

　2016（平成28）年児童福祉法改正では、家庭養育優先の理念規定、すなわち実父母や親族等による養育をまず優先し、それが困難な場合でも養子縁組や里親家庭、ファミリーホームといった家庭における養育環境と同等の養育環境での継続的養育を規定する。この理念を体現するため、2017（平成29）年新しい社会的養育ビジョンでも「永続的解決（パーマネンシー）」は重要な工程のひとつとなり、パーマネンシー保障のひとつの選択肢として特別養子縁組のあり方が議論されるなど、日本における子どものパーマネンシーの解釈と保障のあり方が問われている。

- -

4. 里親から実親への家族再統合に向けた支援

- -

❶ 諸外国の家庭養護の現状

　ここまで、パーマネンシーや児童虐待対応等、海外の里親養育に言及してきた。本節で

はいくつかの国を取り上げ、家庭養護の概況を説明する。具体的には、アメリカ、イギリス、カナダ、フランスの4か国である。なお、日本での里親制度と各国のそれは必ずしも対象や児童福祉施策体系の位置づけが一致しないので、英語圏の紹介ではフォスターケアと記する。

① アメリカ合衆国

　アメリカにおける子どもの福祉や養子縁組は、連邦法のもとで各州が州法や規則を定めている。例えばFostering Connections to Success and Increasing Adoptions Act（2008年）は、親族の養育者の支援や委託児童のアウトカム（結果）の改善、養子縁組の促進等の目的で社会保障法の一部を改正したもので、カリフォルニア州のように子どもが18歳を超えても連邦政府の資金でフォスターケアサービスを受けられる例もある◆[10]。

　米国保健福祉省（HHS）子ども局のレポートTrends in Foster Care and Adoption◆[11]を見てみよう。2009年度から2018年度の10年のトレンドを見ると、フォスターケアのもとにいる子どもの数は、2009年度末（42万3000人）から2012年度末（39万6000人）まで減少するも、2012年を底に2018年度まで増加しており、2017年9月30日時点で44万1000人、2012年度末と比して11％増である。（民間のエージェンシーではなく）公的機関の支援によって養子縁組が成立した数は2014年度の5万700件を底に増加し、2018年度末で6万3100件となっている。しかし、養子縁組を待つ◆[12]子どもも2012年度頃から増え、12万5000人だという。年次レポートによれば、2018年度末時点◆[13]でフォスターケアにいる子どもの平均年齢は8.3歳、中央値は7.6歳で、日本の高校にあたるようなSecondary Educationの始まりの13歳から20歳までの思春期青年期の子どもも、全体の約4分の1を占める。人種やエスニシティによるばらつきがあり、白人44％、黒人あるいはアフリカンアメリカンは23％、ヒスパニックが21％、アジア系は2112人いるものの1％にも満たない。

　日本との大きな違いのひとつは、ケースプランのゴールにも見てとれる。親かプライマリー（第一義的）な養育者との再統合を目指すケースが多く56％、次いで養子縁組が27％で、里親委託は一時的な選択肢であって、長期里親養育がゴールであるケースは2％にすぎない。フォスターケアにいる期間は1年未満が46％、3年未満にすると86％だ。「3. ❷ パーマネンシー」の項で樹沼（2015）を引用したように、賛否はあれ、限られた時間で子どもにパーマネンシーを確保するための現場の取り組みがこのようなアウトカムにつながっているのだろう。

② イギリス

　イギリスは周知のように、イングランド、ウェールズ、北アイルランド、スコットラン

ドからなる連合王国である。高齢や障害、家族問題などの支援ニーズを持つ人への具体的な福祉サービス提供は、イングランドとウェールズでは地方自治体の社会サービス局に、スコットランドではソーシャルワーク局に、北アイルランドでは保健・ソーシャルワーク団体にそれぞれ国から権限委譲されている（Colton and Williams 1997=2008: 374）。地方自治体（Local Authorities）のほか、民間のフォスタリング機関が里親登録から研修など担う場合も多く、専門的な民間機関のサービスを地方自治体が買うなどしている。なお養子縁組の場合、地方自治体かボランタリーな養子縁組支援機関を通じて行われる。児童保護において裁判所の関与があり、子どもの安全等に深刻な懸念がある場合、命令の発令を裁判所に申請して子どもの保護措置の許可を得るしくみである。

　チルドレンズコミッショナーの報告によると、イングランドに限定しても、家庭環境のリスクにより「支援の必要な子ども」が230万人、この中で「児童福祉サービスと接点のある子ども」（通報はあったが介入はない、など）は約76万人おり、中でも「児童保護」となる子どもや里親委託等のインケアの子どもは最も支援度の高い集中的な法的支援の要る子どもとされ、12万8000人である。その一方で、家庭が脆弱な状況でありながら支援の届いていない子どもたちも約83万人に上るとされている。里親の種類には長期／短期／親族や家族・友人／緊急／レスパイト／養子縁組を前提／ remand（裁判前・中の子どもを対象とする）、等がある（U. K. Gov.）。2020年3月末日時点[14]のイングランドでは、431の機関に約4万4500世帯、約7万5300人の認定された里親がおり、委託児童となる子どもは約5万6500人と推定される。長期里親委託をパーマネンシーの選択肢としうるイングランドでも、子どもが18歳に達するまで継続して養育する予定のない委託は43%である。またChildren's Homeとよばれる種類の施設数は1年で7%増加しており、2460の施設が1万2175人の定員を持つ[15]。

　子どもの福祉と家族支援サービスに関する法的枠組みは、1998年児童法（the Children Act 1989）とその関連規則によって整備され（Colton and Williams 1997=2008）、改正を重ねつつ現在に至る。イギリスの児童社会サービスの提供とその戦略・管理運営の一大転換が20世紀末から21世紀初頭に実施され、その基盤となったのが「社会的共同親」という施策理念であった（津崎2013）。また、1998年児童法は、「支援の必要な子ども」も里親や施設に移ることなく家族と暮らせるような支援を義務づけていて、早期介入、多機関連携により親子分離を防ぐ成果を上げている（資生堂社会福祉事業財団2019）。在宅支援の充実度は日本との相違点でもあろう。

③ カナダ

　カナダは10の州と3の準州からなる連邦国家である。Colton and Williams（1997=2008：

81-3）によれば、カナダの保健・教育・福祉については、英領北アメリカ法（1867年）のもと各州に任されている。それぞれの州がガイドラインを作成する条例を創設し、費用は連邦政府と州政府の両方で負担される。児童福祉サービスについては国の統一基準をつくる動きがあり、政府担当部門や政府の取り決めにより直接提供される州もあれば、児童救済協会のような地域密着型の委員会主導機関を通じて提供される州等さまざまだという。1893年のオンタリオ州政府が通過させた最初の児童保護法は、フォスターケアに対する法的基盤をつくり、カナダの家庭外のケアに対する重要な資源となった。施設は里親への委託が行われるまでの、または障害のため治療を受ける子どもの住まいへと移行した（Colton and Williams 1997=2008：81-3）。

　カナダの2016年のセンサス[16]から子どもの家庭生活を見てみると、581万7085人（0～14歳）の児童人口のうち、委託児童として生活する子どもは2万8030人と、児童人口の0.5％ほどを占めていた。69.7％の子どもは実の両親か養親の両親と暮らしており、ひとり親家庭（19.2％）、ステップファミリー（9.8％）、祖父母や親族、里親家庭など生みの両親と離れて暮らす（1.4％）といった状況である。もちろん地域差も大きく、ひとり親やステップファミリー、両親と離れて暮らす子どもの割合は、アルバータ州（27.1％）、ブリティッシュ・コロンビア州（28.2％）、オンタリオ州（28.5％）で低い一方、3つの準州やノバスコシア州、ニューブランズウィック州は40％近い。ひとつ例をとると、ブリティッシュ・コロンビア（BC）州の場合には、社会的養護のほとんどが里親であり、里親の種類は3つに分類されている（資生堂社会福祉事業財団2016）。親族や子どもが信頼をおく家族などが里親となるタイプ、子どもにとって第三者となる認可里親によって6人まで預かることができるタイプ、そして身体的、精神的、行動的または情緒的ニーズを持つ子どもを専門に養育するタイプである。BC州の子ども発達・家庭促進省（MCFD）が提供するサービスは、家族保全（Family Preservation）とパーマネンシープランを児童保護サービスの根幹とし、子ども・家族と協働してアセスメントとケア提供が行われる（資生堂社会福祉事業財団2016）。

　文化の多様性を重んじる現代のカナダには、さまざまなルーツを持つ人々が暮らしている。最も先住民族が多く住むオンタリオ州での虐待調査のケースを分析した知見によると、First Nations（先住民族）の子どもたちは、児童人口の2.5％の一方、同州の不適切な養育関連の調査ケースのうち7.4％を占めており、白人の子どものおおよそ3倍に上ったという[17]。ネグレクト、親密なパートナーの暴力、遺棄などで白人の子どもとの差が大きく、とくにネグレクトと親密なパートナーの暴力が頻回な虐待として行われていた（Ma, Fallon & Richard 2019）。先住民族への同化政策に対する反省を込めつつ施策がとられ、子どもの分野でも未解決の問題に取り組まれている最中である。日本で子どもの民族や文化的背景

に目配りして社会的養育の実態を明らかにしたものは多くないといえ、今後の知見の蓄積が待たれる。

④ フランス

フランスにおける子どもの保護は、地方分権化の動向から地方自治体の県へ移管されている。中央政府は、子どもに関して立法県と法令による権力、そして主に立法上の問題に関する監督権を保持するだけだという（Colton and Williams 1997=2008: 119-120）。

フランスでは、かつてはどの社会階層でも子どもが誕生すると乳母に預けることが一般的だった。のちに乳母に預けられた子どもの死亡率の高さも明らかになったが、子どもを自分の手で育てることが一般的になるのは20世紀を待たねばならなかった（Romanet 2013）。1951年の世界保健機関のレポートによって家庭外措置の子どもへの悪影響が指摘されると、家庭から子どもを離さずに済むよう予防・家庭内への支援に舵が切られ、1958年から在宅教育支援が積極的に選択されるようになったという[18]。

フランスの里親の特徴は、乳幼児やティーンエイジャーにとどまらず、障害のある人や高齢者なども対象とする点がまずあがる（Colton and Williams 1997=2008:124-5, フランス政府ホームページ[19]）。assistant familial、直訳すると家族アシスタントという名称になる。里親は自身の子どもの養育状況や子どもに接する仕事の経歴が重視され、それゆえ養親希望者とは全く別の入り口になっているという（安發2020a）。60時間の講習受講、子どもを受け入れてから240時間の講習を受け、パリ市では子ども１人につき月17万円が子どもの生活費とは別に支給される。地方自治体もしくは民間の里親サービス事務所で雇用されるのだ。現在の体制ができたのは1977年であるが、日本に比べ職業としての地位が確立されている（安發2020a）。

児童相談所がフォローする子どもは「予防」と「保護」に分けられ、「予防」は暴力など危険がない場合で在宅教育支援を指す。2018年のパリ市では45%が該当する。「保護」は危険性がある場合で、うち95%が子ども専門裁判官の決定によるものであり、施設や里親や学校の寮などに措置される（安發2020b）。2017年度末時点（21歳未満を対象）の国の調査[20]によれば、34万4000件の保護命令のうち在宅教育支援は16万7000件だ。基本的に子どもたちは家庭にとどまったまま支援を受ける。措置、すなわち在宅教育支援でないものは52%、そのうち里親委託が47%を占める。ほか多くは実家に措置する在宅措置は10人に１人の割合で、他にも多様な施設が活用される。施設は、6人単位程の施設、グループホーム、学校の寮、16歳以上はアパートのルームシェアなど子どもに合った形態のものが選ばれる。

先にも触れたように、フランスの里親は子どもだけを対象とするわけではなく、職業と

しての地位が確立されているなど日本との違いも大きいため、一概に比較するのは難しい。しかし、在宅での支援が充実するなど、子どもを家庭から引き離さないことを重視しており、里親を増やす時期はすでに過ぎているという点は印象深いといえる。

　ここで取り上げたことはほんのわずかである。関心のある方は、各国政府や支援機関のホームページから新しい情報にアクセスしたり、日本語でも養子と里親を考える会の『新しい家族』や日本子どもの虐待防止学会の『子どもの虐待とネグレクト』、資生堂社会福祉事業財団の『世界の児童と母性』『資生堂児童福祉海外研修報告書』などを継続的にチェックしていただければ幸いである。

おわりに

　本章で紹介してきたことは、毎日の子どもとの生活で具体的に意識する機会は多くないかもしれない。しかし、意識せざるを得ない出来事も起きうるし、その際には関係者との話し合いにおける指針にもなろう。困ったときに理念に立ち戻りその解釈を再考したり、他地域の代替養育のありかたとの比較により自身の養育を相対化したりする、といった、日常から一歩引いて俯瞰する目を持つ一助ともなるはずである。

（安藤　藍）

▶注──────────────────────────────

1　「この条約は、今なお世界中に貧困、飢餓、武力紛争、虐待、性的搾取といった困難な状況におかれている児童がいるという現実に目を向け、児童の権利を国際的に保障、促進するため、国連人権委員会の下に設置された作業部会において、多くの国連加盟国政府、国連機関等が参加し、10年間にわたって行われた審議の成果であった」（外務省ホームページ）。作成および採択の経緯は以下を参照のこと。外務省ホームページ　https://www.mofa.go.jp/mofaj/gaiko/jido/seka.html

2　第1条から第41条までが第1部で、子どもはいかなる差別もなく権利を確保されること（第2条1項）や子どもの最善の利益の考慮（第3条1項）、子どもが父母の意思に反して分離されないこと（第9条）、意見表明権（第12条）、思想や宗教等の自由（第14条）、搾取からの保護（第32条）等の内容を定める。第42条から45条の第2部は、締約国が条約の内容を人びとに知らせ（第42条）、締約国の義務の履行状況などを審査する委員会の規定を主に扱い、第3部は条約の効力発生等の事項を定める。

3　The Committee on the Rights of the Child（CRC）, UNITED NATIONS HUMAN RIGHTS OFFICE OF THE HIGH COMMISSIONER. https://www.ohchr.org/EN/HRBodies/CRC/Pages/CRCIndex.aspx（2020年8月25日閲覧）

4　Kafalaのこと。イスラム諸国の一部では、イスラム教のカファーラという用語は養子縁組に近似する状況を指すものとして使われている。しかしそれは、家族のつながりを断ったり、相続権を持ったり、ファミリーネームを変更したりすることはしない。Better Care Network, "Adoption and Kafala". https://bettercarenetwork.org/library/the-continuum-of-care/adoption-and-kafala（2021年2月4日閲覧）

5　関連して、里親を認定する要件や期待される養育内容の変遷を辿ったもの（安藤2017b）によ

ると、2000年代になり、「被虐待児や愛着形成に問題のある子どもへの着目、子どもの人権擁護の視点によって、里親養育の質を担保するにふさわしい里親や養育内容が求められるようになった」という。こうした動向が進むにつれ、預かる子どものさまざまな生育歴に由来する諸問題に対応できる知識と技術が要され、高度で多岐にわたるケア提供が求められるようになってきた。

6　厚生労働省子ども家庭局（2020）「児童養護施設入所児童等調査の概要（平成30年2月1日現在）」https://www.mhlw.go.jp/content/11923000/000595122.pdf（2020年7月31日閲覧）

7　https://www.mhlw.go.jp/stf/shingi/2r98520000018h6g-att/2r98520000018hly.pdf（2020年6月23日閲覧）

8　子どもの代替養育に関するガイドライン　https://www.sosjapan.org/pdf/guidelines_for_the_alternative_care_of_children.pdf#search='%E5%9B%BD%E9%80%A3+%E4%BB%A3%E6%9B%BF%E9%A4%8A%E8%82%B2%E3%82%AC%E3%82%A4%E3%83%89%E3%83%A9%E3%82%A4%E3%83%B3'（2020年6月23日閲覧）

9　とくにことわりのない限り、本章でイギリスというときにはイングランドとウェールズを指す。

10　Child Welfare Information Gateway HP, Fostering Connections to Success and Increasing Adoptions Act of 2008（P.L. 110-351）https://www.childwelfare.gov/topics/systemwide/laws-policies/federal/fosteringconnections/#Implementation%20information%20and%20State%20examples（2020年8月15日閲覧）

11　U.S. Department of Health and Human Services, Administration for Children and Families, Administration on Children, Youth and Families, Children's Bureau, "Trends in Foster Care and Adoption: FY 2009-FY 2018". https://www.acf.hhs.gov/sites/default/files/cb/trends_fostercare_adoption_09thru18.pdf（2020年8月14日閲覧）。データはThe Adoption and Foster Care Analysis and Reporting System（AFCARS）による。

12　連邦としての定義があるわけではなく、養子縁組を支援のゴールとする子どもや、親が親権を失った子どもも含む。

13　2019年8月22日時点での2018年度（2017年10月1日〜2018年9月30日）の速報値。U.S. Department of Health and Human Services, Administration for Children and Families, Administration on Children, Youth and Families, Children's Bureau, "AFCARS Report # 26". https://www.acf.hhs.gov/sites/default/files/cb/afcarsreport26.pdf（2020年8月14日閲覧）

14　Ofsted HP（2020年11月12日）, "National Statistics Fostering in England 2019 to 2020: main findings Published 12 November", https://www.gov.uk/government/publications/fostering-in-england-1-april-2019-to-31-march-2020/fostering-in-england-2019-to-2020-main-findings（2020年2月8日閲覧）。なお一部の機関は新型コロナウイルスの影響でデータを提出できていない。

15　Ofsted HP（2020年9月22日）, "National Statistics Main findings: children's social care in England 2020". https://www.gov.uk/government/publications/childrens-social-care-data-in-england-2020/main-findings-childrens-social-care-in-england-2020（2020年2月8日閲覧）

16　Statistics Canada "Census in Brief Portrait of children's family life in Canada in 2016". https://www12.statcan.gc.ca/census-recensement/2016/as-sa/98-200-x/2016006/98-200-x2016006-eng.cfm（2020年8月28日閲覧）

17　ただし、この分析では14歳未満のFirst Nationsと白人のみを対象としている。

18　安發氏からフランスの里親制度のテキストを踏まえ聞き取り。

19　フランス政府HP, https://www.service-public.fr/particuliers/vosdroits/F15240（2021年2月9日閲覧）

20　République Française Direction de la recherche, des études, de l'évaluation et des statistiques, "61 000 enfants, adolescents et jeunes majeurs hébergés fin 2017 dans les établissements de l'aide sociale à l'enfance". https://drees.solidarites-sante.gouv.fr/sites/default/files/2020-10/DD55.pdf（2021年2月6日閲覧）。同報告書の読み方について安發氏のアドバイスを受けた。

▶参考・引用文献

安發明子（2020a）「フランスにおける非血縁家族の現状」2019年度立命館大学人間科学研究所年次総会基調講演資料

───（2020b）「フランスのソーシャルワーク（1）ソーシャルワーカーはかかりつけ医」『対人援助学マガジン』（42）304〜326頁

安藤藍（2017a）『里親であることの葛藤と対処──家族的文脈と福祉的文脈の交錯』ミネルヴァ書房

───（2017b）「里親制度の規定する『家族』・『家庭』像の変遷」『季刊 家計経済研究』（113）、71〜83頁

Colton, M. & Williams, M. eds.（1997）*The World of Foster Care: An International Sourcebook on Foster Care Systems.*（庄司順一監訳（2008）『世界のフォスターケア──21の国と地域における里親制度』明石書店）

平野裕二（2012）「国連・子どもの権利委員会」『子どもの権利研究』（21）、89〜90頁

───（2018）「子どもの権利条約第4回・5回日本政府報告の内容と課題」『子どもの権利研究』（29）、18〜26頁

平田美智子（2002）「新しい児童処遇の理論と実践──パーマネンシーとアイデンティティーを追及して」『社会福祉』（日本女子大学人間社会学部社会福祉学科）（43）、27〜39頁

伊藤嘉余子・小池由佳・福田公教・千賀則史・野口啓示（2019）「実親と交流のある里子を養育する里親の体験プロセスに関する質的研究」『社会福祉学』60（2）、14〜24頁

伊藤嘉余子編著（2017）『社会的養護の子どもと措置変更──養育の質とパーマネンシー保障から考える』明石書店

kee, J. & Jones, E.（2018）「当事者にとっての"ノーマルシー（当たり前の生活）"とは──米国ケアリーバーの二人が問いかけるもの」『世界の児童と母性』（83）、67〜71頁

厚生労働省（2012）「里親及びファミリーホーム養育指針」（平成24年3月29日厚生労働省雇用均等・児童家庭局長通知）https://www.mhlw.go.jp/bunya/kodomo/pdf/tuuchi-56.pdf（2020年7月30日閲覧）

厚生労働省子ども家庭局（2020）「児童養護施設入所児童等調査の概要（平成30年2月1日現在）」https://www.mhlw.go.jp/content/11923000/000595122.pdf（2020年7月31日閲覧）

樽沼あづさ（2015）「子どもの最善の利益とパーマネンシー──アメリカにおける成果」『新しい家族』（58）、21〜35頁

Ma, J., Fallon, B. & Richard, K.（2019）"The overrepresentation of First Nations children and families involved with child welfare: Findings from the Ontario incidence study of reported child abuse and neglect 2013", *Child Abuse & Neglect*（90）: 52-65.

宮島清（2012）「代替的養育に関するガイドラインと里親・ファミリーホームの課題」『子どもの虐待とネグレクト』14（3）、309〜314頁

中川友生（2019）「代替的家庭養護（里親家庭）に育つ子どもの体罰等に関する意識──元里子へのインタビュー調査より」『子どもの権利研究』（30）、257〜267頁

Neil, E. & Howe, D. eds.（2004）*Contact in Adoption and Permanent Foster Care*, British Association for Adoption and Fostering（BAAF）, London.

Romanet, E.（2013）"La mise en nourrice, une pratique répandue en France au XIXe siècle", *Transtext(e)s Transcultures (Journal of Global Cultural Studies)*（8）. https://journals.openedition.org/transtexts/497（2021年2月9日閲覧）

Salas Martínez, María D., Fuentes, María J., Bernedo, Isabel M. & García-Martín, Miguel A.（2016）"Contact visits between foster children and their birth family: the views of foster children, foster parents and social workers", *Child & Family Social Work*, 21（4）: 473-483.

Schofield, G., Beek, M., Sargent, K. & Thoburn, J.（2000）*Growing Up in Foster Care*, British Association for Adoption & Fostering, London.

Thoburn, J.（1994）Child Placement: Principles and Practice 2nd ed, London: Ashgate Publishing Limited.（平田美智子・鈴木真理子訳（1998）『児童福祉のパーマネンシー──ケースマネジメントの理念と実践』筒井書房）

特定非営利活動法人子どもの村福岡編（2011）『国連子どもの代替養育に関するガイドライン──SOS子どもの村と福岡の取り組み』福村出版

津崎哲雄（2013）『英国の社会的養護の歴史──子どもの最善の利益を保障する理念・施策の現代化のために』明石書店

資生堂福祉事業財団　資生堂児童福祉海外研修報告書　https://www.zaidan.shiseido.co.jp/activity/carriers/training/index.html（2020年8月2日閲覧）

U.K. Department for Education 2015 The Children Act 1989 guidance and regulations Volume 2: care planning, placement and case review. https://assets.publishing.service.gov.uk/government/uploads/system/uploads/attachment_data/file/441643/Children_Act_Guidance_2015.pdf（2020 年 8 月 28 日閲覧）

U.S. Department of Health & Human Services Children's Bureau "Trends in Foster Care and Adoption". https://www.acf.hhs.gov/cb/resource/trends-in-foster-care-and-adoption（2020年8月14日閲覧）

イギリスの民間チャリティ団体による
里親支援等の事業

　本コラムでは、2019年8月に筆者が共同で訪問した民間チャリティ団体である Barnardo's（以下バナードス）における里親支援等の事業を紹介する。バナードスはイギリスでも最も歴史のある民間チャリティ団体のひとつで、Dr. Barnardo による設立以後 150年以上にわたって活動を続ける団体である。貧困や搾取にあえぐ子どもたちのための施設設立を始まりとして、里親養育・養子縁組の先駆け的な取り組みの道を開いた。現在は障がい児サービス、子育て支援サービス、セクシュアルマイノリティやホームレスの若者支援など、子どもに関する幅広いサービスを提供する。子育て支援を担う Children's Centre、里親支援部門の Fostering Agency、養子縁組部門の Adoption Plus と切れ目なく支援を行っている特徴があるともいえよう。

1．チルドレンズ・センター

　まずチルドレンズ・センターである。ブレア政権下のシュア・スタート事業の拠点として設置されたものだ。訪れたヤードリー（YAEDLEY）地区のチルドレンズ・センターを簡単に紹介しよう。①健康、②幼児教育、③家族支援の3つの柱を持ち、ワンストップのサービスを提供している。ペアレントトレーニング、ベビーマッサージ教室、DV被害女性へのプログラム等多彩なサービスがある。またヤードリー地区は移民が多く、英語を話せない保護者向け英語教室が用意されている。キッチンもついており、ホリデーミールなどの提供には多くの地域住民が集まる。筆者らの訪問時も、キッチンでつくられたサンドイッチ等が提供された。

　こうした一般の子育て家庭の利用できるサービスとともに、リスクのある家庭への早期介入も重要な仕事である。ファミリーサポートワーカー、セラピスト、幼児教育の専門家など、じつに多職種が一室にデスクを並べており、コミュニケーションを密にとりながら対応にあたる。薬物やアルコールなどの依存症、DV、精神疾患の3つは Toxic trio と呼ばれ、子どもに害の及ぶ可能性があると認識されていた。特に虐待の背景にはDVの潜むケースも多く、支援が難しいという。しかし、こうした要因とする福祉的ニーズを抱えた

子どもとその家族に対する予防的な、かつ早期の介入で、社会的養育のもとに入る子ども
を減らし、出身家庭で暮らすという子どもの権利を擁護している。

2.　フォスタリング・エージェンシー

　イギリスでは地方自治体（Local Authority）が委託を行うものの、民間機関の専門的な
フォスターケアサービスを地方自治体が購入して、ニーズの高い子どもやその里親の支援
にあてることがよく行われる。フォスターケアサービスのもとにやってくる子どものうち、
バナードスが扱うのは人身売買や性的搾取の経験のあるケース、裁判所の審判を待つケー
スなど、困難を抱えざるを得なかった子どもや若者である。そうした子どもたちを預かる
ことのできる専門性を備えた里親育成を担う。冒頭に述べたように、児童福祉に長い歴史
を持つバナードスならではの専門性であろう。

　詳しくはぜひ団体HPをご覧いただきたいが、例えばセラプレイ、ライフストーリー
ワーク、DDT（Dyadic Developmental Therapy）、TIP（Trauma Informed Practice）、PACE
(Playfulness Acceptance Curiosity Empathy) といった各種プログラムが用意される。バ
ナードスの里親には短期／長期／レスパイト／緊急／ Remand（審判を待つ間のケア）／親
子（子育てスキルを伸ばすため親子での委託）、等の種類があり、訪問時にはかつて社会的養護
のもとで育ちワーカー経験を経て長期里親になったシングル女性、30年以上の長期里親
経験のあとより専門性の高いRemandの里親になった男性、年齢を重ねてもできること
として他の里親のレスパイトを担う女性といった、実に多様な動機とキャリアを持つ人々
に出会った。例えば里親登録したばかりの当事者経験のある上記の女性は、「里親の新人
研修は、自分が里親になるだけでなく、自分が里親になることで家族がどういう影響を受
けるかを理解するのに非常に助けになった」等と語っていた。みな、バナードスのワー
カーらの迅速で的確な支援関係に深い信頼を寄せ、チャリティ団体として名高いバナード
スを誇りに思っているようであった。

アダプション・プラスのプレイルームのひとつ

3. アダプション・プラス

　アダプション・プラスは2008年登録時からセラピューティックでボランタリーな養子縁組支援機関として専門的な支援を担っている。ここで引き受けるのは、深刻なトラウマを抱えるケースである。訪問時には、6自治体がアダプション・プラスのサービスを購入するという形でパートナーシップを結んでいた。2019年夏の訪問時点で、2011年から数えて25人の子どもが養子縁組したという。アダプション・プラスで大切にしていることは、まずセラピューティックなアダプションモデルをリードしている団体として、エビデンスを出すこと。そして、セラピー全体を通じて早期のトラウマ回復に至ることだという。PACE、感覚統合、セラプレイなどの豊富な支援内容があり、アウトカムとして子どもの感情統制の改善、問題行動の減少とともに、養親のポジティブな態度などの変化がみられている。ちなみにここでも、予防的観点・テーラーメードでの支援が重んじられる。養子縁組の成立後も1年に1回はアダプション・プラスに招待することで、子ども・養親の精神的な健康状態や両者の関係性等をアセスメントすることができ、何か問題の兆候があっても予防的にかかわれるメリットがあるそうだ。

　Birth Relative Counselling という実親支援も行っている。2005年の法律により、実親支援の法的根拠ができた。実親の30%はこの支援を受けることに同意し、支援を一旦は断る残りの70%の実親にも、3か月おきに電話をすると反応がある親もいるのだという。この実親たちも苦労して生きてきており、拒絶されてきた経験を持つ者が多いそうである。やさしく、ほどよく見守り、ことばの遣い方に注意を払うなどの工夫がなされている。

　理念にあるように、子どもがどんな背景を持っていても、子どもたちを信じ伴走する姿が印象的な訪問であった。団体については Believe in children Barnardo's, "Believe in children Barnardo's HP"（Retrieved Sep 5, 2020, https://www.barnardos.org.uk/）を参照いただきたい。

（安藤　藍）

※本コラムの共同視察は、「子どもの逆境と支援をめぐる多様な語りと子ども支援から見た社会の構想の研究」（18KT0032）、「里親委託支援システム構築に関する研究─日英比較研究から─」（17K13896）、「里親経験の社会学的解明─日英の事例から─」（17K17988）によるものである。

第 **5** 章

家庭養護の歴史的展開

Key Word

家庭養護・里親制度の歴史／家庭養護・里親制度の起源／家庭養護・里親制度の変遷

1. 戦前の家庭養護

❶ 古代における身寄りのない子どもの保護・養育

① 古代の子どもの収容・保護施設

　古代における身寄りのない子どもの保護・養育については『日本書紀』に、雄略天皇による「ちいさこべのすがる」(478年頃) の話が記されている。

　「ちいさこべのすがる」とは「少子部蜾蠃」または「小子部栖軽」とも記される当時の豪族である。この豪族は、雄略天皇が養蚕振興のため「蚕（こ）を集めよ」と命じたところ、意味を取り間違え「子」を集めてしまったため、その子どもたちの養育を命じられるとともに「少子部」の姓を与えられたとされている。

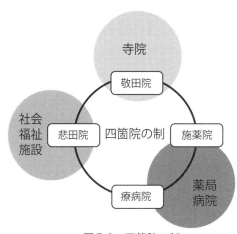

図5-1　四箇院の制

　その後、593年に聖徳太子が四箇院（敬田院、療病院、施薬院、悲田院）を設立した。このうち「悲田院」では、身寄りのない棄児や孤児を含めた生活困窮者を収容・保護していたとされており、悲田院が日本最古の児童救済事業だといわれている。

　702年には「大宝律令」が制定され、この中で、援助を必要とする者については「不能自存（自分自身で独立した自立生活が困難なもの）」と定義され、さらに表5-1のように分類された。この中の「孤（こ）：16歳以下で父のない者」が救済対象となった子どもに該当する。つまり、父子家庭の子どもは当時の救済対象には含まれなかった。また、これらの不能自存の者については、まずは近親者が扶助することとされ、それが不可能な場合、制度で救済することとされていた。つまり、家族・親族による養育が、社会的な救済・保護よりも優先されていた。

表5-1　大宝律令による「不能自存（自分自身で独立した自立生活が困難なもの）」の分類

鰥（かん）	61歳以上で妻のない者
寡（か）	50歳以上で夫のない者
孤（こ）	16歳以下で父のない者
独（どく）	61歳以上で子どものない者
貧窮・老疾	貧窮な高齢者や傷病者、障害者

② 古代の養子養育

聖武天皇・光明皇后の娘である**孝謙天皇**（後に重祚し称徳天皇になる）は、天然痘の流行や夜盗の犠牲になった孤児10人を養育して葛木連の姓を与えた。

また、756年には孝謙天皇に仕えた**和気広虫**が、戦乱や疾病のために苦しむ棄児や孤児83名を夫の葛木連戸主の戸籍に入れて養育したといわれている。先述した「悲田院」が子どもと成人との混合収容だったこともあり、こちらの養育の方が、日本における最古の「子どもの保護収容事業（施設）」という説もある。ここで成長した子どもは朝廷から葛木首の姓が与えられた。

一方、当時は、結婚の形態が子どもにとって不幸な時代だったともいえる。『源氏物語』等で「婿取り婚」と表現されているが、当時の結婚は、妻の家や妻の両親が提供する家に夫が住まう形態だった。そのため、家を提供できない女性との間にできた子どもや、身寄りのない若い女性が宮仕え先で特定できる夫もなく懐妊した時には、子どもを遺棄せざるを得なかった。現在でいう「予期せぬ妊娠」の状況と似ているといえる。

上層貴族とその下の階層の女性との間に生まれた子どもは「妾の子」ということで、寺等に養子に出されることが多かったともいわれている。さらに、出世の見込みがなく家庭を持つことができなかった単身男性がお金を払って子どもを買う、人身売買のようなことが行われていたとの記述も残っている。

③ 里親養育の起源

西暦1000年頃の後一条天皇の時代、四条大納言藤原公任卿が、自分の子女を京都岩倉に里子に出したように、中世皇族や公家が子弟を静かで環境の良い京近郊の農家に一定期間預けた風習が日本における里親制度の起源だといわれている。このことから当時の岩倉

図5-2　和気広虫姫像。「奈良時代のマザー・テレサ」ともいわれている。
出所：Wikimedia Commonsより。◆1

は「里子村」として名を知られることになった◆²。しかし、このように「高貴な人が子どもをより良い環境に預ける」ことだけでなく、「貧しい人が、貧しい人に仕方なく」子どもを里子として預けあったりしていたのではないかという説もある。

また、官人や陰陽師などの家では、競争相手から抜きんでるために、才能を求めて養子を迎えることも多かったといわれている。

近世に至るまで、里親養育に関する規定は特になく、「他人に養育を委託する」「そのために一定の養育料が里親に支払われる」「預ける期間はあらかじめ定める」ことなどが特色であった。また、里親養育に類似した制度として当時は「貰い子制度」「養子制度」「名子制度」といったものがあったが、それぞれ出自が異なるという。

❷ 中世における身寄りのない子どもの保護・養育

中世においても、悲田院での救済事業が細々とではあったが継続していたといわれている。その後、鎌倉時代には、南都六宗（三論宗、成美宗、法相宗、倶舎宗、華厳宗、律宗）による慈善活動が活発化した。

その中でも、律宗の叡尊は、被差別部落の人やハンセン病患者、孤児の救済活動をより積極的に展開した。同じ律宗の忍性は、叡尊の事業を継承し、貧民・病人・孤児の救済活動を行うとともに、ハンセン病患者の救済施設である「北山十八間戸」を奈良で開設した。

室町時代には、1549年にイエズス会のフランシスコ・ザビエルが鹿児島に上陸し、日本で初めてキリスト教の伝道を行った。その後、キリスト教の布教とともに、キリシタンによる慈善事業が行われるようになっていき、その中に孤児の保護活動も含まれていた。その代表的なものの1つとして、イエズス会のルイス・デ・アルメイダが大分県で設立した「育児院」（1555年）があげられる。

図5-3　日本で初めて外科手術をした
アルメイダの像
出所：Wikimedia Commonsより。◆³

図5-4　育児院と牛乳の記念碑。アルメイダは私
財を投げうって乳児院を設立した。
出所：大分市観光協会。

❸ 近世における身寄りのない子どもの保護・養育

　江戸時代になり、1613年に「禁教令（キリシタン禁止令）」が出されて以降、キリスト教による子どもの保護・救済事業は衰退した。

　江戸時代の主な救済対象は、自然災害から生じた飢饉などによる被害者だった。度重なる飢饉や災害に加えて幕府や藩からの搾取によって農民の生活は困窮し、子どもの身売りや間引きが頻繁に行われていた。

　こうした事態を受け、江戸幕府は1687年に「捨て子養育令」を、1690年には「棄児禁止の布令」を、1767年には「間引き禁止令」を次々と制定した。しかし、民衆の生活は逼迫していたため、育てられない棄児や間引き、子どもの身売り等も減ることはなく、子どもの人権は守られているとはいえない状況だった。

❹ 明治期における子どもの養育・保護

① 明治政府による孤児・棄児対策と白亜館会議宣言

　明治政府は、1871（明治4）年、孤児や棄児に対する救済策として「棄児養育米給与方」を制定した。また1873（明治6）年には、三つ子を出産した貧困家庭を対象とした「三子出産の貧困者への養育米給与方」を制定した。

　1874（明治7）年には、日本初の救貧法である「恤救規則」が制定された。しかし、この規則は、「居宅恤救（在宅者の救済）」を原則とするとともに、対象を「無告の窮民（身寄りのない者）」のみに限定していたため、この制度で救済された子どもは非常に少なかった。

　この頃、アメリカでは1909（明治42）年に「保護を要する児童に関する会議」が開かれ、白亜館会議宣言が出された。ここでは「児童は緊急なやむをえない理由がない限り、家庭生活から引き離されてはならない」という家庭尊重の原則が宣言され、20世紀の児童育成の基調となった。

② 子どもの保護施設の萌芽と里親委託・養子縁組

　明治期にも江戸時代と同様、貧困のために孤児や棄児となる子どもは多く、間引きや堕胎も頻繁だった。さらに、富国強兵策の中で、子どもは「安価な労働力」として搾取されていた。こうした保護や救済を必要とする子どものための国による救済施策はほとんど整備されていなかったため、個人の宗教的な心情や動機による慈善事業が多く展開された。

　子どもを保護・養育するための当時の慈善事業の代表的なものとして、まず、松方正義が大分県で設立した「日田養育館」（1869〔明治2〕年）、フランス人修道女ラクロットが横浜で設立した「横浜慈仁堂」（1872〔明治5〕年）、長崎県で岩永マキら日本人によって初めて設立された育児施設「浦上養育院」（1874〔明治7〕年）、仏教各宗徒によって東京で設立

図5-5　日田養育館跡。門前に子どもを
置いていくことが容認されていた。
出所：Wikimedia Commonsより。◆4

された「福田会」（1876〔明治9〕年）等が挙げられる。

　この中で大分県の「日田養育館」では、妊娠した地域の父母が堕胎しないように、出産後に子どもを預かる約束をするための「請け書」を預かったり、養育館の子どもを地域の家庭に養子に出した場合、金品を贈与したりする等、中央政府が定めた法の遵守に留まらず、さまざまな形で子どもの命を守るための取り組みを展開した。

　「横浜仁慈堂」は1874年には外人子女教育の「サンモール・スクール」と、貧困児童の教育にあたる「菫女学院」に発展し、後者は学齢以下の子どもの里親委託を積極的に展開した。

　また、浦上養育院を創設した岩永マキは、少なくとも1834名の孤児を養子に迎え、岩永姓を与えたため「岩永姓の母」といわれている。

③ 石井十次の「岡山孤児院」と里親委託

　石井十次が1887（明治20）年に設立した「岡山孤児院」は、後の児童養護施設のモデルとなったともいわれる、最も有名な施設の1つである。

　岡山孤児院は、イギリスのバーナードホームにならい「コッテージシステム（小舎制）」を採用し、保母1人につき十数人の子どもが1つのコッテージ（小舎）で家族のように生活していた。この実践は、現代の施設における「家庭的養護」に通じるものがある。

　さらに、石井十次は、子どもの養育・教育の指針として「岡山孤児院十二則」を定め、実践した（表5-2）。

図5-6　石井十次の岡山孤児院
出所：社会福祉法人石井記念友愛社。

図5-7　岡山孤児院のコッテージシステム
と家族主義（担当保母制）
出所：社会福祉法人石井記念友愛社。

表5-2　「岡山孤児院十二則」

1）家族主義	子ども10人ほどの小舎制 家族ごとの個性ある生活を尊重する
2）委託主義	養育の困難な6歳以下の年少の虚弱児・乳幼児は農家に里子に出す 10歳以上の子どもは職業見習いを含め、商店主等に委託する
3）満腹主義	十分な食事は情緒の安定につながる 満腹感を味わうことができるようにする
4）実行主義	職員の積極的な養育姿勢を促す
5）非体罰主義	子どもに体罰を与えない 子どもに自分の行動・行為について考えさせる
6）宗教主義	子どもに祈りを強制はしないが、宗教心の涵養を強調する
7）密室教育	悪行への指導は人前で行わず、子どもと密室で静かに話し合う
8）米洗教育	子どもの養育は米を洗うのと同じで、幾度も洗うと澄んだ水になる
9）旅行教育	様々な生活体験を重ねるために小グループで旅行する
10）小学校教育	幼年期は遊ばせ、10歳から尋常小学校で普通教育を受けさせる
11）実業主義	子どもに適した、また本人の希望に応じた職業技術を習得させる
12）托鉢主義	施設経営は民間の寄付により賄う

出所：石井十次資料館所蔵「岡山孤児院新報」（第135号）を基に作成。

　この「岡山孤児院十二則」の「**委託主義**」にあるとおり、石井は、現在の「里親制度」に通じる実践として、院外で「里親委託」に取り組んだ。さらに、大阪のスラム街に分院を設け、夜間学校や保育所等の事業を展開した。

④　そのほかの施設における「入所児童の里親委託」

　石井十次の岡山孤児院以外にも、入所児童の養育を一定期間、私人である里親に委託する仕組みを持つ施設はあった、渋沢栄一が院長を務めた東京市養育院では、1896（明治29）年の「東京市養育院沿革及実況」によると、哺乳期の乳児はただちに里親に委託して、満3歳に達した段階で養育院に帰院させると書かれている。

　東京の福田会育児院は、明治30年代初めから、当時の神奈川県都筑郡山内村を中心として隣接する各村を含めた「保育村」での里親委託を戦前まで続けた。また、大阪府大阪市にある博愛社でも「家庭委託」を行っていたとの記録が残っている。新潟県の新潟育児院においても、「院外委託」として、義務教育修了者と乳児を篤志家の家庭に委託していた記録が残っている。そのほか、横浜孤児院、弘済会養育部（大阪府）、愛育社（大阪府）などの施設では100人以上の子どもたちを里親委託していた。

　当時の内務省によると「育児院に収容する児童の養育方法は乳児は之を里預けに出し、院内にて養育する者は多く学齢中の児童なり。院内養育の組織につきては多数児童を一所に集合する寄宿制度の弊害を認め、大抵家庭制度を用ひ、且つ一家族舎の収容児童数は比較的少なく大概十人内外なり。」（「本邦社会事業概要」内務省社会局、1922〔大正11〕年）とさ

れており、大正時代にはすでに、大舎制養育よりも子どもは10人程度の小舎（家族舎）制、施設養育よりも里親による家庭養育の優位性が支持されていたといえる。

⑤ 非行少年の感化事業と「家庭的教育」

　感化事業とは、非行の性癖のある少年少女を保護・教育してその矯正を図る事業であり「教護事業」ともいわれた。明治時代には、この感化事業も大きく発展し、感化事業を行う施設「感化院」が設立された。

　当初の感化院は、良風美俗を乱す非行少年に対して「保護と教化」を行うという社会防衛的な考え方が強かった。しかし、次第に、非行少年に対しては単に懲罰するだけではなく、非行を行うに至った子どもの家庭環境や家族関係、受けてきた養育や教育の内容など、その子の成育歴に深く注目し考慮する必要があると考えられるようになっていった。

　こうして、子どもの育ち直しを助けるような施設として、池上雪枝による「池上感化院」（1883〔明治16〕年：大阪府）、高瀬真卿による「東京感化院」（1885〔明治18〕年）などが設立された。さらに1899（明治32）年に、留岡幸助が東京の巣鴨に設立した「東京家庭学校」はのちの教護院（現：児童自立支援施設）のモデルとなった。

　留岡は、アメリカで感化事業を学び、日本における未成年犯罪者の処遇に疑問を抱いた。「人は刑罰によって善良になるのではない。君子になるか、盗賊になるかを決めるのは、家庭における陶冶による」と考えた留岡は、感化院ではなく「家庭学校」という名前にこだわり、学校にして家庭、家庭にして学校である事業を目指した。

　家庭学校の教育は3つの柱から成り立っている。1つは「家庭的教育」である。非行少年に教師が親代わりとしてあたたかな「親の愛情」をもって養育・教育にあたることとした。2つ目は「大自然の中での教育」である。自然は人間を差別しない。非行少年であっても正直に労働すれば、自然はそれに答えて実を結んでくれると農作業を通して子どもた

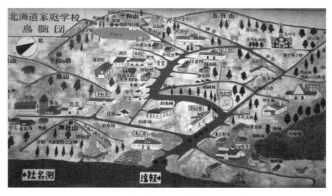

図5-8　北海道家庭学校俯瞰図
出所：社会福祉法人北海道家庭学校。

ちに伝えようとした。3つ目は「宗教的教育」である。キリスト教など特定の宗教を子どもに押しつけるのではなく「自分の利益だけを求めるのではなく、この世のすべてに感謝し、これに報いる行動をとれば、社会のためにも自分のためにもなる」と子どもたちに説いた。

⑥ 明治期の養子縁組

　明治民法では、養子縁組の目的が限定されていなかったため、「幼児期に親を失った、あるいは貧困状況にある世帯の子どもが、子どもがいない夫婦に養子としてもらわれて育てられる」という理由以外の養子縁組が多く行われていたといわれている。

　例えば、推定家督相続人となって徴兵を免除されるための「兵隊養子」、妾を養子として迎え入れ世間の非難を避けるための「めかけ養子」、人身売買をカムフラージュし、逃亡を防ぐための「芸娼妓養子」、より良い婚姻のために一時的に有力者や名家の養子になって本人の格を上げようとした「仮親養子」などの例があげられる。

　こうした特殊な養子縁組ではない、一般的な養子縁組においても、不遇な子どもの保護・救済が目的ではなく、子どもがたくさんいる家の子どもが、実子がいない親族の家に養子として入る縁組が多かった。

⑦ 戦前の里親養育

　先述したように、岡山孤児院をはじめ、いくつかの児童保護施設が里親委託のしくみを有していたが、それ以外の里親の広がりもあった。

　1924（大正13）年3月、平安時代から里子を積極的に受け入れてきた地域である京都府愛宕郡に「洛北里子保護会」が設立された。当時の同郡9村には251名の里子が委託されており、この会では里子の保護と委託の紹介（マッチング）が行われるとともに、一般の子どもを含む健康診断を行うために医師や保母が配置された。

　また、奈良県の生駒市高山周辺（旧：北倭村）では自然発生的に集団里親による「里子村」「里子部落」と呼ばれるコミュニティが形成された。

　こうした里子・里親の自然発生的なコミュニティでは、人情が厚い人が多かった反面、必ずしも子どもにとって意義や価値のある委託ばかりというわけではなかった。養育費や子どもの労働力を目的として里親になる者も多く、公的機関を通さない私的な契約による里親委託の場合は児童虐待に至るケースもあった。そのため、里子に出す側に対しても、里子を受託する側に対しても世間の目は冷たく否定的な人が多かった。こうした里親による里子虐待や死亡事例などの多さが、1929（昭和4）年成立の救護法における「孤児院が保護中の子どもを私人に養育委託することの禁止」や、1933（昭和8）年の児童虐待防止法の成立に影響を及ぼしている。

　今も昔も、里親による虐待などの事件があると、里親や里親制度に対して悪い意味で注目が集まる。しかし、子どもに虐待を行う里親は一部の里親であり、ほとんどの里親は、委託された子どもを大切に育て、あたたかな関係をつくり生活を営んでいるが、そのことに焦点があてられる機会は少ない。ここに、里親制度に関する広報や啓発の大切さ、情報発信の重要さがあるともいえる。

2. 戦後から子どもの権利条約批准まで

❶ 第二次世界大戦後の混乱と戦災孤児の保護

　1945（昭和20）年8月15日、日本は第二次世界大戦の敗戦国となった。この戦争によって親や家族を失った「戦災孤児」が急増し、彼らの保護・救済が当時の日本にとっての危急の課題となった。戦災孤児は自分の命を守るために、物乞いをしたり、時には盗みをはたらいたりしていたため、社会の治安を悪くする「浮浪児」と疎まれていた。

　こうした戦災孤児や浮浪児には、社会的養護による保護・養育が必要だった。戦前から運営されていた育児施設や感化施設がその役割を担おうとしたが、その資源は圧倒的に不足していた。

　こうした中、政府は戦災孤児への緊急対策として「戦災孤児等保護対策要綱」を1945年9月に決定し、翌年4月には厚生省が「浮浪児その他の児童保護等の応急措置実施に関する件」（通達）を出した。さらに同年9月には、大都市圏に「主要地方浮浪児等保護要綱」が通知された。

　「戦災孤児等保護対策要綱」では「保護の方法」の優先順位として、Ⅰ. 個人家庭への保護委託、Ⅱ. 養子縁組の斡旋、Ⅲ. 集団保護、の順に掲げられていた。つまり、施設における集団保護よりも、個人家庭での養育が上位に位置づけられていたのである。

　当時の戦災孤児たちは非常に厳しい状況に置かれていたが、当時日本を占領していたGHQ（連合軍最高司令官総司令部）による「公私分離の原則」に基づき、孤児たちの施設に対する国からの公的な援助はなかった。そのため、ララ（LARA：Licensed Agencies for Relief in Asia＝アジア救援連盟）による救済援助に頼りつつ急場をしのぐ状況だった。

　GHQから児童保護施設への援助がない一方で、GHQの公衆衛生福祉局（PHW）は、1946年9月に「世話と保護を要する児童」と題して日本政府宛に覚書（SCAPIN）を出した。

SCAPINには、厚生省児童局が行うべきいくつかのプログラムの中に、(1) 里親家庭に児童を送致するような活発な計画、(2) 里親家庭に対する均一基準による適切な政府補償、(3) 適切な里親が見つからない場合に、その児童の世話と処遇に関する公私施設の適切な監督、があげられている。この点から、GHQが施設保護よりも里親制度を重視していたことが分かる。

❷ 児童福祉法の制定と「家庭養育運営要綱」

　戦災孤児など、保護を必要とする一部の子どもに対する応急的な対策だけでなく、すべての子どもたちの福祉を実現することを目的として、1947（昭和22）年に「児童福祉法」が制定された。児童福祉法は、戦後制定された新しい日本国憲法の理念に基づき、初めて「福祉」という言葉が用いられた法律である。

　この児童福祉法によって、戦前から運営されていた育児施設や、児童虐待防止法による母子施設、疎開学童寮から転身した施設、戦後に孤児収容を始めた施設などが「養護施設」として認可されることになった。児童福祉法制定以前には、児童福祉施設は「育児院」「教護院」「母子寮」の3種類のみであった。しかし、この法律によって9種類の児童福祉施設（助産施設、乳児院、母子寮、児童厚生施設、保育所、養護施設、精神薄弱児施設、療育施設、教護院）が規定された。

　また、この児童福祉法第27条3では、都道府県知事が「児童を里親（保護者のない児童又は保護者に監護させることが不適当であると認められる児童を養育することを希望するものであって、都道府県知事が適当と認める者をいう。）に委託し、又は乳児院、養護施設、精神薄弱児施設、療育施設若しくは教護院に入所させる」と規定され、里親委託が施設入所措置よりも前に置かれていることは興味深い。

　児童福祉法制定の翌年、1948年には厚生省事務次官通知「家庭養育の運営に関して」において「家庭養育運営要綱」が発表された。これが里親制度の運用上の指針となり、「昼間里親制度◆5」（1949年）、「保護受託者制度」（1951年）が創設され、敗戦直後の孤児の家庭養護体制が整備された。こうした流れの中で、1950年代は里親委託児童数が増加し、児童数だけでいうと今でも戦後最大のピークとなっている（図5-9）。

　ちなみに、この「家庭養育運営要綱」が出された10月4日が、1950（昭和25）年以降「里親の日（里親デー）」とされ、さらに1954（昭和29）年以降、毎年10月は全国的に「里親委託促進月間」とされ、現在まで続いている。

　1948（昭和23）年に公布された「家庭養育運営要綱」の家庭調査項目をみると、里親申込者の家庭の社会的信用、近隣からの評判等の細部にわたる調査項目がある。中でも特徴的なのは、「児童の養育を主として担当する女子（里母）」の性格や宗教などのパーソナリ

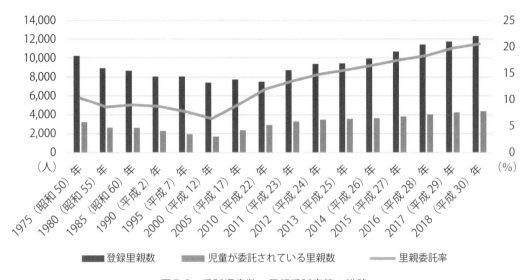

図5-9　委託児童数、里親委託率等の推移
出所：厚生労働省政策統括官付参事官付行政報告統計室「福祉行政報告例」を基に筆者作成。

ティにかかわる要素をはじめとして、主たる養育者が女性（里母）であることを前提とした制度だと読み取れる点である。また、「乳児の養育を希望する者にあっては、適当な母乳が豊富にあることが望ましい」「里親申込者（里母含む）の年齢が、養育しようとする児童の両親の年齢に近いものであることが望ましい」といった記述があり、実子を出産・養育する当時の家庭環境に近いものを里親家庭に求めていたことがうかがえる。

▶▶▶実践上のヒント

　戦後間もないこの時期の里親に求められた条件は、現在よりも具体的で、ある意味、厳しいものだったともいえる。しかし、里親になるための要件は年々緩和されてきている。こうした動向は、多くの人が里親になれるようになったこと、多様なおとな、多様な家庭・家族のありようが認められるようになったこととして評価できる。しかしその一方で、里親のありようが、子どもの求めているもの、ニーズに合っているかどうかという視点からも里親の要件について再考する必要はないだろうか。保護者からのあたたかなかかわりを求める子どもを共働きの忙しい夫婦に委託できるだろうか、元気に走り回りたい年齢の子どもを体力的に厳しい高齢の里親に委託できるだろうか……。里親の要件を緩和して里親の人数を増やしても、里親委託率が上がらないのは、里親の条件と子どものニーズのマッチングがうまくいかないことが多いことも関係しているのではないだろうか。

❸ 施設養育主流の中での養育委託制度の創設

1948（昭和23）年、児童福祉法に基づいて知事による「**要保護児童の養育委託制度**」を創設した。これは児童相談所があっせんして子どもを委託する仕組みであり、いわゆる「里親制度」の萌芽である。先述した通り、明治時代から「里親」「里子」「里親委託」は存在したが、法的に位置づけられたのはこれが最初である。

当時は、児童相談所以外の民間法人や社会福祉法人による養子縁組あっせんや里親あっせんもかなり行われていた。

1950年代には、イギリスのスピッツやボウルビーらによる母性的養育の欠如や愛着関係不全がホスピタリズム（施設病）◆6を生み出すという研究が日本にも紹介されるようになった。欧米では、これらの研究結果を踏まえ、施設養育から里親養育を中心とする社会的養護システムへの転換が進められたが、日本では里親委託よりも施設養育が主流という時代がこの先もしばらく続くことになる。

❹ 1950年代の家庭養護

1951（昭和26）年には、「対日講和条約」および「日米安全保障条約」が成立し、日本は独立を取り戻し、国としての再出発を果たした。

同年5月5日（こどもの日）に、「児童憲章」が制定された。戦後復興期であった当時の世相を反映して、子どもについて「守られるべき」「保護されるべき」存在であると受動的権利について強調した内容となっているものの、子どもを大切な存在として、社会全体で守り愛護していこうという理念が明確に示された、当時としては画期的な内容であったといえる。

児童憲章は、3つの基本綱領と12条の本文から成っている。児童憲章の前文では「児童は、人として尊ばれる。児童は、社会の一員として重んぜられる。児童は、よい環境のなかで育てられる。」と、子どもをどうとらえるべきかが明記されている。

1958年に第9回国際社会事業会議が東京で開催された。この会議のテーマの1つが「家庭における児童」であり、中でもアメリカ政府児童局長エッテンガー女史による「家庭にとどまれない子どもたちのニードについて」という報告は、アメリカでは社会的養護における施設主流の時代は100年前に終わり、現在は家庭養護主流へとシフトしているという内容だった。この報告に触発された当時の神戸市の民政局長だった檜前敏彦が中心となって、要保護児童の家庭養護を推進する「小舎制里親家庭」の制度実験計画として「**家庭養護寮制度**」が神戸市において実施された。これは今でいうファミリーホームである。

「家庭養護寮制度」は、3〜5人程度の児童を専門的養育技術のある一般家庭に委託し、親密な継続的人間関係の中で児童の健全な発達を支援することを目的とし、「里親養育と

図5-10　愛の手運動の新聞記事
出所：『神戸新聞』2008年5月19日。

施設養護の中間的機能」を持つ制度としてスタートした。翌1961（昭和36）年には大阪市でも始まった。

　家庭養護寮は年々増加し、1966（昭和40）年当時には神戸市内の11家庭に44名の児童が委託されていた。これらの家庭養護寮を支援するために民間機関である「家庭養護寮促進協会」（現：家庭養護促進協会）が設立された。さらにその後、個別の児童を家庭で養育する里親委託や養子縁組を進める1つの方法として1962（昭和37）年より「愛の手運動」が始まった。「愛の手運動」とは、行政とマスメディアと家庭養護促進協会が連携し「今、里親を必要としている子ども」を紹介し、里親候補者を広く募る方法としてスタートし、現在も続いている。

❺ 健全育成と母子福祉の前進と「短期里親」の創設

　昭和30年代に入ると「高度経済成長期」と呼ばれる時期に入り、社会福祉においても、戦後処理の段階から脱却し、整備拡充への動きが見え始めた時期といえる。

　当時の児童福祉を取り巻く課題として、経済成長のゆがみからか、少年犯罪の増加や非行の低年齢化が進み、「すべての子どもの健全育成対策（母子保健、非行防止、事故防止など）」の必要性が指摘され始めた。

　その一方で、離婚や親の家出、失踪の増加等によって、ひとり親家庭の増加が問題となり、1961（昭和36）年に、母子家庭を対象に経済的支援を行うための「児童扶養手当法」が制定された。児童扶養手当法に先駆けて、1952（昭和27）年には、母子福祉資金貸与が制度化されていたが、これを継承し、さらに内容を充実させた形で、1964（昭和39）年に「母子福祉法」が制定された。これによって、母子福祉資金の内容の充実、母子相談員の常勤配置などが実現し、母子福祉施策は大きく前進した。

　また、1965（昭和40）年には、母性保護の尊重、乳幼児の健康の保持・増進等を目的とする「母子保健法」が制定された。さらに、1971（昭和46）年には、「児童手当法」が制定され、子育て家庭と子どもに対する福祉が拡充した。

　里親制度に関するこの時期の動きとしては、まず1967（昭和42）年、里子が里親の扶養家族として所得税控除の対象となった。

　また、1974（昭和49）年には新たに「**短期里親制度**」が創設された。短期里親とは、保護者の疾病、障害、拘禁等の理由により、おおむね1か月から1年の期間、子どもを預かる制度である。短期里親制度創設の背景には、当時進行しつつあった核家族化の影響がある。従来、里親委託となる子どもの多くは、保護者の死亡や不明といった理由から比較的長期間の委託を必要としていた。しかし、核家族化の進行に伴い、例えば短期間の入院であっても子どもの養育を頼める人が身近におらず、里親制度を必要とするケースが増加してきたためである。

　短期里親の登録・認定にあたって、従前と大きく異なる点がある。それは単身であっても、子どもの養育経験があり、子どもを適切に養育できると認められる者については、短期里親として認定して差し支えない、と里親の要件が緩和されたことである。それだけ当時、短期里親を必要とする親子が急増した時代背景がうかがえる。

　国レベルでの動きがあまりみられない中、地域での里親会創設などの動きは進んでいた。1971（昭和46）年には、社団法人全国里親連合会が改組し、「**財団法人全国里親会**」として認可され、全国でバラバラに活動していた地域の里親会をまとめ、活動を活発化していった。

　また、1973（昭和48）年には「**東京都養育家庭制度**」が東京独自の制度として発足した。これは、養子縁組を目的としない里親を「養育家庭」として認定し、そのほかの里親とは別に、養育家庭支援センターが支援する体制を整えたものである。

❻ 特別養子縁組制度の成立

　1987（昭和62）年、民法改正による**特別養子縁組制度**が成立した。特別養子縁組は普通養子縁組とは異なり、家庭裁判所の審判によって成立し、離縁は原則認められず、戸籍の記載は実親子とほぼ同様の記載がなされる。斡旋の手続きは児童相談所を通じて行われ、養親の調査や半年間の試験養育期間が設けられる等、里親制度と並ぶ児童福祉制度として位置づけられた。特別養子縁組の認容件数は、導入直後をピークに減少し続けていたが近年は、家庭養護促進の流れを受け、緩やかに増加しつつある（図5-11）。特別養子制度不振の主な理由の1つとして、イギリスの社会人類学者であるロジャー・グッドマンは、実母の戸籍に子の出生が記載され続けることを挙げ、「多くの女性にとっては、出産して特別養子に出すために子をあきらめるよりも、中絶の方が依然としてより好ましいと思える」と分析している（Goodman 2000 = 2006）。

　特別養子縁組制度が成立した背景には、日本の古い慣行「藁の上からの養子」（私生児を

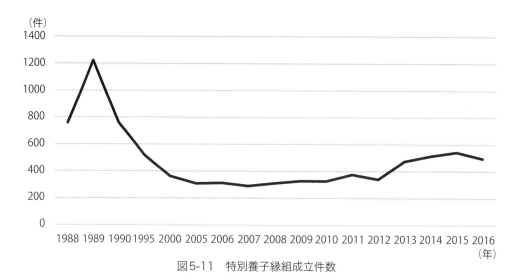

（件）

図5-11　特別養子縁組成立件数

生んだ女性から嬰児を引き離し、養子縁組の手続きなしで養親が引き取り、実子として届け出て育てる慣行）への問題視、1973（昭和48）年の**菊田医師**による「**赤ちゃんあっせん事件**」等がある。産婦人科医だった菊田医師は、中絶を懇願してくる女性を「出産したことを戸籍に残さないから」と説得し、産まれた子を育ての親となる信頼できる夫婦に託していた。戸籍法、医師法に抵触する行為だとは知りつつも、赤ちゃんの命を守るために行った行動は、世論を動かし、特別養子縁組制度の創設につながったとされている。

❼ 1987年の里親制度改正

特別養子縁組制度の創設に伴い、里親制度についても連動して見直されることとなった。1987（昭和62）年の里親制度改正として「家庭養育運営要綱」が改正された。まず、家庭調査に関する項目は、1948（昭和23）年のものと比べるとずいぶんと簡略化されている。具体的には「里親申込者の性格・宗教」「里親申込者が児童を養育しながらそのもとで働かせる」「里親申込者と起居をともにする者の性格」「里親家庭の社会的信用、家庭内の雰囲気」「里親家庭に対する近隣の評判」「学校の状況及び距離」などの項目は削除された。

こうした調査項目の簡略化については、里親養育の質の低下を招くのではないかという懸念の声もあったが、より多くの人を里親として認定し、家庭に恵まれない子どもに関心と協力を集めたいという意図があったと考えられる。

さらに、里親の認定要件も改正された。1948年に認定基準としてあげられていた「乳児の養育を希望する者にあっては、適当な母乳が豊富にあることが望ましい」「里親申込者（里母含む）の年齢が、養育しようとする児童の両親の年齢に近いものであることが望ましい」などの実子の養育に近い養育状況を求める項目が削除された。また、条件付きで

はあるが、単身者や共働き世帯の里親認定が認められることとなった。こうした里親制度改正の背景には、里親委託率や里親委託児童数が低迷する中で、より広く里親になる人を募りたいという意図があったと考えられる。

　また、里親による養育の内容についても、1987年改正で簡素化されている。それまでは「食事には熱量、たん白質を十分とる、同じ食卓で団らん、母乳」「不良化の予防」「乳児の場合の入浴（最低週3回）」など細かな記載があったが、これらが削除された。代わって「基本的な生活習慣の確立」やそのための「必要な監護、教育等」を行うという内容が加えられた。

3. 子どもの権利条約批准以降の家庭養護の推進

❶ 子どもの権利条約批准と児童福祉法改正

　1994（平成6）年に日本は児童の権利に関する条約（子どもの権利条約）を批准した。また国連は1994年を「国際家族年」と指定し「家族から始まる小さなデモクラシー」をスローガンに家族を構成する個々の人権と多様化する家族の尊重を目的に家族施策の推進を国の責務とした。こうした流れを受け、日本では1997（平成9）年に児童福祉法の大幅な改正が行われた。この法改正によって、社会的養護の目的が「保護から自立支援へ」と大きく転換され、各施設の目的として明記されることになった。しかし、里親制度については、この改正ではほとんど触れられなかった。

　1997年と1999（平成11）年の児童福祉法改正では、保育領域でも大幅な改正が行われた。里親制度に関連するものとして、1999年「里親に委託されている児童が保育所へ入所する場合等の取扱について」によって、それまでは「二重措置になる」との理由で認められていなかった委託児童の保育所利用が可能になった。

　それまでは、里親に委託されている子どもが何らかの事情で日中保育に欠ける状況になった場合には、委託を解除して乳児院や児童養護施設への措置変更が行われていた。しかし、これは「養育の継続性」という観点から、子どもにとっての最善の利益としてふさわしくなく、保育所を利用しながら委託を継続するべきだと考えられるようになったのである。また、新規に里親に養育委託する場合でも、里親が就労等の理由によって保育所利用を希望した場合、子どもにとってその里親家庭での養育が最も望ましいと児童相談所が判断するのであれば、保育所利用を前提とした里親委託を認めるということになった。

❷ 被虐待児の増加と専門里親創設

2000（平成12）年に児童虐待防止法が制定されて以降、日本の子ども家庭福祉は「児童虐待対策」と「少子化対策」の2本柱を中心として改革が進められていくことになる。

2002（平成14）年には改正された新たな「里親等家庭養育運営要綱」と「里親の認定等に関する省令」が公布された。

まず、新たに「専門里親」と「親族里親」が創設され、里親の種類が「養育里親」「親族里親」「短期里親」「専門里親」の4種類となった。

「専門里親」とは、被虐待経験のある子どもや障害のある子どもなど、養育上特に支援ニーズが高く配慮が必要な子どもを専門に預かる制度であり、他の里親とは異なる認定基準や条件、手当等が設定された。専門里親新設の背景には、児童虐待件数の増加と深刻化がある。こうした状況もあり、被虐待経験のある子どもをはじめ、複雑な成育歴や養育体験をもつ子どもを養育するための里親研修の実施や、里親の休息を保障するレスパイトケアの整備が進められた。

里親のレスパイトケアの利用が可能になった2002（平成14）年当初、利用期間は「年7日以内」と定められていた。しかし、その後2006（平成18）年4月の一部改正によって「都道府県等の実施する研修に参加するために必要とする場合には、年7日を超えて利用できる」となり、さらに2012（平成24）年3月の一部改正では「都道府県が認める日数」となり、利用期間の限度はなくなった。

また、里親認定基準については、「経済的に困窮していない」「虐待等の問題がないと認められる」「児童買春、児童ポルノに係る行為等、児童の保護等に関する法律の規定により罰金以上に処せられていない」が付加された。

さらに、里親養育の最低基準が初めて制定されるとともに、2004（平成16）年の児童福祉法改正において、里親の定義と役割について、独立した条文に規定され、法律上において里親の位置づけが明確化されたことは大きな改革であり前進であった。また、この法改正で、里親にも監護権、教育権、懲戒権が付与され、必要に応じて行使することとされた。

❸ 里親種別の再編成

従来から、養子縁組を希望する里親と、必ずしも養子縁組にはこだわらず委託児童の養育を希望する里親とが同じ「養育里親」として登録され、同様に扱われていることへの疑問や懸念が示されていた。

こうした経緯を踏まえ、2008（平成20）年の里親制度改正では、「養育里親」について、従来の「短期里親」を「養育里親」に含めて統合するとともに、里親登録時に、養子縁組によって養親になることを希望する里親と、そうではない里親とを区別することとなった。

あわせて、同年の里親制度改正では、里親手当の倍増、養育里親の認定前研修の義務化、欠格自由の法定化等が定められた。

❹ 国連「児童の代替的養護に関する指針」以降の家庭養護の推進

2009（平成21）年、国連が「児童の代替的養護に関する指針」を採択し、日本の社会的養護は大きな改革期に入っていく。具体的には、児童養護施設をはじめとする施設養育における養育形態の小規模化や地域分散化、里親委託の積極的検討等が推進されていくことになる。

こうした流れの中、2011（平成23）年には、児童相談所を中心に関係機関が連携・協働を図りながら里親委託を推進していくために「里親委託ガイドライン」が定められるとともに、社会的養護を必要とする子どもの措置先を検討する際の「里親委託優先原則」が明示された。

2011年3月の東日本大震災では、229人の子どもが親を失った。厚生労働省は、これらの子どもたちの親族里親や養育里親への委託を推進する方向性を示し、扶養義務のない親族については、親族里親ではなく、養育里親を適用する。これは、扶養義務のある親族（祖父、祖母、兄弟姉妹等）は、親族里親として、児童の一般生活費等は支給するが、里親手当は支給しないこととする一方、扶養義務のない親族（おじ、おば等）は、養育里親を適用し、里親手当を支給できることとするものである。

さらに2012（平成24）年には、社会的養護における養育の質を担保するための指針が必要であるという議論が高まり、「里親及びファミリーホーム養育指針」が社会保障審議会児童部会社会的養護専門委員会で策定された。

この養育指針では「家庭養護の5つの要件」として、以下の5点を掲げている。

①　一貫かつ継続した特定の養育者の確保
②　特定の養育者との生活基盤の共有
③　同居する人たちとの生活の共有
④　生活の柔軟性
⑤　地域社会に存在

これらの要件は、大舎制を中心とした大規模施設での養護との対比を意図した内容となっており、家庭養護の意義や重要性を強調するものだといえる。

❺ 近年の里親制度

2015（平成27）年12月改正を最終改正とした現行の「要綱」では、里親による懲戒に係

る権限の濫用の禁止や給付金として支払いを受けた金銭の管理について明記されている。先述したとおり、2004（平成16）年から里親にも監護権等が付与されているが、近年はより子どもの権利擁護と里親養育の質の保障を実現するための規制的な内容が強調されるようになってきている。

　さらに、2012（平成24）年「里親及びファミリーホーム養育指針」では「家庭や地域における養育機能の低下が指摘されている今日、社会的養護のあり方には、養育のモデルを示せるような水準が求められている」と明記されており、里親および里親養育の水準や質に関する注目や議論が高まっている。

（伊藤嘉余子）

▶注────────────────────────────────────

1　Reggaeman, CC BY-SA 3.0, https://commons.wikimedia.org/w/index.php?curid=1531422
2　後三条天皇（位 1068年～ 1072年）の第三皇女が今でいうところの精神病になった時、京都・岩倉に皇女を預けるとともに、大雲寺の観世音に祈願し、大雲寺の井戸の水を飲んでいたところ、その病が治ったという伝承（「御香水之由来」）があり、その後、精神障害児／者が、岩倉の地に集まったり預けられたりするようになっていった。
3　OitaKiseichu, CC BY-SA 4.0, https://commons.wikimedia.org/w/index.php?curid=3307855
4　Mukai, CC BY-SA 3.0, https://commons.wikimedia.org/w/index.php?curid=33521620
5　「昼間里親」は、里親制度の1つとして1948年に制度化されたものの、国の制度としては活用されることはなかった。しかし、その後、保育所不足に悩む都市部各自治体により、「家庭的保育」等の名称で単独事業として制度化されていった。
6　ホスピタリズムとは、病院、乳児院や児童養護施設など母親から離れた環境で育てられた子どもに発症しやすい発育障害・情緒障害、人間関係を築くうえでの問題などを指すものである。「施設病（症）」といわれることもある。具体的には、身体の発達の遅れ、運動能力の低さ、他人に対する無関心や消極性、攻撃性などの症状がある。
　　J. Bowlbyは、ホスピタリズムについて、母性的養育の剥奪（マターナル・デプリベーション）によるものであると指摘し、これらの症状の発生は施設に特有の現象ではなく、一般家庭にも起こり得ることを示唆した。また、親との愛着（アタッチメント）を形成する機会が少なかった子どもは、他者への信頼感を獲得することができずに、強い孤独感と無力感を感じ、次第に無関心、無感動、無表情になっていくと指摘した。

▶参考・引用文献────────────────────────────

安藤藍（2017）『里親であることの葛藤と対処——家族的文脈と福祉的文脈の交錯』ミネルヴァ書房
ロジャー・グッドマン著、津崎哲雄訳（2006）『日本の児童養護——児童養護学への招待』明石書店
松本園子（1985）「社会的養護の方法としての里親制度の検討（1）現行里親制度の発足の状況と問題点」『淑徳短期大学研究紀要』（24）
宮島清（2006）「里親委託・養子縁組の歴史・現状・これから——『子どものための家庭養護』を構築するために」『日本社会事業大学社会事業研究所年報』（42）、1 ～ 81頁
三吉明編（1963）『里親制度の研究』日本児童福祉協会
丹羽正子（2003）「戦後の児童問題に関する一考察——里親制度」『愛知県新城大谷短期大学研究紀

要』(2)、35 〜 47頁

庄司順一、鈴木力、宮島清編（2011）『里親養育と里親ソーシャルワーク』福村出版

我が国における里親／養子縁組の
歴史的な文脈とこれからの里親／養子縁組

　なぜ、日本では里親制度は発展せず、養子縁組は進まないのか？という問いに対して「日本はイエ制度が昔から根強いため、血縁ではない子どもを自分の家に迎え入れて育てることに少なからず抵抗を感じる人が多いからではないか？」と指摘する声は少なくない。

　しかし、本書で我が国における家庭養護（里親／養子縁組）の歴史的変遷を概観してみると、古代や平安時代から、我が子を里子／養子に出すということは多くの家で行われてきたことが分かる。

　私たちになじみのある昔ばなしにも、里親や養子に通じる物語がある。例えば、平安時代の初めに成立した、日本最古の物語といわれる「竹取物語」は、老夫婦が竹藪でかわいい（遺棄された）女の子を見つけ、連れ帰って我が子として育てる物語である。

　また、同じくポピュラーな昔ばなしである「桃太郎」も、川上から流されてきた（遺棄された）男の子を老夫婦が我が子として育てるお話である。このように、日本人にとって「血縁にない子を家に迎え入れ、我が子として育てる」ということは、さほど特別なことではなかったのではないかと思えるのである。

　ここまでは架空の人物の話だが、実在の人物ではどうであろうか。芸能人や政治家など著名人といわれる人や、あるいは大きな会社や社会福祉法人のトップの人を思い浮かべると「二世、三世」「世襲」がわりと多いように思える。

　しかし、その一方で、森鷗外、幸田露伴、吉田茂、湯川秀樹、夏目漱石、日本生命の元社長の弘世現など、日本の近代史をみると偉人の多くは養子縁組された養子だという事実もある。ただ、上にあげた人の中で、物心つく前に養子縁組されたのは吉田茂だけである。他の人たちは、少年期や青年期に「人としての方向性」が見出された後に養家に迎えられている。つまり、日本の養子縁組では、勤勉さや実直さといった人柄の良さ、学力や特殊な能力といった優秀さ等、人物の見識が定まった段階で養子にするか否かの判断が下されることが通例だった。

　かつての日本の養子縁組は「優秀な他人」を養子として迎え、家や会社の維持発展を図ろうとするものだった。養子にとっては、養家の期待が大きい分、それに応えるだけの力

量と努力と覚悟が必要だったことだろう。そうした「優秀な養子たち」の努力や経験によって近代日本の礎が築かれた面も小さくないと評価できよう。

　近年、特別養子縁組や里親制度では、そうした「家の存続のため」といった目的はタブーとされ、「子どもの福祉のために」「子どもにあたたかい家庭養育を経験させるために」といった子どもの福祉という観点から、その意義や必要性が主張されている。もちろんそうした意見に賛成であり、異存はないものの、近代の偉人たちが歩んだ「養子としてのライフストーリー」からは、「人材育成」や「養育方針や養育のあり方」という視点からも多くの教訓が得られるのではないかとも思ったりするのである。

　誤解のないように追記しておくが、養子縁組を含む家庭養護を「家や会社や組織等の存続のための優秀な人材育成」を目的としたものとして捉えなおそうという意図ではない。ここで注目したいのは、古くから日本には、血縁にかかわらず、養子として家庭に迎え入れた子どもを大切に育ててきた文化があることと、養子として育った子どもと養親との間には、確かな愛情・感謝・尊敬などのあたたかな心理的交流が育まれてきたということである。

　子どもたちに「あたりまえの生活」を提供するとは、「実子と分け隔てなく養育する」とはどういうことなのか、という視点からあらためて偉人たちの「養子としてのライフストーリー」を読みなおしてみたい。

（伊藤嘉余子）

我が国における
家庭養護の現状と展望

1. 児童福祉法制定初期の社会的養護の状況

❶ 児童福祉法制定当初の社会的養護の予算

　日本における代替的養護を必要とする子どもに対する養育体制を考えるにあたって、現在に至るまでの経過を簡単に振り返っておきたい。児童福祉法が制定された1947（昭和22）年は戦後の混乱の中にあって復興に向けて取り組み始めた時期であった。社会全体が物資不足にあえぐ中で、代替的養護の下にある子どもの養育体制はとりわけ厳しいものがあった。予算額（養育そのものに係る予算と職員配置に係る予算）は元から十分ではなかったが、1950（昭和25）年の改定で国庫負担金（補助金）から地方財政平衡公費金に変更されたことにより、自治体予算の中でさらに削られることになった。施設団体からの強い反対意見により国庫負担金（補助金）に戻されることになったが、それでも一般家庭の養育水準とはほど遠いものであった。その後、養護施設（現在の児童養護施設）が業種団体による措置費の水準向上を働きかけたことで給付の対象とする項目や内容（額）を拡充させたことに対し、里親養育はその向上がより少ないものであった。

❷ 児童福祉法制定当初の社会的養護をめぐる課題

　また、代替的養護の目的や目標が明確であったとはいいがたい。どのような子どもを保護し養育するかは児童福祉法等において示されていたものの、何をめざして、どのように養育するかの視点が希薄であった。戦後の復興期における社会的養護の主な目的は、親を失った子どもを施設あるいは里親において保護・養育し、若い労働力として社会に送り出すことであったと考えられる。つまり、実家庭との家族再統合の視点より、子どもを自立させること、それも中学校卒業と同時に社会に送り出すまでが養育の目標であった。

　ところが、不十分な予算・体制に起因する養育の厳しさ、画一的とならざるを得ない施設養育を背景に、不適応を示す子どもの存在が問題となった。この問題は、施設養育において発達や発育が一般家庭で育つ子どもに比べ様々な側面で劣るという指摘、いわゆるホスピタリズム（➡第5章注6参照）として提起された。ホスピタリズムは施設病ともいわれ、家庭養育こそが子どもにとって望ましい養育形態だとする主張につながっていく。一方で、施設での集団養育において人間形成が図られるとする主張が主に養護施設協議会からなされた。

　しかしながら、ホスピタリズムや集団主義養護論といった問題提起は、実家庭での養育がかなわなかった子どもにとって、どのような目標のもとにどのような取り組みが必要な

のかという本質的な議論につながってはいかず、社会的養護の予算・体制の拡充は抑制的であった。

❸ 施設養護における支援機能の強化

　戦後10年を超え復興期から経済の成長期に入ると、社会全体の生活水準が向上する一方で、貧困や離婚の問題といった新たな養護問題が生じてきた。社会的養護の主な目的は、戦災により親をなくした子どもを養育し社会に送り出すことことから、親は存在するものの養育できない事情を抱えた家庭の子どもに対応することに移ってきた。つまり、子どもと家庭が抱える個々の事情に応じた対応がより求められることになっていく。

　施設養護は、集団主義養護論をもととして、集団の持つ力動の良い側面に着目しつつ、個々の子どもの処遇にあたることを基本理念として取り組みを続けた。そして、この取り組みは現在に至るまで、施設養護の基本的な考え方といえる。

　制度面においても、子どもの支援課題に対応する形で、1961（昭和36）年に情緒障害児短期治療施設が創設され、1967（昭和42）年に重症心身障害児施設が創設された。社会的養護の多くの子どもが生活する養護施設についても、子どもの発達や自立に関する支援課題に対応するため措置費の対象費目が増やされた。

❹ 里親養育における養育支援機能の課題

　一方、里親養育においては、家庭こそが子どもの養育にとって望ましいとする考え方以上には理論的・制度的な進展が乏しかった。里親養育の下にある子どもが抱える養護問題を解決する支援体制の充実に向けた動きは弱く、十分手を入れられてこなかった。里親に委託された子どもの養護問題を解決するためのソーシャルワークを担うのは主に児童相談所であったが、その体制も到底十分ではなかった。ここに現在まで至る支援体制の問題があるといえる。

　里親手当に関していえば、1951（昭和26）年に予算化された里親手当は月額250円であった。当時の米10キロが1000円前後であったこと、養護施設の事務費が1400円であったことからすると、いかに少ないかが分かる。その後、1964（昭和39）年から1971（昭和46）年までは月額500円だった。1972（昭和47）年に月額1000円となって以降は2007（平成19）年までほぼ毎年1000円ずつの増額となったが、依然として一般家庭との開差が解消したとはいいがたい。里親自身が活動する経費は持ち出しになり、「子どもを助けたい」という意欲に依拠していたといわざるを得ない。子どもの生活にかかる経費の中心となる一般生活費についても里親養育に合致しにくい面があり、中高生といった年齢が高い子どもを養育する場合は相対的に里親家庭の金銭的な負担が大きくなる。

施設養護における個々の子どもに対するソーシャルワークの視点や予算・体制の整備が十分とはいえないながらも進められた一方、里親養育におけるそれらは長らく極めて不十分であった。後述するように、里親養育を支援する体制を整備するための制度と事業が近年整えられてきていること、里親手当と事業費が拡充されてきたことは大きな進展といえる。今後は、各自治体が地域の実情を的確に把握し、施策を展開することにより、家庭養育を必要とする子どもが確実に里親・ファミリーホームで生活できるようにするとともに、それぞれの子ども・家庭が抱える養護問題の解決を図り、親子関係が適切に再構築されるよう、さらなる取り組みの進展が求められる。

---

2. 近年の家庭養護の状況

---

❶ 2008（平成20）年の児童福祉法改正と里親制度充実

　2000（平成12）年に児童虐待の防止等に関する法律が制定されるなど、2000年代に入ってからは虐待対応が主要な課題となる。そして、社会的養護は虐待等の不適切な養育環境から保護した子どもの受け皿としての役割が強まっていくことになる。その中で、2008（平成20）年は児童福祉法が改正され、里親制度が充実する大きな転換点であった。制度面では、養育里親と養子縁組里親が明確に区分された。そして、養育里親は研修受講が義務化された。虐待を受けた経験を有する子どもが委託される場合がより多い養育里親には、発達や愛着の正確な理解や適切に対応するための方策を身につけておくことが求められるためである。あわせて、里親支援についても法定化され、里親支援事業及び里親委託推進事業を統合した里親支援機関事業として実施された。なお、里親が行う養育に関する最低基準が2002（平成14）年に示されている。

❷ ファミリーホーム制度創設

　里親は4人までの子どもを養育するが、4人を超えた、里親型のグループホームとして小集団を養育するいくつかの取り組みがなされていた。そこでは、養育する子どもたちの実情に沿って工夫されており、卒業後に就職して自立することをめざし生活する子ども同士が互いに精神的にも実際上も協力し合う雰囲気を保つ運営や、異年齢の子どもを引き受け大家族のような運営が行われていた。こうした取り組みを制度化し、6人までの子どもを養育者と補助者の3名以上で養育する小規模住居型児童養育事業（ファミリーホーム）が

創設され、2009（平成21）年から運用されている。

❸ 里親委託ガイドラインの策定

　2011（平成23）年に示された里親委託ガイドラインにおいて、「里親制度は、温かい愛情と正しい理解を持った家庭環境の下での養育を提供する制度」と明確化された。「温かい愛情」が「正しい理解」の前に記述されていることに、家庭養育の特質が制度としても期待されることが表れているといえよう。そして、「家庭での生活を通じて、子どもが成長する上で極めて重要な特定の大人との愛着関係の中で養育を行うことにより、子どもの健全な育成を図る」と示された。制度が里親養育において子どもの健全な育成を目的としており、その目的を達成するにあたり「特定の大人との愛着関係」を重視していることが分かる。

　さらに、2016（平成28）年に大きく改正された児童福祉法では、子どもの福祉を保障するための理念や国・地方公共団体の役割・責務などが明確化された。そして、明確化された理念の1つに、子どもが健やかな成長・発達や自立等の権利を保障されることがある。ここに至ってようやく、子どもの健やかな成長・発達や自立をめざすことが養育の目標として法的に位置づけられたといえる。

❹ 里親手当の引き上げ

　2008（平成20）年に3万4000円だった養育里親の里親手当（専門里親は9万200円）は、2009（平成21）年に7万2000円（専門里親は12万3000円）と大幅に増額された。子どもの支援課題に里親が対応するための経費として見合うようになってきたが、中高生といった年齢が高い子どもを養育する里親にとってまだまだ十分とはいえないものであった。なお、養子里親は2008（平成20）年より前まで、実際上、養育里親として子どもを受託していた。制度化された2009（平成21）年以降は子どもの養育にかかる最低基準を維持するために必要な経費として事業費が支給されている。

3. これからの家庭養護推進に向けた課題

❶ 措置児童における里親委託割合、地域における委託率の差

　保護者がいない、養育環境が脆弱、被虐待など、家庭環境上養護を必要とされ公的に養

育を受けている子どもは約4万5000人である。このうち、里親及びファミリーホームで養育される子どもは2018（平成30）年度末でおよそ7000人だった。里親等委託率（里親・ファミリーホームにおいて生活する子どもの人数に児童養護施設と乳児院において生活する子どもの人数を加えた中で、里親・ファミリーホームにおける子どもの割合）は20.5％である。2008（平成20）年度末が10.5％だったことからすると、10年間で倍増したとはいえ、毎年1％ずつとなかなか伸びていかない状況にある。

　また、自治体によって里親等委託率に差があり、50％を超える自治体から10％程度の自治体まで大きく開いている。このことは、生活する地域によって提供される養育体制に違いが生じていることの表れといえ、自治体間の差を小さくすることは、全体的に委託率を向上させることと同様に、大きな課題となっている。各自治体においては、2020（令和2）年度末までに社会的養育推進計画を策定しており、社会的養育の質を向上させる支援体制整備の取り組みを進めるとともに、里親等委託率の向上を図る取り組みが計画されている。今後、策定された取り組みが計画に沿って進められているかどうかが注目される。

❷ 人材確保の困難さ、里親のリクルート

　2016（平成28）年の児童福祉法改正において家庭養育優先の原則が規定されたことを受け、児童相談所設置自治体は、厚生労働省子ども家庭局長通知に基づき、2020（令和2）年度中に社会的養育推進計画を策定している。計画策定にあたっては地域の社会的養育を必要とする子ども数及び里親等への委託が望ましい子ども数を見込んだうえで、里親数や里親養育を支援する体制の整備をどのように進めていくかを盛り込むこととされた。

　策定要領は里親等委託率を75％にすることを念頭に計画するよう求めており、どの自治体においても大幅な委託率の引き上げとなる。そこで課題となるのが子どもの抱える支援ニーズの複雑さと深刻さへの対応である。どの子どもにとっても実家庭や元の生活地域を離れることは大きな環境変化であることに加え、虐待を受けた子どもにはトラウマや愛着形成の課題、本来保障されるべき健全な成長・発達を阻害されていた問題を抱えている。そのため、里親には、養育するにあたって、子どもたちが委託されるまで生活していた状況を理解し、その生活を途中から引き受けて支援課題に適切に対応していくことが求められる。このことをあらかじめ理解したうえで里親養育に携わろうとする人を、これまでより大幅に多く呼び込んでいかなければならない。

　児童相談所をはじめとした里親養育を支援する機関は、里親に養育を委ねる個々の子どもにとって必要な支援課題を明確にし、親子関係再構築や自立へ向けたソーシャルワークをいわばオーダーメイドに行い、里親と二人三脚で進めていく必要がある。各自治体においては、里親等委託率を引き上げる取り組みと、里親養育を支援し、ソーシャルワークを

行うための態勢づくりの取り組みを同時に進めていかなければならないところに難しさがある。

❸ 支援を要する子どもの委託の増加

　今後、家庭養護がより積極的に選択されていくようになると、これまで比較的施設養護が選択されることの多かった発達や愛着形成に課題のある子ども、障害のある子ども、医療的なケアを必要とする子ども、養育状況が十分把握されていない乳児、外国籍の子どもなど、従前以上に支援ニーズを有する子どもの里親委託が増える。

　そのため、委託に向けた子どもと里親等とのマッチングと委託中の養育支援の両方がさらに重要となる。まず、マッチングにあたって、フォスタリング機関はリクルート、アセスメント、研修において得た情報を、児童相談所は子どもの行動特性や子ども・実親のニーズを含めたアセスメント情報を、それぞれ持ち寄り十分な話し合いを行う。そして、委託候補の里親に対して情報提供を十分に行い、受け入れについて里親が熟慮する期間を確保する。委託が開始されてからは、子どもを措置した児童相談所及び当該里親等を担当するフォスタリング機関が定期的に家庭訪問や電話で養育状況を把握し、きめ細かい支援により、養育について里親に見通しや安心感をもたらすようにする。これら一連の対応は、支援ニーズが高かったり課題が重複していたりする子どもの場合のみならず、委託するすべての子どもに当てはまることはいうまでもない。

❹ 短期間の里親委託

　近年、里親等委託率が増加した自治体における取り組みとして、短期間の里親等委託を必要とする子どもがいることを集中的に周知し、里親のリクルートを行っている例がある。委託中の子どもの状況ではあるが、厚生労働省において5年に1度行っている「児童養護施設入所児童等調査の概要（平成30年2月1日現在）」において、里親委託児童5382人のうち1年未満の児童は1132人である。この中には長期にわたる委託となる子どももいるが、同調査で1年以上2年未満の子どもは822人であり、措置期間が長くなるにつれ区分ごとの人数が概ね漸減していることからすると、短期間の委託ニーズが表れているといってよいだろう。

　このことは、長期間の受託は難しいと考えて、里親に関心があるけれど応募に踏み切れない人に対して、心理的なハードルを下げることになるだろう。また、短期間の委託ということからすると、実家庭への引き取りとなる割合が高いと考えられる。そのため、家庭と同様の環境における里親養育は、子どもにとって、環境変化による負担が比較的少ないと思われる。

また、自治体によって運用の仕方に差があるが、施設に入所中の子どもが週末や学校の長期休暇中に里親やそれに準じた家庭で過ごす取り組みがある。この場合、多くは特定の家庭と継続してかかわっており、心理的にも実生活面でも、特定の大人との愛着形成につながっている例がある。中には、子どもに関する事情が変化し、週末ごとにのみ受け入れていた里親が受託できることになって、施設養護から里親委託に措置変更という事例もある。このように、短期間の受託に絞った里親として活動しているうちに、長期間の受託が可能と考えるようになる里親もいることだろう。

　日本財団が2017（平成29）年11月に行った「『里親』意向に関する意識・実態調査」では、里親の意向はあるものの、現状里親になっていない理由として「預かった子どもが大きくなるまで自分が健康でいられるかわからないから」とする回答が26％であり、長期間養育する印象のため踏み切れていない人が少なからずいることからすると、短期間の里親委託に絞った取り組みは、当面の対応だけでなく、里親のなり手を長期的にリクルートするという観点でも有効といえる。

❺ 専門里親への委託

　養育里親として3年以上受託した経験を有したうえで研修を受けて登録される里親に専門里親がある（➡専門里親については第3章2を参照）。専門里親に委託される子どもは、虐待等で深く傷ついている子ども、障害のある子どもや非行傾向のある子どもが、丁寧なアセスメントと慎重な検討を経て委託が決定される。

　こうした子どもは、さまざまな行動上の問題を起こす場合をあらかじめ想定して、措置をした児童相談所と当該里親を担当するフォスタリング機関などの関係機関が連携する必要がある。里親委託ののちも、子どもと専門里親の調整を行い、子どもの有する課題に応じて児童発達支援センター等でのケアや治療を取り入れながら、きめ細かな支援を行う。また、里親が行き詰まりや被害感を抱えていることがあるため、時間をかけて丁寧に気持ちを聴き取り、養育スキルや実際的な対応策以外の心情面にも注意を払う必要がある。なお、専門里親への委託期間は2年以内とされている（必要と認めるときは、期間を超えて養育することができる）。

❻ 一時保護委託

　一時保護で里親等に子どもを委託することがある。一時保護では、子どもに関する事前情報が少なく、子どもの特性や生活状況、成育歴が把握できていないのみならず、健康状態さえよく分からないことがある。子どもにとっても、突然実家庭を離れることになり、戸惑いや動揺があることだろう。児童相談所やフォスタリング機関は、里親への訪問頻度

を高め、子どもが環境の変化を受け入れ安心して生活できるよう、子どもの気持ちを汲み取る姿勢を大切にしながら、状態を把握し、里親との調整を行う。また、家族の状況変化など社会調査等で得ることができた情報を随時速やかに里親と共有しなければならない。

❼ 実親とのかかわり

　親子関係の再構築は子どもにとって重要な取り組みである。社会的養護の下にある子どもに対して、まずは家庭（実家庭）で再び養育できるよう支援しなければならない。子どもの置かれた状況によっては、実親と全く交流がないあるいは交流を持つことが適切でない場合もあるが、多くは実親と交流を持ちながら親子関係の再構築を図っていく。ただし、実親が自身の養育上の問題を十分には理解していない、問題を理解してはいるが行動が伴わない、援助が必要な場面が多いなどによって、実親の交流に制限が必要な場合は、リスクや子どもの状況などに応じて調整を続ける必要がある。里親においては、実親との関係の取り方に留意する点が出てくるため、児童相談所の援助指針（援助方針）に沿って、フォスタリング機関の支援を得ながら、養育チームで決定した内容を逸脱しない対応が必要となる。それでも、子どもにとっては実親との交流が重要であることを、里親が十分認識できるよう伝え、納得して取り組みができるよう支援する。また、子どもの進路や一定以上の医療行為など実親の同意が必要な場合があることと、親子関係が良好であっても、子どもが面会交流の前後に不安定になることは起こりえることに留意しておかなければならない。

　これらの事柄をあらかじめ研修などで説明しておくとともに、現実に対応や調整が必要な場面では、里親が、子どもを受け止め、適切に対応できるよう支援する。里親と実親が養育チームの一員として尊重し合い、協働関係を形成して維持しながら、子どもの養育を行っていくことで、子どもは安心感を持って生活できるであろう。

❽ ライフストーリーワークの課題

　社会的養護の下で生活する子どもにとって、どうして実家庭を離れて生活しなければならないかを考えることは切実な問題である。虐待や不適切養育を受け愛着形成やトラウマの課題を抱えた子どもはもとより、すべての子どもにとって実家庭や地域を離れざるを得なかったことは、常には直面化させられることがないにせよ、問題であり続ける。特に、自己と他者との違いに気づける思春期に入ると、家庭を離れて生活している事実によって、自身と実家庭が有する養護問題を感じるようになってくる。一方で、周囲の大人やひいては社会に支えられて成長してきた期間でもある。

　子どもが自身の育ちを振り返り、肯定的なとらえ方ができる取り組みにライフストー

リーワークがある（➡詳細は第4巻第4章、第5巻第5章を参照）。施設養護においては、配置された心理士等を中心に取り組みが進められているところもあるが、里親養育においては取り組みがまだまだなされていない。フォスタリング体制の強化が進められる中では、すべての子どもがライフストーリーワークの取り組みを通して、実家庭を離れなければいけなかった事情を整理し、育ちを肯定的にとらえなおし、今後の人生を前向きに考えられるよう支えることが求められる。

（島 玲志）

▶参考・引用文献─────────────────────────────
伊藤嘉余子、福田公教編著（2020）『子どもを支える家庭養護のための里親ソーシャルワーク』ミネルヴァ書房
増沢高（2011）『事例で学ぶ　社会的養護児童のアセスメント──子どもの視点で考え、適切な支援を見出すために』明石書店

写真と言葉でつむぐプロジェクト 「フォスター」

　2018年度から始まったプロジェクト「フォスター」。これは、里親家庭や特別養子縁組など、いわゆる「血縁や法的関係によらない」家族の姿を追った写真展プロジェクトで、2018年度にスタートして以降、全国を巡回している。こうした取り組みは、日本で初めての試みになる。親子が顔や名前を出して公の場に登場するというのは、とてもデリケートで、場合によってはリスクもあり、これまで実現は難しいとされてきた。

　しかし今回、子どもたち自身、生みの親、育ての親、児童相談所など、関係者全員が協議し、納得したうえでプロジェクト「フォスター」が実現した。貴重な機会であると同時に、見る人自身の「家族」について考えるきっかけも与えてくれている。

　写真展では、ホットプレートで焼きそばを焼いて食事の準備をしている場面、野山を親子で散歩する場面、公園を親子でかけまわる場面……家族の日常を生き生きととらえた43点の写真が並ぶ。

　写真展プロジェクト「フォスター」は、里親家庭などさまざまな家族のあり方を知ってもらおうと、写真家の江連麻紀さん、静岡大学の白井千晶教授、横浜の子育て支援NPO Umiのいえの齋藤麻紀子さんの3人が中心となって企画し実現した。また、これまでのフォスターの写真展の写真とエピソードをまとめた書籍も刊行されている。書籍の表紙には「フォスター（血縁や法的関係によらない養育）のありようを考えることは、福祉の話ではなく社会の話」と書かれている。社会的養護や児童福祉といった狭い枠の中だけで考えるのではなく、社会全体で子どもをどう育てるか、子どもはどう育つのかについて考えましょうというメッセージがここには込められている。

　「フォスター（foster）」とは、英語で、「血がつながっていない、あるいは法的関係がない子どもを親同様の愛情をもって育てる」、という意味の言葉である。この言葉を白井さんたちは「広い意味での育てること」と捉えて使用している。

　「家族のかたち」という言葉や「かたち」にとらわれないこと、里親や養子縁組をしている人たちは「すごい人」「特別なスーパーマン」ではないということ……写真展では、里親家庭や養子縁組家庭などの、本当に何気ない日常の写真とことばを展示し、家族とは

何か、育てるとは、誰かとともに育つとはどういうことかを、見る側に問いかけている。また、写真の展示だけではなく、トークイベントを積極的に行ったり、来場者に「家族とは」というカードを書いてもらったり、来場者と共に考え、一緒に作るプロジェクトとして展開されている。もし、このプロジェクトに参加して、あるいは書籍を手にして写真を見て「これって【本当の家族】だ！　家族に見える！」と思ったとしたら、あらためて「本当の家族」とは何か？　ぜひじっくり考えてみてほしい。

（伊藤嘉余子）

第7章

要保護児童と
養子縁組制度

Key Word

要保護児童／リーガルパーマネンシー／真実告知／生い立ちを知る権利／連携／
国際養子縁組

1. 家庭養育優先の原則と養子縁組

❶ 子どものリーガルーマネンシー保障としての養子縁組

　児童福祉法において、子どもを家庭において養育することが困難な場合、子どもが家庭と同様の環境で養育されることが原則とされている。家庭と同様の環境とは里親、ファミリーホーム、養子縁組を意味すると考えられるが、児童福祉法上それらの理念上の区別はなされていない。すなわち児童福祉法上、里親やファミリーホームについては規定されているが、養子縁組は民法に基づく制度であり、児童福祉法上規定されていない。

　一方、欧米・オセアニアの一部の先進諸国では日本に比べ、保護者のない子どもや、家庭内での被虐待体験を抱える子どもなど家庭環境上社会的養護を必要とし、かつ家庭復帰の可能性が極めて低い要保護児童には、永続的な特定の養育者との親子関係（パーマネンシー）を提供できる養子縁組が積極的に活用されている。その根底には実親◆¹と永続的な親子関係の形成が困難な場合、社会が子どもの時間感覚を尊重しできるだけ速やかに、養子縁組の実現に努める必要があるという認識がある。したがって、里親養育や施設養護は家庭復帰や養子縁組までの一時的養育の場としてとらえられる傾向にある。

　法的に安定した環境は子どもの家庭への帰属意識をより高め、成人以降を含めた永続的支援をより確実なものとし、そうしたことが子どもの自尊心を促すといえる。したがって子どものパーマネンシー保障で重要なことは家庭環境とともに、法的により安定した養育者との永続的関係（リーガルパーマネンシー）を保障することであるといえる。ところが、日本では養子縁組の提供が不妊治療との関係で論じられ、その活用が乳幼児に限定されている傾向にある。また長期里親委託が養子縁組の代替的役割を担っている面もあり、あらゆる子どもたちのリーガルパーマネンシーが十分に認識されていないといえる。

❷ 要保護児童の措置の優先順位と養子縁組の位置づけ

　2017（平成29）年8月に国が設置した検討会が提示した「新しい社会的養育ビジョン」は家庭復帰が困難な子どものパーマネンシー保障としての特別養子縁組の推進について提言している。すなわち「新しい社会的養育ビジョン」では、パーマネンシー保障は家庭養育の観点に加えてリーガルパーマネンシー保障も視野に入れると、まず①家庭復帰に向けた努力を最大限に行い、それが困難な場合、②親族・知人による養育が検討され、それが困難な場合、非親族等による③特別養子縁組、④普通養子縁組を検討し、これらが子どもにとって適当でないと判断された場合、⑤長期里親やファミリーホーム、⑥施設養護が検

討されることになるとしている。里親や施設養護といった代替養育は、本来は一時的な解決であり、家庭復帰、親族との同居、あるいは、それらが不適当な場合の養子縁組、中でも特別養子縁組を児童相談所（以下、「児相」）は、里親や施設と連携して行うべきとしている。このように里親や普通養子縁組との理念上の区別のうえで、特別養子縁組が考慮されるのは原則として永続的な実親との生活が困難であり、かつ子どもの親族や知人との同居に無理がある子どもたちであるととらえられる。

▶▶▶実践上のヒント

　北米、オセアニア、北・西ヨーロッパの諸外国では、主たる養育者の一貫性やその継続性に配慮し、司法が関与して子どもの措置が決定される傾向にある。一方、日本において司法が関与するケースは非常に限られており、多くのケースは児相が決定を行う。なお、養子縁組に関しては、児相のみならず都道府県知事等が許可した民間機関においてもあっせんが行われている。

2. 社会的養護と要保護児童を対象とした養子縁組

❶ 普通養子縁組と特別養子縁組

　表7-1に示すように、養子縁組は特別養子縁組と普通養子縁組に分けられる。特別養子縁組制度は実親との法律上の関係は終了し、それに伴い相続権や扶養義務が消滅する。子どもの年齢要件が規定され、離縁の制限や戸籍上の記載など成人にも適用できる普通養子縁組に比べて、強固な養親子関係を形成する点に特徴を有する。普通養子縁組が家名の存続や家業の継承の目的に利用される傾向にあった一方で、特別養子縁組は子どもの利益のために1988年に施行された。2020年4月から特別養子縁組制度の改正に伴い、原則として6歳未満だった子どもの年齢要件を15歳未満に引き上げ、子どもの利益のためにとくに必要な場合に、家庭裁判所（以下、家裁）の審判により成立するものである。

表7-1　普通養子縁組と特別養子縁組の比較

	普通養子縁組	特別養子縁組
縁組の成立	養親と養子となる者との契約によって成立（養子となる者が15歳未満の場合は、法定代理人が代わりに承諾、未成年者の場合は家裁の許可が必要、ただし、自己または配偶者の直系卑属（子や孫等）を養子とする場合は、家裁の許可は必要ない）	養親の請求に対し家裁の決定により成立、実父母の同意が必要（ただし、実父母が意思を表示できない場合や実父母による虐待など養子となる者の利益を著しく害する理由がある場合は、この限りでない）
要件	養親：成年に達した者（独身でも可） 養子：尊属（自分よりも前の世代に属する血族）または養親より年長でない者	養親：原則25歳以上（夫婦の一方が25歳以上であれば、一方は20歳以上で可）配偶者がある者（夫婦双方とも養親） 養子：原則、15歳に達していない者 （15歳前から養育し、やむを得ない事由から申し立てができなかった場合15歳以上でも可） 子どもの利益のために特に必要があるときに成立
実親との法的関係	実父母との法律上の親子関係は解消されない	実父母との法律上の親子関係は解消
試験養育期間	必要なし	6か月以上の監護期間が必要
離縁	原則、養親および養子の同意により離縁	養子の利益のため特に必要があるときに養子、実親、検察官の請求により離縁
戸籍表記	実親の名前が記載され、養子の続柄は「養子（養女）」と記載	実親の名前が記載されず、養子の続柄は「長男（長女）」等と記載

出所：厚生労働省「普通養子縁組と特別養子縁組について」を参考に作成。

❷ 社会的養護と養子縁組

図7-1　特別養子、普通養子、里親制度の法律上の相違
出所：野辺陽子（2020）「特別養子・普通養子・元里子の『出自を知る権利』に関する実態と支援ニーズ調査報告書」を参考に作成。

　図7-1は特別養子、普通養子、里親の法律上の相違を表現したものである。普通養子縁組の場合、法律上実親と養親の2組の親が存在することとなる。一方で、里親制度は里親との法律上の親子関係はなく、**特別養子縁組の場合は養親との法律上の親子関係のみが存在する。**

　図7-2は養子縁組、里親、施設養護の制度上の位置づけおよび養育の場との関係を表現している。養子縁組は民法に規定され、公的な経済支援を受けないことから私的養育としてとらえられる傾向にあった。しかしながら養子縁組のあっせんに関しては、児相あるいは都道府県知事等から許可を得た 民間養子縁組機関（2020年12月現在、全国に22か所）のみがあっせんに関与できる。子どもの最善の利益の観点から、養子縁組に至る過程だけではなく、縁組後も公的養育（社会的養護）としてとらえ支援を継続し、子どもの最善の利益に見合った縁組家庭を提供する責任が機関にはある。

　現状では、養親となる者の多くは不妊・流産、死別など何らかの喪失感を持つ傾向にあり、「本当の親子になる」という意識が強く、子どもに対する所有感や責任感を強化する側面があるかもしれない。成長とともに養親の期待に応えることができず、子どもが自己否定感を抱え逃げ場をなくし、養親子関係の悪化要因となることもある。妊娠中の不安定な状況等から何らかの障害を抱えている子どもも多く、子どもの状態が不明確なまま受託し、関係継続が困難となることも考えられる。養子縁組という特殊性を踏まえ、実親の存在を認識し、養親による養育や養育意識の社会化を促すことが極めて重要である。縁組を目的とするのではなく、縁組後の生活が子どもにとって最善の利益となることを目的とす

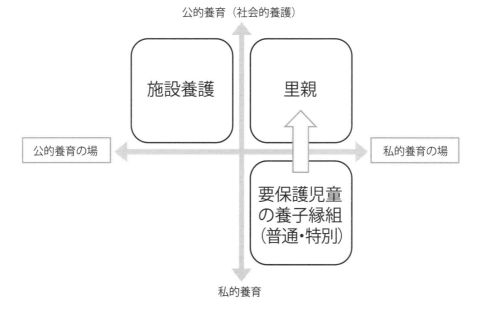

図7-2　社会的養護における各養育形態の相違（筆者作成）

べきである。

　リーガルパーマネンシーは子どもに安心感をもたらすと同時に、養親子関係の問題を永続化・潜在化・深刻化させる側面もあり、縁組後の社会的支援は必要不可欠である。しかしながら養親の中には社会的支援との継続的関係を拒否する者も存在する。養親の資質のアセスメントやマッチングおよび研修等の問題がそこにはあるといえる。

3. 実親子支援と特別養子縁組の現状

❶ 実親支援

　児童福祉法において、「国及び地方公共団体は、児童が家庭において心身ともに健やかに養育されるよう、児童の保護者を支援しなければならない」とされ、縁組以前に実親を時限を定めて最大限に支援し、実親の元で育つ子どもの権利保障に努めることが優先されなければならない。

　実親が自ら育てることを決心するか否かは、市町村における支援体制に左右される面がある。実家等による支援が望めない実親に対して、実家等に代わって寄り添い支援することが可能な妊産婦ホーム機能を持った拠点が必要である。また都道府県と連携し、諸外国のように妊娠中から里親を活用し出産後も親子ともども支援することも考えられる。

❷ 特別養子縁組の現状

　司法統計によると、特別養子縁組制度が施行された1988年度の特別養子縁組成立件数は758件、翌年度は1223件となり、その後それをピークに減少し表7-2に示すように2012年度339件、2013年度474件、2014年度513件、2015年度542件、2016年度495件、2017年度616件と近年は500～600件前後で推移している。筆者が行った調査結果（林ほか2014）では、2013年度に児相を介して行われた養子縁組成立件数は269件であり、1児相当たりの平均値は約1.4件であった。また同調査において縁組を前提とした里親委託件数は2013年度276件であり、1児相当たりの平均値は1.4件、0件である児相は4割弱を

表7-2　近年における特別養子縁組の成立件数

2010年	2011年	2012年	2013年	2014年	2015年	2016年	2017年
325	374	339	474	513	542	495	616

出所：最高裁判所「司法統計」。

占めた。地域間格差が大きく、1児相当たりの最低値は0件、最高値は19件であった。こうしたケース数の少なさ、および職員の異動等により、児相として十分に縁組を前提とした里親委託の経験を積み、ノウハウを積むことが困難な実態が理解できる。

　児相を介し養子縁組が成立したケースの相談開始時の子どもの年齢は出産前や1歳未満が9割以上を占めている（林他2014）。また国の調査結果（厚生労働省2017）によると、把握できた2014年度および2015年度の2年間で成立した特別養子縁組は児相610件、民間養子縁組機関381件である。この調査結果によると、児相における特別養子縁組成立時の平均年齢は2歳9か月、民間養子縁組機関の平均年齢は1歳であり、相対的に民間養子縁組機関はより低年齢の子どもに対応している。このように公民機関ともに極めて限定された低年齢の子どもにしか養子縁組を提供していないことが理解できる。

　国の調査結果（厚生労働省2017）によると児相の場合、養親が子どもを監護する直前の子どもの居住場所は児童養護施設や乳児院が多い一方、民間養子縁組機関ではベビーシッターが最も多く4割以上を占めている。ベビーシッターによる養育期間は20日未満である場合が多く、児童福祉法に基づく同居児童の届け出の必要もなく、子どもの状況把握が困難な状況であるとともに、子どもを不安定な状況に置くこととなる。ベビーシッター料金は機関の負担になることからその期間をできるだけ短期にせざるを得ず、それが実親の縁組への時期尚早な意思決定や、養親の不十分な準備状態での受託を促す側面もある。児相との連携により里親家庭や、あるいは個別ケアが可能な乳児院に一時保護委託する等の方策も検討する必要がある。しかしそうした方策も私的契約に基づき養親候補者に委託費用を要求する場合もあり、その実態把握およびその対応のあり方について十分に検討する必要がある。子どもや実親の保護機能は原則的には児相等公的機関と連携し、民間養子縁組機関とは独立した機能として運用することが、実親の中立的意思決定支援という観点から重要なことかもしれない。しかしながら、実親の中には一刻も早く子どもを託したい思いを持つ者や、行政機関等民間養子縁組機関以外との関係形成を拒否する実親もおり、一律に対応する困難もある。

▶▶▶実践上のヒント

　児童福祉法第第30条第1項に基づき、四親等内の児童以外の児童を、その親権を行う者または未成年後見人から離して、自己の家庭に3か月（乳児については1か月）を超えて同居させる意志をもって同居させた者、または継続して2か月（乳児については20日以上）同居させた者は市区町村長を経て都道府県知事に同居児童の届け出を行う必要がある。

4. 制度改正に向けた動向と改正内容

　特別養子縁組制度は創設以来見直しがされてこなかったため、その活用の促進を目的に近年その見直しについて検討されてきた。その結果以下の3点について改正され、2020年4月から施行された。

❶ 子どもの年齢要件

　改正以前まで原則6歳未満（改正後原則15歳未満）となっていた特別養子縁組における子どもの年齢要件の引き上げ の必要性については、長年指摘されてきた。何らかの事情で縁組できず実質的な親子関係（特別養子縁組）が必要な年長の子どもが普通養子縁組となっている場合もある。

　日本におけるこの年齢要件は諸外国における特別養子縁組と同様の実親子断絶型の養子の年齢要件と比較して極端に低かった。例えば、ドイツでは未成年（18歳未満）、ベルギーやイギリスでは18歳未満、フランスは15歳以下、韓国が15歳未満である（鈴木2014a：41-42）。

　国による調査結果（厚生労働省2017）によると、長年親との面会交流がない、あるいは将来的に家庭復帰が見込めない子ども等、特別養子縁組を検討すべきであるが、何らかの障壁によりそれが行えない児相・民間養子縁組機関における事案は2014年度・2015年度の2年間で298件あった。障壁となっている事由としては「年齢要件」が298件中46件（15.4%）であり、「実親の同意要件」205件（68.8%）に次いで多い。家庭復帰が困難なあらゆる年代の子どものリーガルパーマネンシー保障の必要性から、年齢の引き上げにより縁組を推進することが期待できる。

　一方で、高年齢になって養育を開始した養育者と子どもが縁組をする困難さは予測できる。しかしそれ以前に養育を開始していたが、何らかの事情で特別養子縁組が成立せず、普通養子縁組され、養育を全くされていない実親の負の相続や扶養義務を背負わされる人たちが存在する。「養子に出された子どもには、親は二組もいらない」と長年縁組業務に関与し、法制審議会特別養子制度部会の委員でもあり、年齢要件の引き上げを主張する岩﨑は指摘する（岩﨑2018）。

　今後年齢の引き上げにより、縁組の遅滞化が懸念される。またより年齢の高い子どもの縁組を想定した場合、子どもの資質等で子どもを選択する養親の増加や、養親と子どもとの関係形成の困難なども予測され、縁組後支援の必要性がより高まったといえる。

❷ 特別養子縁組の申し立て手続き

　民法上、特別養子縁組の成立には実親がその意思を表示することができない場合または実親による虐待、悪意の遺棄その他養子となる者の利益を著しく害する事由がある場合（民法第817条の6ただし書）は実親の同意を必要としないが、養親となるべき者の個人情報が実親に開示される問題もあり、養親となるべき者が家裁に申し立てる精神的負担感が問題となっていた。国の調査（厚生労働省2017）によると、本来特別養子縁組を検討すべきであるが、それが具体化できないケースのうち、実親の同意要件が障壁となっている割合が約7割を占める状況である。

　その改善策のひとつとして縁組の申し立ての手続きの改正が提言されてきた。特別養子縁組は、養親となるべき者の請求によって家裁が子どもの縁組と養親としての適格性双方を審査し審判により成立するが、こうした過程について「新たな子ども家庭福祉のあり方に関する専門委員会報告（提言）」（2016年3月）では以下のように提言された。すなわち「現行の手続では、特別養子縁組を成立させる審判の申立ては養親のみしかできず、実親の同意がない場合、後日実親からの不当な攻撃や要求のおそれを否定できないため、養親が申し立てる際の心理的負担は極めて大きい。このため、実親において養育することが難しい子どもについて、特別養子縁組の手続に移行できず、社会的養護に留まる事例が少なくない。そこで、現行の手続を、特別養子縁組候補児の適格性を判断する手続（実親との法的親子関係を解消させる手続）と、特定の養親候補者との間の養子縁組の適否を判断する手続（養親との法的親子関係を生じさせる手続）に分け、前者については児相長に申立権を付与するべきである」。

　また現行の手続き過程について、以下の3点の問題点が指摘されている（参議院法務委員会調査室2018：11）。

①　特別養子縁組の成立には原則として養子となる者の実親の同意が必要であるが、その同意は縁組成立の審判が確定するまでいつでも撤回可能である。
②　特別養子縁組の成立の手続きは養親となるべき者しか申し立てることができないが、実親が縁組の成立の同意を拒んでいる場合、実親と対立して実親による養育状況等を主張・立証しなければならず、そのための資料を揃えるのも大変である。
③　実親が虐待をしている場合等には実親の同意は不要となるが、申立人である養親となるべき者は、家裁が終局審判において判断をする時まで、その要件に該当するか否かが分からない。

　こうした点を踏まえ、結果的に法制審議会特別養子制度部会では、家裁の手続きを2段

階に分け、特別養子の適格の確認の審判である第1段階では、養親となるべき者のみならず、児相長による申し立てを可能にし、また養親となるべき者が申し立てをした場合には、児相長はこの手続きに参加することができるとし、第2段階では養親となるべき者の申し立てにより養親の適格だけの確認を対象にし、実親は関与しないこととした改正がなされ、①についてはさらに以下に論じるような改正がなされた。

❸ 実親の同意撤回制限

　実親が特別養子縁組に子どもを託すか否かという意思決定に関しては、児相や民間養子縁組機関による中立的関与が縁組の前段階として必要ではあるが、子どもの最善の利益を考慮した場合、例えば新生児の場合実親の熟慮期間をどれぐらい確保すべきか悩ましいところではある。不安かつ気が動転し、悲観的状況にある実親の縁組同意は真意に基づいた意思決定ではなく、決定の前提に心理的支援や自ら育てるという選択をした場合における社会資源および縁組に関する説明など十分な情報提供が必要である。こうした考え方に基づき出産後一定期間は同意の受理を禁じている国々が存在する。例えばアメリカのカリフォルニア州では生後30日間、スイスでは生後6週間、フランスは生後2か月以内、ドイツでは生後8週間以内は禁じられている（法務省商事法務研究会2018：18）。その後同意撤回がフランスでは同意後2か月以内でしか撤回は認められておらず、ドイツでは一旦同意すると撤回は認められない（林ほか2014：299、鈴木2014b：60）。

　近年制定されたいわゆる養子縁組あっせん法では、養親希望者の選定、養親希望者と児童の面会、縁組成立前養育に先立ちこれら3つの事項について段階的に実親の同意を取るように規定されている。しかしながら機関によるこれら同意には法的拘束力はなく、翻意は縁組が成立するまで可能となっており、成立審判後でさえ抗告期間中は縁組撤回ができるとされていた。すなわち試験養育期間、申し立て、審判確定までの期間は1年を超える場合もあり、その間形成された養育関係が断絶される可能性もあった。これは日本法がパーマネンシーを考慮していない典型であると指摘されている（鈴木2008：482）。先に示したようにパーマネンシー概念が定着している国では、同意後一定期間経過後、実親の同意の撤回を認めない傾向にある。それは子どもの時間感覚を考慮して一定の期間の養育関係を永続的に保障するという考え方に基づくととらえられる。

　これまで現場実践者からは子どもと養親候補者が形成した関係を維持するために、同意撤回に関する判例を踏まえ、機関が実親から得た同意を裁判の審判で十分に重要視してほしいという要望や、要保護性があれば同意が得られなくても縁組を認めることの必要性等について指摘されてきた（岩﨑1997）。

　子ども自身が実親に育てられる可能性を最大限に検討することと同時に、子どもの時間

感覚を尊重した一貫した養育者の保障というジレンマが存在する。実親の同意撤回制限に関しては、実親による養育が最善であるという考え方等を踏まえ、慎重な意見も存在する。しかしながら実親が一旦同意して特別養子縁組手続きが開始された場合に関しては、同意撤回が子どもに対し影響を与えることから、実親の利益が一定程度制約を受けることはやむを得ないとも考えられる（法務省商事法務研究会 2018：17）。

　こうした議論を踏まえ、実親の真意に基づく意思決定環境を保障したうえでの同意撤回制限について検討された。すなわち結果的に先の第一段階の手続き過程における実親による同意については、出産後2か月を経過した後にされるものとし、同意後2週間経過後の撤回はできないと改正された。

5. 今後の課題

　紙面の都合上、実践および法制度双方に関連した課題を十分に論じることは困難である。したがって、ここでは実践上の課題の中でも以下の2点に限定して論じる。

❶ 縁組家庭への情報提供・子どもの出自を知る権利

　児童の権利に関する条約（子どもの権利条約）には、以下のように規定されている。

第7条
1　児童は、出生の後直ちに登録される。児童は、出生の時から氏名を有する権利及び国籍を取得する権利を有するものとし、また、できる限りその父母を知りかつその父母によって養育される権利を有する。
2　締約国は、特に児童が無国籍となる場合を含めて、国内法及びこの分野における関連する国際文書に基づく自国の義務に従い、1の権利の実現を確保する。
第8条
1　締約国は、児童が法律によって認められた国籍、氏名及び家族関係を含むその身元関係事項（identity）について不法に干渉されることなく保持する権利を尊重することを約束する。
2　締約国は、児童がその身元関係事項の一部又は全部を不法に奪われた場合には、その身元関係事項を速やかに回復するため、適当な援助及び保護を与える。

上記の太字部分「父母を知る権利」「身元関係事項（identity）を保持する権利」は、「出自を知る権利」あるいは「生い立ちを知る権利」と理解され、その権利保障のあり方ついては、単に事実情報を断片的に伝えるのではなく、子どもの年齢に応じた方法で幼少期から物語風に分かりやすく伝える必要がある。いわゆる真実告知あるいはテリングやライフストーリーワークはこの一環の取り組みとしてとらえられる。そうしたことが子どものアイデンティティ形成や自尊感情の獲得など生きていくうえでの土台形成に寄与すると考えられてきた。実親やその親族と子どもとの法的関係は断絶されたとしても、生物学的親子関係は縁組後も残り続け、オープンアドプション（実親子が交流する養子縁組）を採用している国々では、子どもはそのことを知らされ、縁組後も何らかの形で実親と交流を継続することが子どもの権利であるという認識がある。

　日本財団（2017）の調査結果によると、84.5％の養親が縁組の事実を養子に伝えており、知らされたことを覚えている者のうち83.8％は、告知を「よかった」と受け止めていた。実親や出自に関する情報が「十分でなかった」と答えた養親は39.4％で、「十分だった」の33.5％を上回った。「十分ではなかった」と答えた人に不十分だった情報の内容を尋ねたところ、「実親の体質・アレルギー」が65.1％と最も多く、「実親の病歴」59.4％、「養子縁組に至った背景」30.2％などが多かった。子どもの養育過程の中で養親が必要と考える情報内容と機関が考えるそれとの齟齬も考えられる。

　生い立ちに関する情報源としては主には児相や民間養子縁組機関における記録[2]、裁判所の審判書、家裁調査官の記録、生みの親が子どもに宛てた手紙や自身の思いを綴った記録、戸籍等が考えられ、それらの保存等について課題が指摘されてきた。例えば、児相および民間養子縁組機関における記録保存については国の調査結果によると、児相では「永年保存」63.6％、民間では82.4％であった（厚生労働省2017）。筆者らの調査結果によると、児相では「永年保存」68.5％、「有期保存」と回答した児相の約半数が有期保存期間「30〜39年」と回答。「9年以下」14.3％、「10〜19年」28.6％、「20〜29年」9.5％であった。戸籍閲覧については、直系卑属として記載されていない戸籍の閲覧請求ができないこと、裁判所関係資料の有期限保存について課題として指摘されてきた。また民間養子縁組機関が廃業した場合における記録保存のあり方も課題があり、これら記録に関し政府において検討され、一元的管理の必要性について指摘されてきた。

　こうした点を踏まえ、児童相談所運営指針では、養子縁組の児童記録票は永年保存に改正され、民間機関についてはいわゆる民間あっせん法において業務の全部を廃止するまで保存しなければならないと規定された。また民間機関が廃業した場合、記録の引継ぎを都道府県または他の民間機関に行わなければならないとされた。

　いわゆる「真実告知」がなされず、偶然に養子自らが知ったあるいは思春期以降養親と

の関係のこじれから養子であることを養親から怒りに任せて突然告げられ、場合によって
は養子自身が実親にアクセスを試みるというケースも存在する。養親が「養親子として生
きる」ことを理解するとともに、情報へのアクセスや、再会を希望する養子の相談支援体
制を整備することが必要である。

▶▶▶実践上のヒント

セミ・オープンアドプション

　日本での特別養子縁組ケースの多くは実親と子どもの交流を行わないクローズド・
アドプションである。とくに児相ケースはそうした傾向にある。しかしながら一部の
民間機関では、実親の希望に応じ、あっせんした機関を通して写真やメッセージなど
をやり取りし、縁組家庭と実親が交流を継続するセミ・オープンアドプション が行
われている。子どもが幸せに成長する様子を実親が知ることで、喪失感や罪悪感から
の回復を促す。また実親について常時話せることで、真実告知が容易となる。さらに
養子のアイデンティティや自尊心を促すと考えられる。機関を通して交流することで、
相互により安全な交流が可能となる。

Episode

当事者の声〜成人した養子の立場から〜

　以下に真実告知等に関して筆者が行った成人した養子の方へのインタビュー内容を掲
載する。本インタビュー内容はすでに『月刊福祉』(2020年2月号)に掲載されており、
その一部を抜粋している。

Aさん (23歳・男性)

　2歳のときに乳児院から特別養子縁組を前提に里親委託される。17歳のときに縁組さ
れたことを養父から突然告知される。大学入学後自身のルーツをたどり始める。現在は
会社に勤務しながら当事者活動に従事されている。

インタビュー内容

自身の生い立ちについてはどのように知りましたか

高校2年の冬に父が怒りに任せて突然自分が養子であることを告げました。他の人より
も明らかに時間をかけて勉強しているのにできないので、父が怒って手を上げて、その
流れで告げたと思います。

告げられたときどのように感じましたか

養子だから、父はこんなに自分に当たりが強かったのかと思いました。ショックはなかったです。「なるほど」というのが一番の感想でした。既に中学3年生ぐらいから、親に対しては不信感しかなかったです。

その後自身のルーツに関心を持たれたことはありましたか

そもそも探れるって知らなかったです。告知後父に怒られて「出ていけ」って言われ、図書館で時間を潰していたとき、何気なく特別養子縁組で書籍の検索をしたとき、3冊の本が出てきてそれを読みました。そのときに実親と養親が連絡を取り合って、例えば写真やメッセージのやりとりをしている例があることを知りました。「こういうことってあるんだ。もしかしたら自分も今の親が写真を送ったりしてるのかもしれないな」って思い母に尋ねました。すると「してない、しようと思ったけど、断られた」と言われたんです。母は養子っていうワードを出すだけでヒステリーを起こす人なんで、それ以上聞けなかったです。

自身で何かされたのですか

実家を離れたくて親が勧める地元の国立大学ではない別の国立大学に入学し、大学1年生の夏休みに、運転免許を取りに地元に戻りました。運転免許の試験を受験するための書類の中に住民票があり、そこに知らない住所が記載されていました。今の家に来る前の住所かもしれないと思いました。スマホで調べてその住所に向かいました。しかしその住所は乳児院でした。時間もなかったですが、せっかくだからと思い、施設の人に会いました。院長と副院長がご対応くださり、副院長の方は長年子どもの世話をされていて、僕のことを調べてくださり、当時のことを聞かせてもらいました。僕が大学生となったことを、すごく喜んでくださって、「また時間に余裕があるときにぜひ来てください」って言っていただいて別れました。

その後どうされましたか

戸籍をたどれるっていうことを知り、自分の戸籍を取り寄せて、たどっていくと、乳児院とはまた別の住所が書かれてました。その住所に行けば、今度こそ実親に会えるかもしれないと思い、大学2年のときに自分1人で行きました。田舎町の役場でした。それで、手当たり次第聞き込みをしました。その名前はこの地区に多いと言われました。それ以上は捜せなかったです。こういう人が実際に今の制度上、養子縁組してる例がありますっていうのを僕は新聞記事にしてほしいと思い、新聞社数社にメールを送りました。そのうちの一社の記者から連絡があり、実際に母を捜し歩いた男性がいるという記事になりました。その取材の最中に、記者も調べてくださって、資料の取り寄せ方法なども教えてくださり、児相に連絡しました。どうにかこうにか審判書と当時の僕に関する新聞記事などが送られてきました。

どんな新聞記事だったのですか

　「男児を置き去りに」という新聞記事です。「ああ、そうなんだ。自分って捨てられてたんだ、たどることって多分できないな」って思いました。大学のときは1人暮らしだったんで、考え込む時間もあり、すごくつらい時期もありました。ベビーカーを押してるお母さんとか羨ましく思って見れなかったです。

所感

　養父が怒りに任せて養子であることを、多感な時期でもある17歳のときに告知した事例である。それ以来家庭内で養子について尋ねることはタブーであったと話してくださった。

　児相がご本人に審判書や新聞記事を送付し、何の支援も行わなかったという実態が現在の支援体制の不十分さを象徴していると考えられる。生い立ちを知る権利をどうとらえ、どのように支援を行うか十分に検討する必要がある。

　戸籍上実子同様に記載されることと、実子であることは別のことである。この戸籍上の記載が養親の認識の問題をもたらし、子どもに不利益をもたらしている面もあるといえないだろうか。

　本事例では、養母は流産の経験をお持ちで、「自分をそのときに産んだ子って思い込んでる」と話してくださった。子どもを託すうえで、そうした喪失感への対応や養親の自己理解を促すとともに、生みの親の存在を踏まえ、養親であるという認識をもって養育する必要がある。

❷ 公民機関の連携と国際養子縁組の防止

　いわゆる養子縁組あっせん法は民間養子縁組機関間および民間養子縁組機関と児相との連携について子どもの最善の利益に資するという観点から、その必要性について規定している。また先に指摘したように、養子縁組に子どもを託すか、それとも自ら育てるのかという意思決定を中立的に支援するために、妊娠相談機能や実親子の保護機能は市町村や児相との連携により、民間養子縁組機関以外の機関や施設が担うことが望ましい場合もある。さらに子どもの養子縁組を促すためにも、都道府県を越えた児相・民間養子縁組機関間の連携も重要となる。あっせん法におけるこうした規定や民間養子縁組機関の許可制の導入により、両者の連携が促進され、そうした連携が相互の実践手続きの透明化や実践の質の向上を促進することが期待される。

　各民間養子縁組機関の養親候補者は全国に散在し、一方児相のそれらは各管内に存在する傾向にある。ただし、管内で一定の子どもに対し養親が確保できない場合、管外あるいは都道府県を越えた他児相と連携・協働して養親の確保に努めている児相も存在するが、

そうしたことが各児相の努力に委ねられている。十分に養親確保に努めたという根拠が極めて曖昧な状況の中で、国際養子縁組が行われてきた。日本はまだ批准していないが、いわゆるハーグ国際養子縁組条約は、国際養子縁組については国内で養親を見いだせない子どもに認めている。国内において、幅広く養親を探索するシステムをつくり、出身国内で養親候補者を探す努力を最大限に行う必要がある。そのため、養親候補者や子どもの情報を一元的に管理することによって広域的マッチングを可能にするシステムを設けることを国際条約では推奨している。同条約では、記録保存、養子・養親候補者情報の管理機能として中央管理当局および養子縁組あっせんに関与する機関の監督として権限ある当局を規定している。

　妊娠相談から縁組後の支援を含め、縁組が適正に機能するための民間養子縁組機関や児相と市町村、児相間、児相と民間養子縁組機関、民間養子縁組機関間といった多様な連携によるシステムの構築が急務であるといえる。

（林 浩康）

▶注
1　民法においては養子にとって血縁関係のある父母を「実方の父母」あるいは「実父母」と表記されている。しかしながら特別養子縁組後は養子を「実子」と表現することもあり、「実」の意味が曖昧であるという指摘も存在し、「生みの親」と表記されることもあるが、本論では民法上の表記を参考に血縁関係のある父母を「実親」と表記する。
2　「民間あっせん機関による養子縁組のあっせんを受けて養子となった児童に関する記録の保有及び当該児童に対する情報提供の留意点について」（厚生労働省子ども家庭局家庭福祉課長、令和3年3月26日）が初出され、機関が記録すべき内容が明確にされた。

▶参考・引用文献
岩﨑美枝子（1997）「特別養子法の改正は必要か」『新しい家族』30、31〜48頁
岩﨑美枝子（2018）「普通養子法と特別養子法　中」『あたらしいふれあい』516、3頁
厚生労働省（2017）「特別養子縁組に関する調査結果について」
厚生労働省（2018）「社会的養育の推進に向けて」
参議院法務委員会調査室（2018）「民法等の一部を改正する法律案（閣法第51号）参考資料①」
鈴木博人（2008）「ドイツの養子法——福祉型養子と連れ子養子を中心に」『民商法雑誌』138（4・5）、470-495頁
鈴木博人（2014a）「ドイツの秘密出産法——親子関係における匿名性の問題・再論」『法学新報』121（7・8）、163〜212頁
鈴木博人（2014ｂ）『親子福祉法の比較法的研究Ⅰ——養子法の研究』中央大学出版部
床谷文雄（2008）「養子制度の比較法的研究の課題」『民商法雑誌』138（4・5）、407〜435頁
日本財団（2017）「子が15歳以上の養子縁組家庭の生活実態調査　報告書」
林浩康他（2014/2015）「国内外における養子縁組の現状と子どものウエルビーイングを考慮したその実践手続きのあり方に関する研究」厚生労働科学研究補助金政策科学総合研究事業
法務省商事法務研究会（2018）「特別養子縁組を中心とした養子制度の在り方に関する研究会中間報告書」

■コラム

要保護児童を対象とした国際養子縁組と
その原則

　国際養子縁組とは、子どもが有する国籍と異なる外国籍を有する養親との養子縁組、あるいは子どもが居住する国の国境を越えた縁組と理解されている。子どもの居住する国境を越える縁組の場合、外国に居住する子どもを日本に迎え入れる場合と、日本に居住する子どもを外国に送り出す場合がある。

　国際養子縁組の手続きに関しては養親の本国法に依拠し、養子の本国法に縁組の承諾や許可に関する保護要件が規定されている場合は、それも満たすことが求められ、渉外養子縁組とも呼ばれる。なお夫婦で養親になる場合で、夫婦の国籍が異なる場合は、それぞれの本国法の要件を満たさなければならない。

　日本は未だ批准していないが、いわゆるハーグ国際養子縁組条約は補完性の原則に基づき、国内で受け入れ家族を見いだせない子どもにのみ国際養子縁組を認めている。また児童の権利に関する条約第21条（b）において「児童がその出身国内において里親若しくは養家に託され又は適切な方法で監護を受けることができない場合には、これに代わる児童の監護の手段として国際的な養子縁組を考慮することができることを認める」と同様な趣旨の規定がなされている。

　ハーグ国際養子縁組条約の基本原則は以下のとおりである。

① 子どもの最善の利益

　子どもに家庭を与えるのであって、家族に子どもを与えるのではない。子どもの最善の利益を守ることであるが、子どもの最善の利益の定義は基本的な人権を守ることや養子となることが法的・心理・社会的に最善の利益に合致するかなど、各国で多少事情は異なる。

② 補完性の原則

　子どもは可能な限り、自分の出身家庭において養育を受ける、あるいは親戚などに養育されるべきである。出身家庭での養育が困難な場合は、適切なパーマネンシーが保障される里親等で養護されるべきである。自国内でパーマネンシーを保障する受入家庭が見つか

らない場合に、国際養子縁組が代替的養護家庭を提供する補完的手段として考慮されるべきである。

③ 中央当局と養子関連機関の役割
　締約国間では、子どもの出身国と受入国の中央当局が連携することが必要である。締約国内では、中央当局と権限ある当局である政府の省庁、裁判所と認可された民間の養子縁組機関等の分業体制や役割分担を明確にし、連携をスムーズに行う。

④ 親族養子縁組にも適用
　条約は親族間の養子縁組にも適用となる。

　日本の子どもの主な受入国は、アメリカ合衆国、カナダ、イタリアなどで、その国で認可された養子縁組機関と業務協定を結ぶなどして、連携して国際養子縁組手続きをハーグ条約に準ずる形で実践している。例えば、提携機関がハーグ条約批准国である場合、機関は厳しい審査を受け認可され、養親候補者の認定などはハーグ条約に則って行われている。また国外から日本に国際養子縁組で入る子どもの主な出身国は、フィリピン・タイ・中国が挙げられ、連れ子養子や親族の子どもとの養子縁組がほとんどである。

　日本では国際養子縁組をあっせんしている機関として、「社会福祉法人　日本国際社会事業団」があげられる。補完性の原則に基づき、日本国内に住む子どもを国内在住の養親候補者にマッチングする「国内委託」を優先している。

（林 浩康）

第 **8** 章

里親及びファミリーホーム養育指針に見る家庭養護のあり方

Key Word

家庭／社会的養護の担い手／ひらかれた養育／関係機関等との連携／里親会

1. 里親・ファミリーホームの役割と理念

❶ 里親・ファミリーホームの役割

　里親及びファミリーホーム養育指針（以下、「養育指針」とする）は、里親・ファミリーホームにおける養育の内容と運営に関する指針を定めているものであり、社会的養護を担う里親・ファミリーホームにおける養育の理念や方法、手順などを社会に開示し、質の確保と向上に資するとともに、説明責任を果たすことにもつながるものである。

　養育指針によると、里親・ファミリーホームが行う養育は、委託された子どもの自主性を尊重し、基本的な生活習慣を確立するとともに豊かな人間性及び社会性を養い、かつ、将来自立した生活を営むために必要な知識及び経験を得ることができるように行わなければならないとされている。

　つまり、里親・ファミリーホームの役割は、①基本的な生活習慣の確立、②豊かな人間性及び社会性の育成、③将来自立した生活を営むために必要な知識及び経験の提供、の3つに大きく分けられる。

> **Episode**
>
> 　*高校生の委託を受けたが、当初は基本的な生活習慣が身についていなかった。食事後は歯みがきをする、寝る前にはパジャマに着替えるなど、いくつかの生活の約束事を決めた。一緒にお風呂に入り身体の洗い方を教えたりもした。このような基本的な生活習慣を確立していくことは、生活していくうえで必要ということだけでなく、子ども自身の自己肯定感を育む土台となったように感じる。*

❷ 里親・ファミリーホームの理念

　里親・ファミリーホームは、子どもの権利条約の精神に基づいて「子どもの最善の利益」といったことを考慮して支援していくことが求められる。養育指針によると、里親の養育は、養育里親、専門里親、養子縁組里親、親族里親の4つの類型の特色を活かしながら、またファミリーホームの養育は家庭養護の基本に立って、複数の委託児童の相互の交流を活かしながら行うこととされている。

　里親・ファミリーホームは、社会的養護を必要とする子どもを、養育者の家庭に迎え入れて養育する「家庭養護」であるとともに、**社会的養護の担い手として、社会的な責任に基づいて提供される養育の場である**。社会的養護の養育は、家庭内の養育者が単独で担え

るものではなく、家庭外の協力者なくして成立し得ない。養育責任を社会的に共有して成り立つものである。また、家庭内における養育上の課題や問題を解決、予防するためにも、養育者は協力者を活用し、養育のあり方をできるだけ「ひらく」必要がある。

2. 里親・ファミリーホームの対象児童

❶ 子どもの年齢

養育指針によると、里親・ファミリーホームに委託される子どもは、新生児から年齢の高い子どもまで、すべての子どもが対象となる。基本的には18歳に至るまでの子どもを対象としているが、必要がある場合は20歳に達するまでの措置延長をとることができる。

子どもの委託時の年齢（表8-1）を見ると、里親は「2歳」（14.5%）が最も多く、3歳以下で45.5%と半数近くを占めており、平均年齢は5.9歳となっている。一方、ファミリーホームは、とくにこの年齢が多いということはなく、どの年齢もほぼ4〜7%で、平均年齢は8.2歳となっている。

表8-1　子どもの委託時の年齢

	0歳	1歳	2歳	3歳	4歳	5歳	6歳	7歳	8歳	9歳	10歳	11歳	12歳	13歳	14歳	15歳	16歳	17歳	18歳	総数
里親	593	557	780	523	325	273	279	205	169	153	173	155	216	171	174	209	170	100	13	5382
	11.0%	10.3%	14.5%	9.7%	6.0%	5.1%	5.2%	3.8%	3.1%	2.8%	3.2%	2.9%	4.0%	3.2%	3.2%	3.9%	3.2%	1.9%	0.2%	100.0%
ファミリーホーム	65	48	117	111	104	68	100	81	95	81	71	87	89	88	85	90	64	33	5	1513
	4.3%	3.2%	7.7%	7.3%	6.9%	4.5%	6.6%	5.4%	6.3%	5.4%	4.7%	5.8%	5.9%	5.8%	5.6%	5.9%	4.2%	2.2%	0.3%	100.0%

注：総数には年齢不詳を含む。平均は不詳を除く。
出所：厚生労働省「児童養護施設入所児童等調査の概要（平成30年2月1日現在）」より作成。

❷ 子どもの委託期間

保護者による養育が望めず養子縁組を検討する子どもや、実親との関係も保ちながら長期間の養育を必要とする子ども、あるいは、保護者の傷病などで短期間の養育を必要とする子どもなど、社会的養護を必要とする期間は多様である。

里親には「長期的に実親の養育が望めない子ども」が委託されるイメージがあるが、実際の子どもの委託期間を見ると、必ずしも長期化していないことが分かる。里親の委託期間（表8-2）を見ると、「1年未満」（21.0%）が最も多く、3年未満で47.2%と半数近くを占めており、平均委託期間は4.5年となっている。ファミリーホームの委託期間は「1年未満」（21.8%）が最も多く、3年未満で53.0%と半数以上で、平均委託期間は3.6年となっている。

表8-2　子どもの委託期間

	1年未満	1～2年未満	2～3年未満	3～4年未満	4～5年未満	5～6年未満	6～7年未満	7～8年未満	8～9年未満	9～10年未満	10～11年未満	11～12年未満	12年以上	総数
里親	1132	822	585	468	348	313	327	243	198	155	149	99	405	5382
	21.0%	15.3%	10.9%	8.7%	6.5%	5.8%	6.1%	4.5%	3.7%	2.9%	2.8%	1.8%	7.5%	100.0%
ファミリーホーム	330	251	221	171	147	88	81	74	45	7	16	11	43	1513
	21.8%	16.6%	14.6%	11.3%	9.7%	5.8%	5.4%	4.9%	3.0%	0.5%	1.1%	0.7%	2.8%	100.0%

注：総数には期間不詳を含む。

出所：厚生労働省「児童養護施設入所児童等調査の概要（平成30年2月1日現在）」より作成。

❸ 委託される子どもの背景

　養育指針によると、すべての子どもが里親・ファミリーホームでの支援の対象となり、保護者のない子どもや、親から虐待を受けた子ども、親の事情により養育を受けられない子どもなど、子ども一人ひとりの課題や状況に則し、最も適合した里親等へ委託される。障害のある子どもや非行の問題がある子どもなど個別的な支援を必要とする子どもは、適切に対応できる里親・ファミリーホームに委託され、子どもの状態に適合した専門里親等が確保できる場合には、委託を検討することになる。

　個別的な支援を必要とする子どもの状況（表8-3）を見ると、障害等のある子どもの割合は、里親では24.9%、ファミリーホームでは46.5%となっている。

　子どもの被虐待経験、虐待の種類（表8-4）を見ると、被虐待経験のある子どもの割合は、里親で38.4%、ファミリーホーム53.0%となっている。虐待の種類を見ると、里親ではネグレクトが65.8%で最も多く、次いで身体的虐待30.4%、心理的虐待18.8%とな

表8-3　子どもの心身の状況

	総数	該当あり	心身の状況（複数回答）					
			身体障害	外傷後ストレス障害（PTSD）	反応性愛着障害	注意欠陥多動性障害（ADHD）	学習障害（LD）	広汎性発達障害（自閉症スペクトラム）
里親	5832	1340	57	25	132	294	43	360
	100.0%	24.9%	1.1%	0.5%	2.5%	5.5%	0.8%	6.7%
ファミリーホーム	1513	703	45	35	136	182	102	196
	100.0%	46.5%	3.0%	2.3%	9.0%	12.0%	6.7%	13.0%

注：総数には不詳を含む。

出所：厚生労働省「児童養護施設入所児童等調査の概要（平成30年2月1日現在）」より作成。

表8-4　子どもの被虐待経験、虐待の種類

	総数	虐待経験あり	心身の状況（複数回答）			
			身体的虐待	性的虐待	ネグレクト	心理的虐待
里親	5832	2069	629	62	1361	390
	100.0%	38.4%	30.4%	3.0%	65.8%	18.8%
ファミリーホーム	1513	802	365	60	500	289
	100.0%	53.0%	45.5%	7.5%	62.3%	36.0%

注：総数には不詳を含む。

出所：厚生労働省「児童養護施設入所児童等調査の概要（平成30年2月1日現在）」より作成。

っている。ファミリーホームでもネグレクトが62.3％で最も多く、次いで身体的虐待
45.5％、心理的虐待36.0％となっている。

　里親・ファミリーホームは、このような委託された子どもの背景を十分に把握し、その
子どもを理解して、必要な心のケアを含めて、養育を行わなければならない。

▶▶▶実践上のヒント

　被虐待児は愛着に深刻な課題を抱えている場合があり、多くの里親は子どもの心の
ケアに苦慮している。このような子どもの養育を継続できているケースを見ると、里
親の頑張りだけでなく、児童相談所や里親支援機関の支援、学校や病院との連携、適
切なサービスの利用、里親会の支えなどが機能している。したがって、里親だけで抱
え込むのではなく、積極的に多機関・多職種との連携を図っていくことが求められる。

3. 里親・ファミリーホームに期待されること

❶ 家庭養護の5つの要件

　養育指針によると、家庭のあり方やその構成員である家族のあり方は多様化してきてい
るが、子どもの養育について考慮した場合、里親・ファミリーホームにおける家庭養護は、
① 一貫かつ継続した特定の養育者の確保、② 特定の養育者との生活基盤の共有、③ 同居
する人たちとの生活の共有、④ 生活の柔軟性、⑤ 地域社会に存在の5つの要件を満たし
ていなければならないとされている。

① 一貫かつ継続した特定の養育者の確保

　同一の特定の養育者が継続的に存在することが大事であり、里親・ファミリーホームは
そのような存在になることが期待される。子どもは安心かつ安全な環境で永続的に一貫し
た特定の養育者と生活することで、自尊心を培い、生きていく意欲を蓄え、人間としての
土台を形成できるようになるのである。

② 特定の養育者との生活基盤の共有

　里親・ファミリーホームといった特定の養育者が子どもと生活する場に生活基盤を持ち、
生活の本拠を置いて、ともに生活を継続するという安心感が、養育者への信頼感につなが

る。そうした信頼感に基づいた関係性が人間関係形成における土台となるのである。

③ 同居する人たちとの生活の共有

　里親・ファミリーホームの養育者と生活のさまざまな局面やさまざまな時をともに過ごすこと、すなわち暮らしを作っていく過程をともに体験することにより、生活の共有意識や、養育者と子ども間、あるいは子ども同士の情緒的な関係が育まれていく。そうした意識や情緒的関係性に裏づけられた暮らしの中でのさまざまな思い出が、子どもにとって生きていくうえでの大きな力となる。また、家庭での生活体験を通じて、子どもが生活上必要な知恵や技術を学ぶことができるようになるのである。

▶▶▶実践上のヒント

　養育指針では、実子を含む家族一人ひとりの理解と協力を求めている。子どもを受託する際には、家族の構成員が納得していることが重要である。とくに実子に対しては事前の説明や働きかけを行うとともに、心の揺れ動きなどに十分に配慮する必要がある。はじめのうちは受託した子どもと実子が一緒に過ごしたり、話したりする場面・時間を意識的に作ることが大切である。また、受託した子どもだけでなく、生活を共有する立場である実子も、子どもとして意見表明できるように配慮することが求められる。

④ 生活の柔軟性

　里親・ファミリーホームの養育者とのコミュニケーションに基づき、状況に応じて生活を柔軟に営むことが求められる。家庭には、一定一律の役割、当番、日課、規則、行事、献立表はなじまない。家庭にもルールはあるが、それは一定一律のものではなく、暮らしの中で行われる柔軟なものである。日課、規則や献立表が機械的に運用されると、子どもたちは自ら考えて行動するという姿勢や、大切にされているという思いを育むことができない。

▶▶▶実践上のヒント

　ルールが全く必要はないということではなく、個々の家庭には、その家庭の暮らし方があるため、養育指針では、最低限必要な家庭の決まりを説明して、子どもの意見を聞いたうえで、合意を得ることを求めている。細かすぎるルールを養育者が子どもに強要するのではなく、子どもの年齢や状況に応じて、子ども自身の意見を参考にして、適宜見直すことが必要である。

　柔軟で相互コミュニケーションに富む生活は、子どもに安心感をもたらすとともに、生活のあり方を学ぶことができ、将来の家族モデルや生活モデルを持つことができるようになる。また、生活は創意工夫に基づき営まれるものであり、そうした創意工夫を里親・ファミリーホームの養育者とともに体験することは、子どもの自立に大きく寄与し、子どもにとって貴重な体験となるのである。

⑤ 地域社会に存在

　里親・ファミリーホームにおいて、地域社会の中でごく普通の家庭で暮らすことで、子どもたちは養育者自身の地域との関係や社会生活に触れ、生活のあり方を地域との関係の中で学ぶことができるようになる。また、地域に点在する家庭で暮らすことは、親と離れて暮らすことに対する否定的な感情や自分の境遇は特別であるという感覚を軽減し、子どもを精神的に安定させることにつながるのである。

❷ 社会的養護の担い手として期待されること

　養育指針には、里親・ファミリーホームが社会的養護の担い手として求められることが述べられている。

　里親・ファミリーホームにおける家庭養護は、私的な場で行われる社会的かつ公的な養育である。里親・ファミリーホームで行われる養育は、気遣いや思いやりに基づいた営みであるが、その担い手である養育者は、社会的に養育を委託された養育責任の遂行者である。したがって、**養育者は、子どもに安心で安全な環境を与え、その人格を尊重し、意見の表明や主体的な自己決定を支援し、子どもの権利を擁護することが期待されている。**

　養育者は子どもにとって自らが強い立場にあることを自覚し、相互のコミュニケーションを心がけることが重要であり、養育者は独自の子育て観を優先せず、自らの養育のあり方を振り返るために、他者からの助言に耳を傾ける謙虚さが必要である。

　里親・ファミリーホームで行われる養育は、知識と技術に裏づけられた養育力の営みであり、研修・研鑽の機会を得ながら自らの養育力を高める必要がある。しかしながら、養育が困難な状況になった場合、ひとりで抱え込むのではなく、社会的養護の担い手として速やかに他者の協力を求めることが大切である。養育者が、養育がこれでよいのか悩むことや思案することは、養育者としてよりよい養育を目指すからこそであり、恥ずべきことではない。**養育に関してSOSを出せることは、養育者としての力量の一部である。**

　児童相談所、里親支援機関、市町村の子育て支援サービス等を活用し、近隣地域で、あるいは里親会や養育者同士のネットワークの中で子育ての悩みを相談し、社会的つながりを持ち、孤立しないことが重要である。**里親・ファミリーホームでは、養育者が自信、希**

望や意欲を持って養育を行うために自らの養育を「ひらき」、社会と「つながる」必要があるのである。

> **Episode**
>
> 　養育が困難な状況になった時に児童相談所等に相談したりすることは養育力が足りない里親と思われるのではないかと不安に思っていたが、思い切って相談してみると、適切な助言や支援を受けることができた。もっと早くから里親の思い・不安などをしっかりと伝えて、支援を求めていけばよかった。

　なお、養育指針には示されていないが、近年の里親委託の推進により、実親との交流を継続する子どもが里親に委託されることも増えてきており、実親の抱える課題を含めて実親を理解する姿勢が求められている。

　さらに、養育指針には、家庭養護における養育に求められることとして、①家庭の弱さと強さの自覚、②安心感・安全感のある家庭での自尊心の育み、③自立して生活できる力を育む、④帰ることができる家、の4つがあげられている。

① 家庭の弱さと強さの自覚

　子どもを迎え入れるどの家庭にも、その家庭の歴史、生活文化があり、養育者の個性、養育方針、養育方法等にもそれぞれ特色があるが、これらには「弱さ」も「強さ」もある。例えば、新たに子どもが委託されたり、委託人数が減るなど構成員に変化が加わることで、不安定さが現れたり、安定性が増す変化があったり、養育者が子どもの養育に心身の疲れを覚えたり、家族構成員の変化から養育力に影響が出る場合もある。

　したがって、それぞれの養育の場に含まれる「弱さ」の部分も自覚し、支援やサポートを受け、研修等を通して養育力を高めるとともに、ごくあたりまえの日常生活の中に含まれる、養育の「強さ（Strength）」をより発揮できるよう意識的に取り組む姿勢が求められる。養育者と子どもの日々の生活が養育者の成長にもなり得るのである。

② 安心感・安全感のある家庭での自尊心の育み

　子どもにとって自尊心は、生きていくうえで必要不可欠な自信、意欲や希望をもたらし、他者に対する寛容性や共感性、困難に立ち向かう力、粘り強さ、忍耐力の形成に結びつく。したがって、里親・ファミリーホームで行われる養育では、子どもが自分の存在について、「大切にされている」「生まれてきてよかった」と感じられるように、子どもに安心感・安全感とともに、心地よさを提供することが重要である。

　里親・ファミリーホームでの生活が落ち着いてくると、子どもは、養育者との関係や許容範囲などを確かめる行動（試し行動）や退行を示すことがある。そのような時に、養育者は無力感を感じ、子どもに否定的感情を抱き、子どもとの関係が悪循環に陥ることもある。どうにか改善したいという思いが、子どもへの叱咤激励や、問題点の指摘に傾斜し、子どもにとって、あるがままの自分の存在が受け入れられないことに対する思いが、自尊心とは対極にある自己否定感を生み出すこともある。

　このような時は、生活の中ではすぐに実感できる改善はみられなくても、変化を無理に求めず、子どもの実像を受けとめることが求められる。そのような安心と安全のある家庭で、子どもと時間を共有し、思い出を積み重ねることで、子どもは変化していくのである。

> **Episode**
>
> 「施設ではとくに問題のない子と言われて委託された子どもであっても、里親家庭では激しい試し行動を示すことがある」ということを事前に聞いていたので、里子から「きらい」「来ないで」と繰り返し言われた時は「これか」と思った。怒ったりせず、穏やかに対応するよう心がけたが、ストレスでなかなか眠れない日もあった。児童相談所の職員や里親会の人たちに話を聞いてもらったり、助言をもらったりすることで乗りこえることができた。

③　自立して生活できる力を育む

　自立とは、誰にも頼らないで生きていくことではなく、適宜他者の力を借りながら他者と関係を結びながら自分なりに生きていくことである。したがって、里親・ファミリーホームで行われる養育では、そのことを子どもが認識できるよう、まずは日常生活の中での安心感・安全感に裏づけられた信頼感を育むことが重要である。

　子どもには、あるがままの自分を受け入れてもらえるという依存の体験が必要である。日々自然に繰り広げられ、繰り返される家庭での日常生活の中で、里親・ファミリーホームの養育者が子どもの可能性を信じつつ寄り添う存在となることが重要であり、そのことが子どもにとって将来のモデルとなり、子どもが自立して生活できる力を育むことにつながっていくのである。

　また、困難な出来事があった際にどのように乗り超えていくかなどは、すべて子どもにとって重要な暮らしの体験であり、困った時、トラブルがあった時にはとくに他者に協力を求めるという姿勢が持てるよう、ともに生活する中でそうした体験を子どもに提供することが重要である。

④ 帰ることができる家

　措置解除後においても、養育者と過ごした時間の長短にかかわりなく、子どもが成人した時、結婚する時、辛い時、困った時、どんな時でも立ち寄れる実家のような場になり、里親家庭やファミリーホームがつながりを持ち続けられることが望ましい。

　養育の継続が難しくなり、委託の解除となった場合でも、成長過程の一時期に特定の養育者との関係と家庭生活の体験を得たことは、子どもにとって意味を持つ原体験となるので、いつでも訪ねて来られるよう門戸を開けて待つことも大切である。

▶▶▶実践上のヒント

　養育指針では、進学や就職したあと、また成人したあとも、実家のようにいつでも訪問でき、また、相談に応じられるような交流を継続し、つまずきや失敗など何らかの問題が生じた場合にも支援することが望ましいとしている。たしかに措置解除後においても実家のような関係性が維持できれば子どもも安心して生活していけるが、必ずしも順調にいくことばかりではない。里親だけでは支えきれない問題が生じた場合は、里親だけで抱え込まず、関係機関と連携して取り組んでいくことが大切である。

❸ ファミリーホームにおける家庭養護

　養育指針には、ファミリーホームにおける家庭養護についても述べられている。ファミリーホームの基本型は夫婦型である。ファミリーホームの養育者は、子どもにとって職員としての存在ではなく、ともに生活する存在であることが重要である。したがって、養育者は生活基盤をファミリーホームに持ち、子どもたちと起居をともにすることが必要である。

　また、ファミリーホームは、複数の子どもを迎え入れ、子ども同士が養育者と一緒に作る家庭でもあるため、子ども同士の安定を図るため、子どもを受託する場合は、子どもの構成や関係性を考慮し、児童相談所との連携が大切になる。また、養育者が子ども同士の関係を活かし、子ども同士が成長しあうために、どのようなかかわりが必要かという観点を持ちながら養育にあたることが必要となる。

　養育者と養育補助者は、養育方針や支援の内容を相互に意見交換し、共通の理解を持ち、よりよい養育を作り出す社会的責任がある。養育補助者は、家事や養育を支援するとともに、ファミリーホーム内での養育が密室化しないよう、第三者的な視点で点検する役割も担っていることを理解しておく必要がある。補助者が養育者の家族である場合には、養育がひらかれたものとなるよう、とくに意識化することが求められる。

　養育を「ひらく」ことは大切なことであるが、それ自体が目的とならないよう注意する必要がある。ファミリーホームでは、必要に応じ、ボランティアを受け入れる場合もあるが、養育指針では、ボランティアの受け入れに際して、実子や受託している子どもと同世代や、子どもが学校などで関係のある人材によるボランティアの受け入れには配慮することを求めている。

4. 里親・ファミリーホームと地域との連携

❶ 地域や社会へのひろがり

　養育指針では、里親・ファミリーホームにおける養育を進めていくにあたって地域とのつながりと連携を求めている。

　子どもの育ちには、家庭が必要であると同時に、地域の人々や機関・施設の関与や支援が必要である。これは、私的な生活の営みを軸とする家庭に子どもを迎え入れる場合であっても同様で、公的な養育となる里親・ファミリーホームにおける養育には、地域社会と関係を結び、必要に応じて助け、助けられる関係を作る社会性が必要である。

　したがって、里親・ファミリーホームには、関係機関との協働はもとより、子どもの通園・通学先の職員、近隣住民が、委託されている子どもの状況を理解し養育を応援してくれる関係作りを試みていくことが求められる。

　とくに幼稚園や学校は、子どもが1日の多くの時間を過ごす大切な生活の場であるため、社会的養護を必要とする子どもの養育であることを伝え、よき理解者となってもらえるよう、働きかけることが必要である。学校との良好な協力関係を築くことにより、保護者と教師という関係だけでなく、同じ支援者の立場でのより有効な子どもへの支援に結びつけることができる。

　養育指針では、子どもが通う幼稚園や学校との関係形成の際に、必要に応じて児童相談所等の関係機関に支援を求めることが有効であるとされている。したがって、うまく里親養育のことを説明できない、理解してもらえない場合は、児童相談所の職員に子どもが通う幼稚園や学校に一緒に来てもらい、園長、校長、担任の先生などに、

　また、里親・ファミリーホームは、日頃から地域住民のひとりとして、近隣との良好な関係を築いておくことや、社会的養護の理解を深めてもらう働きかけをすることが重要である。なぜならば、子どもにとって養育者は地域に生き、社会に生きる大人のモデルであり、また、子どもの生活は、人々の社会的養護への理解度によって大きく影響されるからである。

　里親・ファミリーホームの中には、里親・ファミリーホームであることをオープンにしながら、近隣住民、関係者、関係機関、地域、社会に働きかけ、地域とのかかわりの中で養育を展開していく人々がいる一方で、社会的な状況や養育者の思いから地域の中に「里親家庭」「ファミリーホーム」として溶け込むことを求めず、ひっそりと生活したいと考える人々もいる。

　しかしながら、里親・ファミリーホームにおける養育は、あくまで社会的養護であるため、地域や社会に対してクローズなものになってはならない。諸事情により近隣等との関係形成が困難な場合にも、地域の里親会や里親支援を行う民間団体、あるいはその他の子育て支援のネットワークなどのつながりの中に身を置き、孤立しないよう、独善的な養育に陥らないよう養育をひらくことが求められる。

　なお、養子縁組里親や親族里親は、地域との関係の持ち方が養育里親とは異なる場合もあるが、それぞれの事情は踏まえたうえで、孤立した養育、独善的な養育とならないようにすることは同様である。親族里親の場合は、親族であるがゆえに、里親も子どももお互いに無理を強いられることがあるため、養育上の悩みや困難を共有できる場や人材を確保し、社会資源を活用しながら養育にあたることが望ましい。

Episode

　妹が病気により長期療養生活を余儀なくされたことから、妹の2人の子どもの親族里親となった。これまでも「おじさん」「おばさん」として子どもたちとかかわってきたが、里親として家族のひとりとしてかかわるようになると、お互いに戸惑いを感じることが多くあった。里親会のサロンに参加しても親族里親がいなくて話が合わなかったが、児童相談所の人に親族里親を紹介してもらい、親族里親ならではの悩みなどを共有できるようになってよかった。

---

❷ 里親会等への参加

　養育指針では、里親会は社会的養護の仕組みの中で重要な役割を持つことから、すべて

の里親に里親会の活動に参加することを求めている。また、同じようにすべてのファミリーホームにも里親会やファミリーホームの協議会に参加することを求めている。

　日々の暮らしの中で起こる里親・ファミリーホームの養育者としての悩み等は、時に社会的養護に携わる養育者の立場でしか共有できない、あるいは理解されにくいこともある。したがって、同じ立場で話すことができる里親会や当事者のネットワークを活用することは大切である。

> **Episode**
>
> *里親会に参加するたびに、他の里親からアドバイスをもらったり、ちょっとしたことで声をかけてもらったりして、その言葉はとてもありがたかった。自分自身の気がついていなかった子どもの成長に気づいて「成長したね」と言ってくれた時は、うれしくて涙が出そうになった。*

　しかし一方で、他の養育者の体験談やアドバイスが、自己の養育に有効でない場合もある。このことに留意しながら、養育者同士による活動を活かすことが必要である。また、里親サロンなどでは、子どもの状況が具体的に語られることが少なくない。このような活動の前提として、語られた内容を活動の終了後どう扱うかを確認しておくことも必要である。

❸ 市町村の子育て支援事業の活用

　養育指針では、里親・ファミリーホームの養育者は保護者として地域で生活していることを理解し、市町村の子育て支援が必要であることを養育者自身や関係機関が受け止め、積極的に活用することが求めている。

　里親・ファミリーホームの養育のサポートとして、生活が根ざしている身近な市町村の地域子育て支援につながることや利用できるサービスを活用していくことは有効である。また、単にサポートを受ける立場としてだけでなく、自らが地域子育て支援の活動等において力量を発揮し、支援する側として活躍するということも考えられる。

　里親・ファミリーホームのレスパイト・ケアとしては、保育所や放課後児童クラブの活用やショートステイの利用などがあるが、これらと併せて市町村の子育て支援事業を活用することにより周囲の支援や協力を受けることが養育者の安定につながることを理解しておくことが大切である。

Episode

　児童相談所から勧められて近所の子育て広場に参加した。周りの親よりも年齢が10歳以上も離れていたが、「〇〇ちゃんのお母さん」という感じで気軽に声をかけてもらい、若い親ともつながりができて楽しい。子育てのことは、ここでつながったママ友に相談することが多く、児童相談所に相談することは少なくなった。

　このように市町村の子育て支援事業を活用していくことは、里親・ファミリーホームにとって有効な手段のひとつであるが、委託されている子どもの養育上の困難の内容によっては、地域子育て支援機関よりも、里親支援機関や支援担当者、児童相談所等に伝える方が適切な内容もあることを意識化しておくことも必要である。

❹ 関係機関・支援者との養育チーム作り

　養育指針では、里親・ファミリーホームにおける養育は、家庭の中で行うが、決して自己完結型では行うことができないため関係機関との連携・協働が不可欠であるとして、関係機関・支援者との養育チーム作りを求めている。

　里親・ファミリーホームの養育者は、子どもの社会的養護の担い手、そして日々の養育者として、養育の「応援団」を確保していくことで社会的養護は成り立つということを常に意識して、関係機関から支援を受け、随時状況を報告・相談しながら養育を進めていくことが求められる。

　とりわけ養育が難しいと感じる子どもについて、専門的な助言や診断、治療的ケアの必要性の検討等、関係機関の見解が必要な場合は、積極的に助言や連携を求めていくことが必要である。

（石田慎二）

▶参考・引用文献
伊藤嘉余子・福田公教編著（2020）『子どもを支える家庭養護のための里親ソーシャルワーク』ミネルヴァ書房
養子と里親を考える会（2016）『里親支援ガイドブック——里親支援専門相談員等のソーシャルワーク』エピック

家庭養護における
子どもの権利擁護

1. 子どもの権利擁護と養育

❶ 子どもの権利擁護の担い手としての里親

　虐待などさまざまな理由で親と暮らせない子どもを保護し、育てていく社会的養護の取り組みは、子どもの権利を保障する重要な役割を担っている。里親・ファミリーホーム養育指針ハンドブック（2013）にも、「子どもの権利擁護の担い手としての里親」と記載されており、子どもの権利の理解にとどまらず、権利擁護の担い手というアイデンティティを持って公的養育を担うことが期待されている。

　まずは権利についての理解から始めたい。そもそも権利とは、人が尊厳を持って人間らしく生きていくために、生まれながらにして持っている。したがって義務を果たすから権利が与えられるわけではない。また「子どもの権利を教えると子どもがわがままになる」と言う人もいる。しかし、権利を教えるということは、子どもだけでなく大人にも権利があることを知り、相互に尊重しあう関係を構築することにつながる。「権利」という言葉から「わがまま」を想起する人もいるかもしれない。しかし、英語のHuman rights（人権）には、本来はRights（正しい）という意味が含まれている。人の尊厳を守るために「正しい」ことを示しているのが権利である。人権の歴史を紐解けば、フランス革命（1789年）以降、支配者の抑圧に対し、社会的弱者が尊厳を取り戻すために人権を勝ち取ってきたという背景がある。まずは大人中心の権利保障から始まったが、子どもの権利については十分に議論されないことから、子ども固有の権利保障が模索された。したがって子どもについては歴史が浅く、国際的には「ジュネーブ宣言」（1924年）、「児童の権利に関する宣言」（1959年）が出され、そして法的に拘束力のある「児童の権利に関する条約」（以下、子どもの権利条約）がようやく採択（1989年）された。しかし子どもの権利条約が批准されても、その理念が普及されずに子どもは未だに軽視され、家庭や教育機関で虐待を受けたり、貧困にあえいだりする子どもたちが増加している。したがって、このような子どもたちを養護し、ともに生きる里親は、まさに権利擁護者でなくてはならない。本章ではこれまで里親のみなさんが行っていることを権利の視点でとらえ直し、意識して行ってもらうためのヒントになるようにしたいと考える。

　さて、子どもの権利条約は前文と54条で構成されている。この条約について、ユニセフは大きく分けて、「生きる権利」「育つ権利」「守られる権利」「参加する権利」の4つに分類している。

　「生きる権利」[◆1]は、健康に留意され、防げる病気などで命をうばわれないこと・病気

や怪我をしたら治療を受けられることを意味しており、ただ「生きる」のではなく人間らしく生きていくための生活水準が守られることである。「育つ権利」とは、自分の名前や国籍を持ち、親や家族と一緒に生活することができること・教育を受け、休んだり遊んだりできること・考えや信じることの自由が守られ、自分らしく育つことができることを意味している。注意が必要なのは、子どもが教育を受けるのは義務ではなく、権利だという点である。保護者に教育を受けさせる義務があるという意味だからである。そして子どもは遊ぶ権利や休む権利もあることも忘れないでほしい。

　次に、「守られる」権利である。あらゆる種類の虐待や放任、搾取、有害労働などから守られること・障がいのある子どもや少数民族の子どもなどは特に守られること・戦争から守られ、犠牲になった子どもの心や身体が守られることが規定されている。虐待などから救済された子どもたちは守られるために、里親家庭に委託されている。

　さらに、この権利条約の特徴は子どもを保護の対象とするのではなく、子どもを「能動的な権利行使主体」と位置づけたことだ。その特徴が「参加する権利」である。

　これは、自由に意見を表したり、集まってグループをつくったり、自由な活動を行ったりできること・プライバシーや名誉がきちんと守られること・成長に必要となる情報が提供され、子どもにとってよくない情報から守られることが含まれる。そして子どもたちの参加があってこそ、「子どもにとっての最善の利益」は図られることを権利条約はうたっているのである。

Episode

　ある里親さん：うちは子どもの権利が分かるポスターを貼って自然とみんなが権利を理解できるようにしています。親を知る権利、国籍を持つ権利、プライバシーを守られる権利・遊ぶ権利・休む権利などが書かれています。ときどき、ポスターを指差しながら「子どもだから黙ってなさいってことはないんだよ」「意見を伝える権利があるし、大人は一生懸命聴かないといけないんだ。ぜひ思いを聴かせてね」と伝えています。自分の権利を知ったことで、話してもいいと感じてくれたようで、いろいろなことを話してくれるようになりました。

---

❷ 子どもの権利と児童福祉法

　日本が子どもの権利条約を批准したのは1994（平成6）年。批准から20年以上経った2016（平成28）年の改正児童福祉法第1条に「児童の権利に関する条約の精神にのっとり」という文言があり、第2条では子どもの「意見が尊重され、その最善の利益が優先して考慮され」るとも規定された。すなわち、児童福祉法はこれまでの保護的子ども観ではなく、

これまで述べたように「能動的な権利行使主体」としての子ども観へと転換したことを意味する。子どもが権利を使っていく参加権を含む能動的な存在ということだ。

　また改正児童福祉法は子どもの権利保障のために、家庭養育や養子縁組の推進を盛り込んでいる。このような権利保障という観点のうえに、「里親が行う養育に関する最低基準」や「里親及びファミリーホーム養育指針」「里親ハンドブック」の存在がある。ハンドブックなどを手に取りやすいところに置いて、その理念や実践方法を時々思い出すことが必要である。

2. 被措置児童等虐待の防止

❶ 被措置児童等虐待の実態

　権利擁護者としての里親であるはずが、逆に人権を剥奪し、死に至らしめてしまった事件が起こった。2010（平成22）年、東京都の自宅で委託児童（3歳）の頭や顔を複数回殴り、耳や髪の毛を引っ張るなどの暴行を加え、翌日、急性脳腫脹で死亡したという事件である。この事件を機に里親を取り巻く支援体制は変わり始めているものの、里親・ファミリーホームでの虐待は、厚生労働省が統計を取り始めた2009年〜2018年までに、年間6件〜13件が認定されている。2018（平成30）年には13件と最高値となっている。事実認定された虐待の内容を資料9-1◆2で記載する。

　この虐待認定も虐待を客観的に「認定」した数で、虐待を訴えた側の主張の70％以上◆3が、「虐待の事実が認められなかった」・「虐待の事実の判断に至らなかった」と判断されている。なぜ認められないのかという点については調査を行った厚生労働省のワーキンググループも明言しておらず、さらなる検証が求められる◆4。虐待は密室で起こるために事実を認定することは難しいことが背景として考えられる。

　虐待の事実が客観的には認められなくとも、その子どもにとっては精神的苦痛を伴った出来事であったことには変わりない。例えば、子どもを朝起こすために布団をはぎとる行為や子どもの部屋に勝手入るなど、里親にとっては日常的な出来事であっても、委託された子どもにとっては怖い体験であることを理解しておく必要がある。

資料9-1　全国の被措置児童等虐待の例　里親・ファミリーホーム（2018年度）

<身体的虐待>
・カーテンに火をつける等の行動をとった児童を叱る際に叩いた。
・注意に反発した児童の顔を殴った。
・継続的に児童を叩いていた。
・遊んでもらうことを待てなかった児童の「馬鹿」という発言に対し、感情的になって空き缶を投げた。
・傘を壊して帰ってきた児童が何度聞いても理由を言わないことに腹を立て、傘の柄で児童の頭や顔を叩いた。
・家の手伝いをしない等の理由で、児童を平手で叩いた。
・注意に反発して左腰付近を蹴った児童に対し、拳で顎を殴打した。
・里母が、児童と里父との性的な関係を疑い、児童の髪を引っ張って突き飛ばした。
・児童の喫煙を巡り、里親が児童の胸ぐらを摑んで3、4発平手打ちをした。
・児童の額、股など身体に複数の痣が何度も確認された。
<心理的虐待>
・ファミリーホームの同居人が児童に対し、「大人に対して偉そうにしません。偉そうにしたら3日間ゲーム禁止。」などと記載したボードを首にかけて生活させていた。
<性的虐待>
・里親家庭にボランティアとして関わっていた男性が、スマートフォンでわいせつな動画を児童に見せた。
・ファミリーホームの同居人が、車中で自身の性器を着衣の上から児童に触らせたり、ホームの一室で児童の性器に触れる等の行為を行った。

▶▶▶実践上のヒント

　委託児童の声から：「実親のことや里親家庭にいる理由を、里親が初めて会った人に伝えていたのがいやだった」「きれい好きな里親がカバンの中を勝手に整理したのがいやだった」「着替え中だったのでノックぐらいしてほしかった」。

　まずは、プライバシーに配慮し、実施する理由を丁寧に説明し、同意を得る必要がある。

　虐待されたと訴えることのできる子どもは氷山の一角である。過去の通告件数を見ても、子どもからの通告は3割程度で推移している。通告することにより里親家庭から余計にひどい虐待を受けるのではないか、お世話になっているからこそ言いづらいといった委託児童だからこそ助けを求めることが難しい心理も理解しておく必要がある。

Episode

　ある里親さん：「自分は虐待なんかしていない」と思っていても、子どもからは虐待だと思い苦しんでいるかもしれない。自分の養育を過信せず、子どもが言いにくいと感じていないか、また同居人やボランティア、子ども同士で虐待行為が行われていないか気にかけています。里親サロンにできるだけ出掛けて、養育で困っていること、イライラした気持ちを話すようにしています。他の里親が共感してくれるので話しやすいです。

❷ 被措置児童等虐待の法的根拠

　児童虐待の定義と同じように、身体的虐待、性的虐待、心理的虐待、ネグレクトが里親家庭でも禁止されている（資料9-2）。これに加えて里親には、「施設職員等は、被措置児童等虐待その他被措置児童等の心身に有害な影響を及ぼす行為をしてはならない」という規定があり、心身に有害な影響を及ぼす行為も禁じられている。虐待の認定がなされた場合、里親登録ができなくなる。

資料9-2　児童福祉法33条10

一　被措置児童等の身体に外傷が生じ、又は生じるおそれのある暴行を加えること。
二　被措置児童等にわいせつな行為をすること又は被措置児童等をしてわいせつな行為をさせること。
三　被措置児童等の心身の正常な発達を妨げるような著しい減食又は長時間の放置、同居人若しくは生活を共にする他の児童による前二号又は次号に掲げる行為の放置その他の施設職員等としての養育又は業務を著しく怠ること。
四　被措置児童等に対する著しい暴言又は著しく拒絶的な対応その他の被措置児童等に著しい心理的外傷を与える言動を行うこと

　2020（令和2）年施行の改正児童福祉法及び改正児童虐待の防止等に関する法律において、体罰禁止が明記された。「何度言ってもきかない」や「しつけだから」といった理由であっても体罰は認められていないことを理解する必要がある。

❸ 被措置児童等予防／早期発見／早期対応／回復支援

　被措置児童等虐待事例の分析（被措置児童等虐待事例の分析に関するワーキンググループ2016）では、① 一次予防（発生予防）、②二次予防（早期発見・対応）、③三次予防（回復支援）といった観点でまとめられている。こちらを参考に何をすべきか考えていきたい。

① 発生予防

　委託児童は家庭での虐待による影響や愛着形成が不安定であることから、自己肯定感が低く、人への信頼感を持ちにくい。そのため、力での支配服従関係に陥りやすいなどの不安定な対人関係の問題を有していることが少なくない。加えて、トラウマ体験のフラッシュバックなどによるパニックや興奮、暴力などの問題や、感情や行動のコントロールの悪さを有し、トラウマ体験と関連した被害や加害を繰り返す傾向がある。また、発達障害などを有している子どもは、障害特性によりパニックなどの行動上の問題を示すことがある。このような子どもの背景を理解しておかなければ、虐待になりかねない。

　また里親家庭においては、里親の家族関係や就労状況、里親の特性（高齢）に対して負担の多い委託（3人の幼児の委託）などの課題により虐待が起こっているため、負担をあらかじめ見直す必要がある。併せて、里親に体罰はやむをえないという養育観があるとすれ

ば、養育方法に関する研修や里親サロンへの参加により、体罰によらない養育観を身につける必要がある。「何度言ってもきかないから」といって感情的な行動で叩くのではなく、怒りを鎮めるためにアンガー（怒りの）コントロールが求められる。

> **Episode**
>
> 　ある里親さん：子どもの行動にイライラしたら、「アンガーコントロール」として水を飲む、トイレに行く、怒りが静まるとされる6秒を口に出して数えるなどをしています。カッとなってしまうときは、とにかく子どもと離れて落ち着くと、冷静に話し合うことができます。子どもを別の部屋に移動させ落ち着かせる「タイムアウト」も有効ですが、私は自分自身がまずは落ち着きたいと思っています。イライラが収まらないときは、里親仲間に電話しています。助け合う仲間がいることは本当に良かったです。

② 早期発見・対応

　外部に訴えることができる仕組み、例えば担当児童福祉司への連絡ルートや救済の具体的な対応、第三者委員への連絡先を、子どもに見える場所に貼っておくなどして伝える必要がある。里親から見れば虐待ではないと思うことでも、子どもにとっては虐待と感じているかもしれない。外部の連絡先を子どもに伝えることによって措置解除になる可能性は否定できず、子どもに伝えることは負担があろう。本来は外部への連絡先は児童福祉司から伝えるのが適切だが、子どもの権利擁護者としての里親として、外部への連絡を阻止しないことが求められる。そのことは、里親もひとりで抱え込まない社会的な養育環境づくりにもつながる。

> **Episode**
>
> 　うちのファミリーホームでは、第三者的な立場から苦情の解決や相談にのる人に訪問してもらっています。うちに来てくださると、子どもたちも第三者委員の顔や名前を覚えられますし、いざというときに子どもたちが直接会って話ができる関係をつくっておくことができます。また、第三者委員は子どもたちの日頃の様子を知っているので、養育者や補助者の悩みを聞いてもらうことができ、抱え込む養育にならないで済んでいます。◆5

③ 回復支援

　社会的養護を必要とする子どもは、すでに保護者からの分離を経験しており、その理由が家庭内の虐待である場合も多い状況の中で、保護されるべき委託先での被措置児童等虐

待を体験することは、複合的なトラウマとなるリスクをさらに高めるものである。相談支援者や里親は、このことを強く意識するとともに、一刻も早く回復のための支援を行い、その支援スキルを高めることが重要である。里親や同居人として、虐待を発見できなくて申し訳なかったという謝罪が必要であり、子どもたちが安心・安全に暮らせる住まいの確保・トラウマ治療など手厚いケアが必要となる。周囲の子どもたちも同様の被害を受けている場合があるため、聞き取りやアフターフォローも必要である。

　一時的な支援だけではなく、刑事告訴の支援、子ども自身が被害を訴えたことにより報復を恐れるケースもあるため継続的に見ていくケースもある。

　また虐待が起こった背景には、里親家庭を支える環境にも課題があったケースが少なくない。再発防止のために事例を検証し、里親への相談支援の強化やレスパイト活用の勧奨、里親への子どもの権利研修会の開催などの対策を講じる必要がある。

3. 権利主体としての子どもの参画・意見表明

❶ 子どもの権利ノート

　これまで述べたように子どもは権利を使う主体である。したがって、子ども自身が権利を知らなければ使えない。だからこそ、子どもの権利について十分な理解が必要である。そこで社会的養護で活用される「子どもの権利ノート」をしっかり説明する必要がある。子どもの権利ノートはよく知られているように、全国の児童養護施設や里親家庭など社会的養護下で生活する子どもを対象に配付されている小冊子である。社会的養護機関への措置時、措置後定期的に、このノートに基づいて子どもの権利について説明を受ける。子どもの権利ノートには、守られるべき子どもの権利があること、意見を表明する権利があること、家から持ってきてもいい物など生活において保障される権利が記載されている。併せて、権利侵害を受けたときの相談先や電話番号が書かれている。無料で投函できるハガキが添付されているノートも少なくなく、子どもがSOSを出せるように工夫してある。

　子どもの権利ノートは、1995（平成7）年に大阪府において初めて作成され全国に広がった。当初は施設入所児のみだったが、里親委託児や乳幼児等対象が拡大され、多様な権利ノートが作成されている。

> **Episode**
>
> 　ある里親さん：うちでは子どもが委託されるときに、最初に自作の「ウェルカムブック」を渡しています。家の写真や同居人たちの写真、委託児童へのメッセージを手書きで書いています。子どもの権利ノートについても「児童福祉司さんから聞いたかな？」と尋ね、もし知らないという場合には、子どもに合わせた言葉で説明をします。もちろんハガキを投函したらどうなるのかも説明します。子どもにとって、委託された直後は不安な時期。だからこそ、受け入れてもらっているという安心感と家族外からも見守られているってことを知らせるためために、子どもの権利を伝えています。

❷ 子どもの意見表明権とは

　前述のように、2016（平成28）年に改正された児童福祉法に、ようやく子どもの「権利」が盛り込まれ、子どもの「意見が尊重され」るという文言も規定された。児童福祉法が改正されたことによって、児童相談所・里親家庭・フォスタリング機関・政策決定の場などでより「子ども自身の声」を考慮する必要性がでてきている。

　子どもの権利条約の子ども意見表明権（12条）では、第1項で子どもが自由に意見を述べる権利を規定している。第2項では、子どもに関係することすべてに聴取する機会を規定している。日本では意見表明権といわれるが、英語では「聴かれる権利」（The right to be heard）である。子どもが子どもに関することは聴取し、その声を大人側が「考慮」するという応答義務を表している。

> **Episode**
>
> 　ある委託児童の声：児童福祉司はニコニコして悪い人ではなかったですけど、私と話をするのではなく、里親さんとばかり話をしていました。里親さんから、自分が家に帰る方向で話が進んでるって聞いてびっくり。児童福祉司に「話をしたい」って言いました。私は「家に帰りたくない」と伝え、「私のことなんだから私とも話をしてほしい」って言いました。すると、児童福祉司は謝ってくれて、それからは私の話も聴いてくれるようになりました。家に帰るってことは変わらなかったんだけど、私の気持ちも分かってくれて、親が変わってくれるように頑張ってくれたし、何かあったらまた連絡していいって分かって安心しました。

❸ 私たちのことを私たち抜きに決めないで

　障害者運動のスローガンとして、「私たち抜きに私たちのことを決めないで」（Nothing

about us without us）という言葉がある。保護の対象と見られ、自己決定の機会を奪われてきた当事者たちがこのスローガンのもとにたたかってきた。アメリカやイギリスの社会的養護においてもこの言葉を使う場面をよく目にする。

　日本のこれからの社会的養護では、子ども自身が利用者であり当事者であることを意識し、一時保護〜措置委託、そして里親委託後〜解除、アフターケアに至るすべての過程で、子どもへの丁寧な説明と意向の聴取が不可欠である。さらに委託児童にとってよりよい制度とするために、当事者／里親家庭経験者が政策決定の場に複数参画することは当然求められることである。

❹ 聴かれる権利の5つのステップ

　意見を聴かれる子どもの権利の一般的意見（国連子どもの権利員会）において、この権利を実現するための「5つの段階的措置」を規定している。「準備⇒聴聞⇒子どもの力の評価⇒フィードバック⇒苦情申立」というステップである。まず、子どもの権利を子どもが知ることや話される内容を理解するといった「(a) 準備」のあと、子どもにやさしい聴取方法（話しやすい場所で、オープンクエスチョンや対話方式）による「(b) 聴聞」をし、年齢及び成熟度によって重視する度合いを考える「(c) 子どもの力の評価」を行う。そして「(d) 子どもの意見がどの程度重視されたかに関する情報（フィードバック）」を提供し、そのフィードバックに不服のある子どもは「(e) 苦情申立て、救済措置および是正措置」を採るのである。

　障害がある、乳幼児であるということに限らず、すべての子どもはまず聴かれ、その後どのように反映させるかを一緒に考える姿勢が求められる。単なる意見聴取に終始するわけではなく、どれだけ子どもに準備を行っているか、フィードバックをしっかりしているか、苦情解決の方法を伝えているかが鍵になってくる。

Episode

　ある里親さん：私は子どもが意見を言ってくれたときにはまず、「話してくれてありがとう」と伝えます。すぐに反論したり、それは無理っていうと、もう子どもたちは言ってもムダだって思うみたいです。そして、何か伝えてくれたことに対して、「考えておくね」で終わらずに、○○はできるけど、○○はできないんだ、それはこういう理由なんだと丁寧に説明しています。子どもの聴かれる権利は子どもの言うとおりにすることではなく、子どもと一緒に考えることだからです。

4. 児童福祉審議会

　児童福祉審議会とは、児童福祉法に基づき、子どもや妊産婦らの福祉について調査、審議する地方公共団体の付属機関である。都道府県知事又は関係行政機関に意見を述べることもできる。都道府県、政令市などに設置義務がある◆6。

　児童相談所長の支援の方針と子どもや保護者の意向が一致しない場合、家庭裁判所に審判を求める場合の事前手続きについて、被措置児童等虐待、死亡事例検証、里親認定、児童福祉事業の停止や施設の閉鎖を命ずる場合、児童福祉施設の認可など、調査及び審議の内容は多岐にわたる。委員は行政職員ではなく、学識経験者や弁護士など、専門知識を持ち公正中立な立場で判断できる者が選出されることになっている。

　例えば「ずっと里親さんのところで暮らしたいのに家に帰ることになった」「児童相談所の担当福祉司とうまくいかない」といった児童相談所に対する不満についても苦情を申し立てることができる。

　児童福祉審議会について仕組みが理解されていないため、児童福祉審議会に子どもから連絡があった自治体はまだ少ないのが実態である◆7。

5. 権利擁護を推進するための今後の取り組み

❶「アドボケイト」の必要性と政策

　このように児童福祉審議会という仕組みはあっても、あまり活用されていない。したがって広報を行うことに加えて、子どもの意見や苦情がしっかり聴かれるように第三者の立場からサポートする「アドボケイト」制度の仕組みが検討されている。

　図9-1のように、児童相談所や里親も子どもの話を聴くが、もし児童相談所や里親に対して不満がある場合、代弁者としてサポートするのがアドボケイトだ。

　2017（平成29）年に出された「新しい社会的養育ビジョン」（厚生労働省新たな社会的養育の在り方に関する検討会）では3つのアドボカシーの形態が提示された（図9-2）。

　1つめは、「児童福祉審議会等への申立について」である。これまで述べたように、児童相談所の決定に関して、児童福祉審議会が子ども本人、アドボケイト等から申請を受け

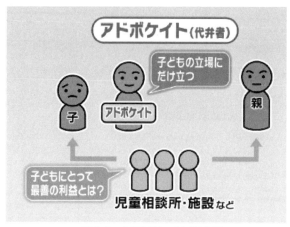

図9-1　アドボケイト概念図

出所：NHK　ハートネットTV　2019年5月14日を参考に加筆。

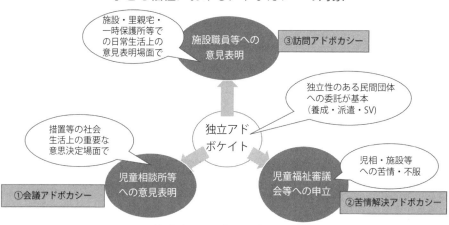

図9-2　新ビジョンの「アドボケイト」3種類

て子どもの権利が擁護されているかの審査を行うというものである。正式には「意見表明支援員」という名称になっている。2つめは、「施設訪問アドボカシー」についてである。社会的養護を受けている子どもを対象に定期的に意見を傾聴し、意見表明支援や代弁を行う（➡コラム「訪問アドボケイトの取り組み」参照）。

　3つめは「児童相談所等での子どもの参加権の保障」である。意思決定の場面に、委託児童が入る際、子ども側の参加支援をする。今後、当事者参画が進んでいくときに諸外国のようにケース会議などに子どもが入る際、専門用語が分からない、子どもがいるのに大人のペースで進んでいくということを防ぐ目的で配置される可能性がある。

　都道府県社会的養育推進計画においては「当事者である子どもの権利擁護の取組（意見聴取・アドボカシー）」が2番目の項目に入っており、今後「アドボケイト」の活用が望まれ

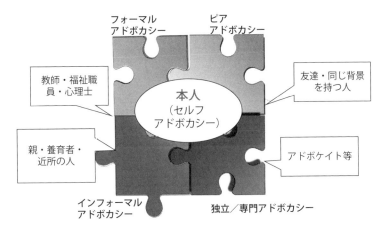

図9-3　アドボカシージグソー
出所：WAG（2009）*A Guide to the Model for Delivering Advocacy Services for Children and Young People*, WAG.を改変。

る。アドボケイトについては、改正児童福祉法の附則に盛り込まれたことを契機に2019年度〜2021年度にかけて厚生労働省のワーキンググループで検討されている。

❷ そもそもアドボカシーとは？──里親も「アドボケイト」であるということ

　里親・児童相談所職員が、子どもの権利擁護者であり代弁者であることは変わらない。すなわち、図9-3で示されている「ジグソー」のように子どものまわりにいる人がみんな「アドボケイト」であり、どうしても誰も聴いてくれないときに独立型のアドボケイトが必要になるということが理想となるだろう。

　さて、そもそもアドボカシー・アドボケイトとはなんだろう。　英語の"advocacy"とはラテン語の"voco"に由来している。"voco"とは、英語で"to call"のことであり、「声を上げる」という意味である。つまり、アドボカシーとは権利を侵害されている当事者のために声を上げること、すなわち「主張（唱道、弁護、支持）する」ことである。子どものアドボカシーの定義で分かりやすいものとしてイングランド政府の定義（2002）を掲載する。「アドボカシーとは子どものために声を上げることである。アドボカシーとは子どもをエンパワーすることである。そのことによって子どもの権利が尊重され子どもの意見と願いがいつでも聞いてもらえるようにするのである。アドボカシーとは子どもの意見、願い、ニーズを意思決定者に対して代弁することである。そして彼らが組織を運営するのを助ける」。すなわち、子どものために「声を上げること」、子どもを「エンパワーすること」という2つの行動によって、「子どもの権利が尊重され子どもの意見と願いがいつでも聴いてもらえるようにする」のである。

　子どもの権利・声は無視されやすい。大人だけで決定するのではなく、子どもの声にならない声にも耳を傾け、子どもの思いを反映させる「アドボカシー」役割が里親・関係者

に求められる。

> **Episode**
>
> 　ある里親さん：幼児さんの部屋に入るときに「ノック」をする、「入っていい」と声をかけています。大切にされる経験は、子どもたちの自尊心向上にもつながるからです。それから、1つの選択肢だけではなく「○と△どっちがいい？」と2つ以上の選択肢を聴いて、表情を見ます。子どもの好きなものを知るきっかけになるし、本人も自分の思いを表現する力が育ってきているように感じます。

❸ 独立型の「アドボケイト」

　既存の専門職に話を聴いてもらえることが求められるが、聴いてもらえないとき、権利侵害を受けているとき、子どもたちが独立した第三者を代弁者として活用できる仕組みの必要性が言われている。イメージとしては、次の図9-4のような形だ。里親・施設・児童相談所・学校とは別の、子どもの側に立つ「弁護士」のようなイメージである。

　カナダやイギリスでは、専門職など既存の機関に対する苦情を申し立てるとき、意見を表明する際に、既存機関からは「独立」したアドボケイトが制度化されている。例えば、

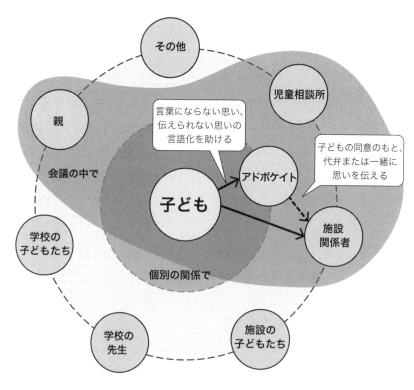

図9-4　アドボケイトと他職種との関係

イギリスの子どもアドボカシーサービスは、施設及び里親家庭で生活する子どもへの虐待事件が契機となり、2002（平成14）年よりすべての自治体に設置されている。苦情解決や子どもの支援方法を決める会議の場などで、子どもの側に立って、子どもの意見表明の支援を行っている。特徴は子ども主導と守秘だ。子どもが話したいことを話し、どのように伝えるかも子どもの思いに沿う。また子どもが言いたくない場合には命の危険がない限り他の専門職には伝えない。このことは、子どもが安心して話すために大事なポイントである。

❹ 具体例）児童福祉審議会のアドボケイト

　厚生労働省の委託で行われている児童福祉審議会のアドボケイト研究では、図9-5の手順◆8で支援がなされることとされている。

　まず、図9-5の①にあるように子どもの権利ノートのハガキや電話にて、苦情を伝え、アドボケイトを呼ぶ。② アドボケイトが子どもの苦情を聴き、どのように伝えるか子どもと作戦を立てる。③ 子どもの権利擁護調査員が中立的に子ども・児童相談所や里親などを調査し、児童福祉審議会の子どもの権利擁護部会（新設）にて審議が行われる。子どもが参加することも可能だ。そして、審議の結果次第で、例えば児童相談所の決定を修正するよう依頼することができる。④ 話し合いの結果を子どもに報告し、不服があればも

図9-5　児童福祉審議会の新しい仕組み

う一度審査ができる仕組みだ。

　そもそも児童福祉審議会の委員は、児童相談所関係者で構成されることが多いため本当に外部機関なのかという点、多忙な委員であるため機動性に欠けるという点で批判が出されているのは確かだ。

　したがって、できるだけ中立的な委員や調査員を置くこと、またアドボケイトも外部の子どもの権利について専門性を持ったNPOからの派遣にする、児童福祉審議会の中に児童相談所長経験者等を入れない権利擁護部会をつくるといった工夫が求められている。

　他にも子ども自身が相談しにくい場合があるため、訪問型のアドボカシー制度も検討されている（➡コラム「訪問アドボケイトの取り組み」参照）。

❺ 当事者参画──ケース会議・ソーシャルワーカーの面接

　諸外国では委託児童自身が援助方針のケース会議に参加している国が少なくない。しかし、形式的に子どもが「いる」だけになることもあり、イギリスでは会議や苦情解決などの場で、子どもの側だけに立って子どもの参画を支援する、独立アドボケイトをつけることができる。

　併せて、イギリスではソーシャルワーカー、コミッショナー（オンブズマン）、アドボケイトの採用面接に子ども自身が面接官のひとりとなることが一般的である。イギリスでも子ども参加には課題があるが、日本には子どもが面接官をするという発想がこれから始まることを期待したい。

　日本政府は子どもの意見表明権の保障について、国連子どもの権利委員会から指摘を受けている。2010（平成22）年、「児童相談所を含む児童福祉サービスが子どもの意見をほとんど重視していないこと」（para43）ことを懸念され、2019（令和元）年の審査でも「代替的養育」など「自己に関わるあらゆる事柄について自由に意見を表明する子どもの権利が尊重されていないことを依然として深刻に懸念する」として、「緊急の措置」（para4）で勧告されている。

　あらゆるケースの過程、政策、生活の場でも子ども抜きに決めていないか、自問自答する習慣、子ども参画の文化をはぐくむことがこれからの社会的養護に必要なことである。

　むろん、このことは委託児童だけではなく、実子にもいえることである。実子の参画について同様に推進することが求められる。

Episode

　ある里親さん：委託されている子どもが「私のことなんだから、私が参加できないのはおかしい」と言ったことをきっかけに、子どもも児童相談所で行われている話し合い

に入ることになりました。今まで聞けなかった父親のことを知りたかったそうです。児童相談所は当初「親のことはまだ話せないから」と消極的でしたが、親を知る権利や聴かれる権利について私から話し説得しました。日が近づくにつれ、委託児童は大人ばかりの会議では緊張すると言ったので、会議で話すための手紙をいっしょに書きました。当日、手紙を子どもが読み上げたことで、担当児童福祉司は「話してくれてありがとう」と言い、所内で検討したうえで父親について伝えていくことになりました。

（栄留里美）

▶注────────────────────────────

1　名取弘文編（1996）『こどものけんり――「子どもの権利条約」こども語訳』雲母書房・認定NPO法人国際子ども権利センター（http://www.c-rights.org/right/）を参考に記載。
2　厚生労働省「平成30年度における被措置児童等虐待への各都道府県市等の対応状況について」https://www.mhlw.go.jp/content/000605213.pdf
3　被措置児童等虐待事例の分析に関するワーキンググループ（2016）、34頁
4　このワーキンググループが述べるように、「虐待を訴えた側との大きな乖離があると言わざるを得ない」のは事実である。被措置児童等虐待事例の分析に関するワーキンググループ（2016）、34頁
5　「里親・ファミリーホームハンドブック」125頁の事例に加筆。
6　児童福祉審議会は、各都道府県の事情に応じて設置され、児童福祉審議会単独で設置されているところは4分の1以下であり、むしろ少数派である。多くが地方社会福祉審議会に児童福祉の分科会を設置している。公益社団法人子ども情報研究センター（2018）、69頁
7　対応した経験のある自治体数は、2017年度：2自治体、2018年度：3自治体、2019年度：1自治体である（三菱UFJリサーチ＆コンサルティング2020）。
8　本図は三菱UFJリサーチ＆コンサルティング（2019）、7頁より引用。

▶参考・引用文献────────────────────────

栄留里美（2015）『社会的養護児童のアドボカシー――意見表明権の保障を目指して』明石書店
公益社団法人子ども情報研究センター編（2018）「『都道府県児童福祉審議会を活用した子どもの権利擁護の仕組み』調査研究報告書』
国連子どもの権利委員会（2009）GENERAL COMMENT No. 12（2009）The right of the child to be heard（平野祐二訳（2011）「子どもの権利委員会・一般的意見12号：意見を聴かれる子どもの権利」http://www26.atwiki.jp/childrights/pages/22.html）
三菱UFJリサーチ＆コンサルティング（2019）平成30年度子ども・子育て支援推進調査研究事業「子どもの権利擁護に新たに取り組む自治体にとって参考となるガイドラインに関する調査研究報告書」https://www.mhlw.go.jp/content/11907000/000579038.pdf
三菱UFJリサーチ＆コンサルティング（2020）令和元年度子ども・子育て支援推進調査研究事業「アドボケイト制度の構築に関する調査研究　報告書」https://www.murc.jp/wp-content/uploads/2020/04/koukai_200427_7_1.pdf
名取弘文編（1996）『こどものけんり――「子どもの権利条約」こども語訳』雲母書房
認定NPO法人国際子ども権利センターホームページ　http://www.c-rights.org/right/

社会保障審議会児童部会社会的養護専門委員会被措置児童等虐待事例の分析に関するワーキンググ
ループ（2016）「被措置児童等虐待事例の分析に関する報告」https://www.mhlw.go.jp/file/06-
Seisakujouhou-11900000-Koyoukintoujidoukateikyoku/0000174951.pdf
全国里親委託等推進委員会（2013）「里親・ファミリーホーム養育指針ハンドブック」http://www.
zensato.or.jp/home/wp-content/uploads/2017/03/yoiku_handbook2013.pdf

■コラム

胎児アドボカシー
——すべての子どもが公平なスタートを切るために

　児童福祉法の総則における「全て国民は、児童が良好な環境において生まれ、かつ、社会のあらゆる分野において、児童の年齢及び発達の程度に応じて、その意見が尊重され、その最善の利益が優先して考慮され、心身ともに健やかに育成されるよう努めなければならない」(児童福祉法第2条)という規定や、子どもの権利条約の前文における「児童の権利に関する宣言において示されているとおり『児童は、身体的及び精神的に未熟であるため、その出生の前後において、適当な法的保護を含む特別な保護及び世話を必要とする。』ことに留意し、」という規定に基づき、すべての国民は、子どもが良好な環境において生まれてくるように、その出生の前後において、特別な保護や世話をすることについて努力義務が課せられていると考えて、行動すべきである。

　したがって、子どものために「声をあげる」アドボカシー活動をするうえでも、胎児についてはその対象であり、最優先すべき対象は、泣くことも声をあげることも表情で示すこともできない胎児であると筆者は考えている。

　私たち国民には、声をあげることのできない「胎児のためのアドボカシー(以下「胎児アドボカシー」という)」を行うこと、代弁することが求められているのである。

　具体的な例をあげてみると、妊娠中の母親の飲酒や喫煙の禁止についてである。

　胎児の時に、妊娠中の母親の飲酒や喫煙などによってさまざまな悪影響を受けて生まれてくる新生児が少なくないと言われている。厚生労働省のe-ヘルスネットによれば、「妊娠中の母親の飲酒は、胎児・乳児に対して低体重・顔面を中心とする奇形・脳障害などを引き起こす可能性があり、胎児性アルコール症候群と言われます。胎児性アルコール症候群には治療法はなく、また少量の飲酒でも妊娠のどの時期でも生じる可能性があることから、妊娠中の女性は完全にお酒を止めるようにしましょう。／妊娠中のお母さんが飲酒すると、生まれてくる子供さんに様々な影響を残すことがあり、胎児性アルコール症候群(FAS: Fetal Alcohol Syndrome)と呼ばれています。当初は出生時の低体重や奇形などに焦点があてられることが多かったのですが、現在ではADHDや成人後の依存症リスクなどより広い範囲での影響がみられることが分かっており、胎児性アルコール・スペクトラム

（FASD: Fetal Alcohol Spectrum Disorders）と呼ばれることもあります」と指摘している。

　また、喫煙の妊娠出産などへの影響についても、「女性の喫煙は、妊娠する能力の低下・早期破水・前置胎盤・胎盤異常・早産や妊娠期間の短縮、胎児の成長が制限されたり低出生体重の原因となります。また出生後に、乳児突然死症候群（SIDS: Sudden Infant Death Syndrome）を引き起こす可能性が指摘されています。／喫煙は、ヒトが妊娠し、胎児が成長し、出生してきて、乳幼児期から小児期そして思春期、成人へと成長し、また子孫を再生産するプロセスにおいて、さまざまな健康影響を及ぼします」と指摘している。

　国は、平成30年健康増進法を改正して、望まない受動喫煙の防止を図るため、講ずべき措置等について定めた。その基本的な考え方のひとつとして「受動喫煙による健康影響が大きい子ども、患者等に特に配慮」を打ち出し、子どもや患者等は受動喫煙による健康影響が大きいことを考慮し、こうした対象者が主として利用する施設や屋外について、受動喫煙対策を一層徹底することになったのである。

　この考え方に基づくならば、受動喫煙による健康影響が大きい胎児についての対策を講ずることはいうまでもなく必要ではないのか。こうした科学的知見や制度に基づいて、胎児に悪影響を及ぼす危険性が指摘されている内容については、声をあげることができない胎児に代わって、私たち国民が胎児の健やかな発達成長のための最善の利益を目指した胎児アドボカシーを積極的に実施することが必要なのである。

　子どもの貧困、子ども虐待、DVなど良好とは言えない環境下で育った経験のある子どもの中には、胎児の時から悪影響を受けている子どもがいる。特に社会的養護のもとで生活している子どもの中には胎児期から悪影響を受けている子どもが少なくないのである。親が望もうが望まなかろうが胎児には何の責任もない。すべての子どもが生まれてきた時には公平なスタートが切れるように良好な環境の中で胎児が育成されるように、子どものためのアドボカシー活動は、胎児アドボカシーから展開していくことが必要である。子どもの健やかな成長発達を考えれば、胎児アドボカシーは極めて重要なのである。

（相澤 仁）

訪問アドボケイトの取り組み

1．活動内容

　筆者らがNPOと協働して3年間行ってきた「施設訪問アドボカシー」について紹介する。現在は、児童養護施設、障害児施設、障害者施設各1施設で行っている。

　こうした訪問アドボカシーについては「権利擁護の仕組みが施設よりも少なく、閉鎖的になりがちな里親家庭にも必要」という声がある。「新しい社会的養育ビジョン」にも訪問アドボケイトが書かれており、里親家庭におけるアドボカシーの方法が検討されているところである。

　本活動は、イギリスの実践をモデルにしている。子ども支援の経験を持ちアドボケイト養成講座を修了した市民（NPOスタッフ）が、週に1回3時間程度施設を訪問して子どもの声を聴き、代弁や権利擁護を行う。施設とNPOは訪問アドボカシーの契約を結ぶ。　まず、遊び等を通しての「関係構築」を半年程度行ったあと、「権利啓発」として権利のスタンプラリーなどのワークショップを行い、職員等への不満などを自立支援計画づくりやお茶会を契機に「傾聴」し、改善を求める場合にはどのように伝えるかなど意見形成や意見表明をサポートしている。子どもから秘密にしてほしいということは命の危険がある場合以外は秘密にし、安心して話せるようにしている。個別のアドボカシーに加え、施設の設備や支援法についてアドボケイト自身がみて分からないことについて質問し改善を促す検討会を3か月ごとに行う。

2．事例

　イメージを理解するために、実際にあった事例をあげてみたい。

【職員の言い方に不満があって暴れる、小学校高学年のえのんさん（仮名）】
　アドボケイトが訪問した日だった。別の子どもの面談をしていたとき、えのんさんの部屋からドンドンという壁を蹴る音がした。普段はおだやかな子どもだったため、「何か言いたいことがあるかもしれない」と感じたアドボケイトは、本人に壁を蹴る理由を尋ねた。

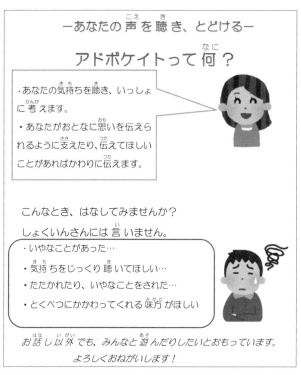

アドボケイトの説明　ポスター（子ども向け）

　職員から理不尽に怒られ部屋のテレビを没収されたとのこと。職員からの言い分もあるだろう。しかし本人から見たら「分かってくれない」という思いが壁を蹴るという行為になっていた。

　アドボケイトは本人が感じている思いに耳を傾け、思いに寄り添った。本人と話をしていくうちに、理不尽さというよりは、職員の言い方が嫌だと分かった。アドボケイトが「どう言ってもらうのがいいと思う？」と尋ね、書き出し、以下の「フレームチェンジ」をいっしょに作った。

　　《フレームチェンジ（抜粋）》
　　・「うるさい！」「静かにして！」
　　　➡「ちょっと静かにしよ〜↗」と優しい口調で言ってもらいたい。
　　・「あやまってー！」
　　　➡「どうしたの？」とまず、話を聴いてほしい。その後、「謝ろうか」と言ってもらえると「分かった」ってなる。

　えのんさんの提案で職員にこのフレームチェンジを渡し、職員会議でも配られた。職員さんの子どもの声に寄り添いたいという努力のおかげで、感情的ではない言い方を心がけ

182

てくださった。

　このようにアドボケイトは、子どもの思いに耳を傾け、本人が伝えたいことを伝えていく。第三者だからこそ冷静に話を聴くことができる。職員は新たな気付きを得て、改善しようと努力し、本人が落ち着いて生活できるようになった。これはアドボケイトの成果ではなく、職員の改善しようという努力があったからこそより良くなったケースである。

3．子ども・職員はどう感じたか？

　2年間の訪問後のインタビューでは子どもたちから「（アドボケイトは）おこらないで聴いてくれた」「自分で言えるようになった」「学校のこととか施設のことを話した」「楽しみやった」と肯定的な評価を得た。課題は「時間が足りなかった」であった。一方、職員は、多忙で「横道においていた」子どもの思いを聴こうとするようになった・子どもが話すようになった・脱走がなくなり落ち着いてきたなど、肯定的な評価があった。その一方で、子どもの話を秘密にすることや、すぐに対応することで仕事が増えることなど、あまり良く思っていない職員がいたのも事実である。すぐに理解されることではなく、事例を積み上げながら理解を得ていく必要があると感じている。

4．おわりに──里親家庭に向けて

　前述のように、里親家庭は閉鎖的になりがちなのでアドボケイトは必要という声を頂く。その一方で、家なのにそのような外部者が来ることはどうなのかという声もあるだろう。

　ただ、里親家庭も開かれた養育の一環として、アドボケイトの仕組みを導入することで、委託児童への虐待予防や、子どもの思いを知ることでより良い関係づくりにもなるのではないかと考える。

（栄留里美）

参考文献：栄留里美（2020）「児童養護施設における訪問アドボカシー実践の評価研究──子ども・施設職員へのインタビュー調査に基づく考察」『子ども家庭福祉学』（20）、53〜66頁

資　料

❶社会的養護の現状

❷里親委託等の推進

❸都道府県等における里親等委託推進に向けた個別項目ごとの取組事例

❹自立支援の充実

❺養子縁組制度等

❻統計表等

(厚生労働省子ども家庭局家庭福祉課「社会的養育の推進に向けて（令和3年5月）」より)

（厚生労働省子ども家庭局家庭福祉課「社会的養育の推進に向けて（令和3年5月）」より）

（１）里親数、施設数、児童数等

保護者のない児童、被虐待児など家庭環境上養護を必要とする児童などに対し、公的な責任として、社会的に養護を行う。対象児童は、約４万５千人。

里親	家庭における養育を里親に委託	登録里親数	委託里親数	委託児童数
		13,485世帯	4,609世帯	5,832人
区分（里親は重複登録有り）	養育里親	11,047世帯	3,627世帯	4,456人
	専門里親	716世帯	188世帯	215人
	養子縁組里親	5,053世帯	351世帯	344人
	親族里親	618世帯	576世帯	817人

ファミリーホーム	養育者の住居において家庭養護を行う（定員5〜6名）
ホーム数	417か所
委託児童数	1,660人

施設	乳児院	児童養護施設	児童心理治療施設	児童自立支援施設	母子生活支援施設	自立援助ホーム
対象児童	乳児（特に必要な場合は、幼児を含む）	保護者のない児童、虐待されている児童その他環境上養護を要する児童（特に必要な場合は、乳児を含む）	家庭環境、学校における交友関係その他の環境上の理由により社会生活への適応が困難となった児童	不良行為をなし、又はなすおそれのある児童及び家庭環境その他の環境上の理由により生活指導等を要する児童	配偶者のない女子又はこれに準ずる事情にある女子及びその者の監護すべき児童	義務教育を終了した児童であって、児童養護施設等を退所した児童等
施設数	144か所	612か所	51か所	58か所	221か所	193か所
定員	3,906人	31,494人	1,992人	3,464人	4,592世帯	1,255人
現員	2,760人	24,539人	1,370人	1,201人	3,367世帯 児童5,626人	662人
職員総数	5,226人	19,239人	1,456人	1,799人	2,075人	885人

小規模グループケア	1,936か所
地域小規模児童養護施設	456か所

※里親数、ＦＨホーム数、委託児童数、乳児院・児童養護施設・児童心理治療施設・母子生活支援施設の施設数・定員・現員は福祉行政報告例から家庭福祉課にて作成（令和2年3月末現在）
※児童自立支援施設・自立援助ホームの施設数・定員・現員、小規模グループケア、地域小規模児童養護施設のか所数は家庭福祉課調べ（令和元年10月1日現在）
※職員数（自立援助ホームを除く）は社会福祉施設等調査（令和元年10月1日現在）
※自立援助ホームの職員数は家庭福祉課調べ（令和2年3月1日現在）
※児童自立支援施設は国立2施設を含む

（２）要保護児童数の推移

過去１０年で、里親等委託児童数は約２倍、児童養護施設の入所児童数は約２割減、乳児院が約１割減となっている。

○　里親・ファミリーホームへの委託児童数

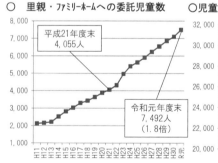

○児童養護施設の入所児童数

○　乳児院の入所児童数

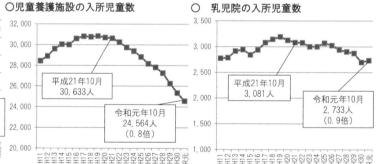

（注）児童養護施設・乳児院については各年度10月1日現在（社会福祉施設等調査、平成21年度以降は家庭福祉課調べ）
里親・ファミリーホームについては、各年度3月末日現在（福祉行政報告例）

○児童養護施設の設置数

○　乳児院の設置数

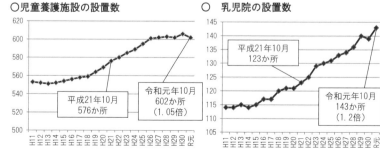

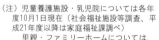

（３）虐待を受けた児童の増加

> 　児童虐待の増加等に伴い、**児童虐待防止対策の一層の強化**とともに、虐待を受けた子どもなどへの対応として、<u>社会的養護の量・質ともに拡充</u>が求められている。

○　全国の児童相談所における児童虐待に関する相談件数は、児童虐待防止法施行前の平成１１年度に比べ、令和元年度には約１６．７倍に増加。

○　里親に委託されている子どものうち約４割、乳児院に入所している子どものうち約４割、児童養護施設に入所している子どものうち約６．５割は、虐待を受けている。

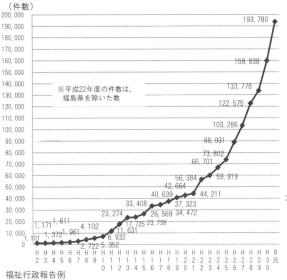

福祉行政報告例

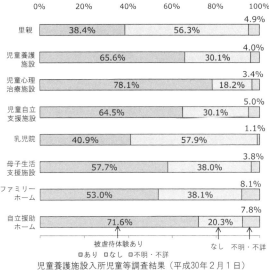

児童養護施設入所児童等調査結果（平成30年２月１日）

■あり　□なし　□不明・不詳

令和元年度　児童虐待相談対応の内訳

相談対応件数　193,780件※1

一時保護　　30,264件※2

施設入所等　5,029件※3、4

内訳

児童養護施設				乳児院				里親委託等				その他施設			
2,595件				**850件**				**735件**				**849件**			
20年度	21年度	22年度	23年度	20年度	21年度	22年度	23年度	20年度	21年度	22年度	23年度	20年度	21年度	22年度	23年度
2,563件	2,456件	2,580件	2,697件	679件	643件	728件	713件	282件	312件	389件	439件	638件	620件	739件	650件
24年度	25年度	26年度	27年度	24年度	25年度	26年度	27年度	24年度	25年度	26年度	27年度	24年度	25年度	26年度	27年度
2,597件	2,571件	2,685件	2,536件	747件	715件	785件	753件	429件	390件	537件	464件	723件	789件	778件	817件
28年度	29年度	30年度		28年度	29年度	30年度		28年度	29年度	30年度		28年度	29年度	30年度	
2,651件	2,396件	2,441県		773件	800件	736件		568件	593件	651件		853件	790件	813件	

※平成22年度の相談対応件数、一時保護件数及び施設入所等件数は
　東日本大震災の影響により、福島県を除いて集計した数値。

※１　児童相談所が児童虐待相談として対応した件数（延べ件数）
※２　児童虐待を要因として一時保護したが、令和元年度中に一時保護を解除した件数（延べ件数）
※３　児童虐待を要因として、令和元年度中に施設入所等の措置がなされた件数（延べ件数）
※４　令和元年度　児童虐待以外も含む施設入所等件数　10,672件
【出典：福祉行政報告例】

（４）障害等のある児童の増加

社会的養護を必要とする児童においては、全体的に**障害等のある児童が増加**しており、里親においては２４．９％、児童養護施設においては３６．７％が、障害等ありとなっている。

○社会的養護を必要とする児童のうち、障害等のある児童の割合

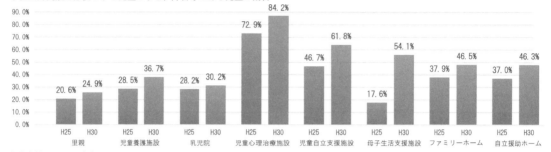

H25 / H30
- 里親: 20.6% / 24.9%
- 児童養護施設: 28.5% / 36.7%
- 乳児院: 28.2% / 30.2%
- 児童心理治療施設: 72.9% / 84.2%
- 児童自立支援施設: 46.7% / 61.8%
- 母子生活支援施設: 17.6% / 54.1%
- ファミリーホーム: 37.9% / 46.5%
- 自立援助ホーム: 37.0% / 46.3%

○障害等のある児童数（里親・児童養護施設・乳児院・児童心理治療施設・児童自立支援施設・母子生活支援施設・ファミリーホーム・自立援助ホームの総数）

	総数	該当あり	身体虚弱	肢体不自由	重度心身障害	視聴覚障害	視覚障害	聴覚障害	言語障害	知的障害	てんかん	外傷後ストレス障害(PTSD)	反応性愛着障害	注意欠陥多動性障害(ADHD)	学習障害(LD)	広汎性発達障害(自閉症スペクトラム)	チック	吃音症	発達性強調運動障害	高次脳機能障害	その他の障害等	LGBT
H30	45,551	17,961	881	208	46		247	142	360	5,144	467	599	2,494	3,914	758	4,235	454	240	207	44	2,568	51
	100.0%	39.4%	1.9%	0.5%	0.1%		0.5%	0.3%	0.8%	11.3%	1.0%	1.3%	5.5%	8.6%	1.7%	9.3%	1.0%	0.5%	0.5%	0.1%	5.6%	0.1%
H25	47,776	13,569	1,357	250		386			504	5,043	563			2,242	551	2,764					4,002	
	100.0%	28.4%	2.8%	0.5%		0.8%			1.1%	10.6%	1.2%			4.7%	1.2%	5.8%					8.4%	
H20	48,154	11,655	1,771	300		417			618	3,940	586			1,249	526	1,374					3,904	
	100.0%	24.2%	3.7%	0.6%		0.9%			1.3%	8.2%	1.2%			2.6%	1.1%	2.9%					8.1%	
H15	45,407	9,181	1,731	274		365			636	3,147	591			816							3,834	
	100.0%	20.2%	3.8%	0.6%		0.8%			1.4%	6.9%	1.3%			1.8%							8.4%	
H10	41,257	4,811	1,464	262		358			445	1,417	544										1,605	
	100.0%	11.7%	3.5%	0.6%		0.9%			1.1%	3.4%	1.3%										3.9%	

ADHD（注意欠陥多動性障害）については、平成15年より、広汎性発達障害およびLD（学習障害）については、平成20年より、赤字部分については、平成30年より調査。それまではその他の心身障害へ含まれていた可能性がある。

児童養護施設入所児童等調査結果

新しい社会的養育ビジョン
（「新たな社会的養育の在り方に関する検討会」　平成29年8月2日とりまとめ公表）

経緯

平成28年児童福祉法改正により、子どもが権利の主体であること、実親による養育が困難であれば、里親や特別養子縁組などで養育されるよう、家庭養育優先の理念等が規定された。この改正法の理念を具体化するため、厚生労働大臣が参集し開催された有識者による検討会（※）で「新しい社会的養育ビジョン」がとりまとめられた。

※「新たな社会的養育の在り方に関する検討会」（座長：　国立成育医療研究センター奥山眞紀子こころの診療部長）

ポイント

①市区町村を中心とした支援体制の構築、②児童相談所の機能強化と一時保護改革、③代替養育における「家庭と同様の養育環境」原則に関して乳幼児から段階を追っての徹底、家庭養育が困難な子どもへの施設養育の小規模化・地域分散化・高機能化、④永続的解決（パーマネンシー保障）の徹底、⑤代替養育や集中的在宅ケアを受けた子どもの自立支援の徹底などをはじめとする改革項目について、速やかに平成29年度から着手し、目標年限を目指し計画的に進める。

これらは子どもの権利保障のために最大限のスピードをもって実現する必要があり、その工程において、子どもが不利益を被ることがないよう、十分な配慮を行う。

＜工程で示された目標年限の例＞
- 遅くとも平成32年度までに全国で行われるフォスタリング機関事業の整備を確実に完了する。
- 愛着形成に最も重要な時期である3歳未満については概ね5年以内に、それ以外の就学前の子どもについては概ね7年以内に里親委託率75%以上を実現し、学童期以降は概ね10年以内を目途に里親委託率50%以上を実現する（平成27年度末の里親委託率（全年齢）17.5%）。
- 施設での滞在期間は、原則として乳幼児は数か月以内、学童期以降は1年以内。（特別なケアが必要な学童期以降の子どもであっても3年以内を原則とする。）
- 概ね5年以内に、現状の約2倍である年間1000人以上の特別養子縁組成立を目指し、その後も増加を図る。

資料❷　里親委託等の推進

（厚生労働省子ども家庭局家庭福祉課「社会的養育の推進に向けて（令和3年5月）」より）

（1）里親委託の推進

里親委託の役割

○里親委託は、次のような効果が期待できることから、**社会的養護では里親委託を優先して検討**。
　(a) 特定の大人との**愛着関係**の下で養育され、**安心感**の中で**自己肯定感**を育み、**基本的信頼感**を獲得できる
　(b) **適切な家庭生活を体験**する中で、家族のありようを学び、将来、**家庭生活を築く上でのモデル**にできる
　(c) **家庭生活の中で人との適切な関係の取り方を学ん**だり、**地域社会の中で社会性を養う**とともに、豊かな生活経験を通じて**生活技術を獲得**できる
○里親は、委託解除後も関係を持ち、いわば**実家的な役割**を持つことができる。
○養育里親、専門里親、養子縁組里親、親族里親の4つの類型の特色を生かしながら推進。

里親委託の推進

①里親等委託率の引上げ
・日本の社会的養護は、里親等への委託率が21.5％と施設養護が多くを占めている。
・しかし、日本でも、新潟市では里親等への委託率が60.4％を占め、過去10年間で22.2％から60.4％（＋38.2％）へ増加するなど、里親等への委託を積極的に推進している自治体もある。
・里親等委託率を増加させている自治体においては、児童相談所への専任の里親担当職員の設置、里親支援機関の充実、体験発表会、市町村と連携した広報、NPOや市民活動を通じた口コミなど、様々な努力が行われている。
・平成23年4月に「里親委託ガイドライン」を策定。委託率を伸ばした県市の取組事例を普及させるなど、取組を推進。
　→平成24年3月に里親委託ガイドラインを改正し、里親支援の充実、体制整備を促進
　→平成28年の児童福祉法の改正において、家庭養育優先原則が規定されたことを踏まえ、平成29年3月及び30年3月に改正

②新生児里親、親族里親、週末里親等の活用
・予期せぬ妊娠による出産で養育できない保護者の意向が明確な場合は、妊娠中からの相談に応じ、「特別養子縁組を前提とした新生児の里親委託」の方法が有用。新生児の遺棄・死亡事例等の防止のためにも、関係機関の連携と社会的養護の制度の周知が重要。
・親族里親の活用により経済的支援を行わなければ、親族による養育が期待できず施設措置を余儀なくされる場合には、親族里親を積極的に活用。扶養義務のない親族には、養育里親制度を適用する見直し。
　→平成23年9月の省令改正で、扶養義務のないおじ、おばには養育里親を適用して里親手当を支給できるように改正
・家庭的生活を体験することが望ましい児童養護施設の入所児童に対し、週末や夏休みを利用して養育里親への養育委託を行う「週末里親」「季節里親」を活用。

（2）里親等委託率の推移

○里親制度は、家庭的な環境の下で子どもの愛着関係を形成し、養護を行うことができる制度
○里親等委託率は、平成22年3月末の11.1％から、令和2年3月末には**21.5％**に上昇

年度	児童養護施設		乳児院		里親等※		合計	
	入所児童数（人）	割合（％）	入所児童数（人）	割合（％）	委託児童数（人）	割合（％）	児童数（人）	割合（％）
平成21年度末	29,548	80.8	2,968	8.1	4,055	11.1	36,571	100
平成22年度末	29,114	79.9	2,963	8.1	4,373	12.0	36,450	100
平成23年度末	28,803	78.6	2,890	7.9	4,966	13.5	36,659	100
平成24年度末	28,233	77.2	2,924	8.0	5,407	14.8	36,564	100
平成25年度末	27,465	76.2	2,948	8.2	5,629	15.6	36,042	100
平成26年度末	27,041	75.5	2,876	8.0	5,903	16.5	35,820	100
平成27年度末	26,587	74.5	2,882	8.0	6,234	17.5	35,703	100
平成28年度末	26,449	73.9	2,801	7.8	6,546	18.3	35,796	100
平成29年度末	25,282	73.9	2,706	7.8	6,858	19.7	34,846	100
平成30年度末	24,908	71.8	2,678	7.7	7,104	20.5	34,690	100
令和元年度末	24,539	70.5	2,760	7.9	7,492	21.5	34,791	100

里親等委託率

※　「里親等」は、平成21年度から制度化されたファミリーホーム（養育者の家庭で5～6人の児童を養育）を含む。
　　ファミリーホームは、令和元年度末で417か所、委託児童1,660人。
（資料）福祉行政報告例（各年度末現在）※ 平成22年度の福島県の数値のみ家庭福祉課調べ

（３）都道府県市別の里親等委託率の差

７０都道府県市別里親等委託率（令和元年度末）

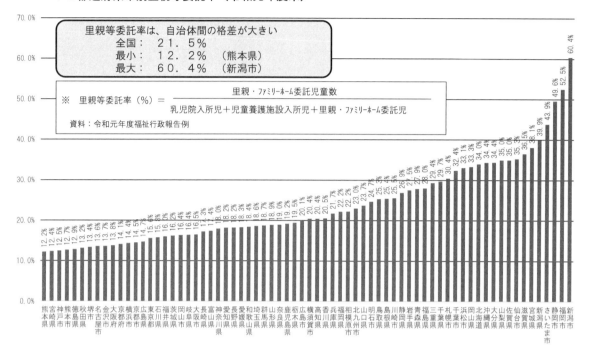

里親等委託率は、自治体間の格差が大きい
全国： ２１．５％
最小： １２．２％ （熊本県）
最大： ６０．４％ （新潟市）

※ 里親等委託率（％）＝ 里親・ファミリーホーム委託児童数 ／ （乳児院入所児＋児童養護施設入所児＋里親・ファミリーホーム委託児）

資料：令和元年度福祉行政報告例

（参考）都道府県別の里親等委託、乳児院、児童養護施設の児童数と割合

（資料）福祉行政報告例（令和２年３月末現在）

	里親等		乳児院		養護施設		計		里親等		乳児院		養護施設		計
	児童数 ①	率 ② (①/⑦)	児童数 ③	率 ④ (③/⑦)	児童数 ⑤	率 ⑥ (⑤/⑦)	⑦ (①+③+⑤)		児童数 ①	率 ② (①/⑦)	児童数 ③	率 ④ (③/⑦)	児童数 ⑤	率 ⑥ (⑤/⑦)	⑦ (①+③+⑤)
北 海 道	590人	32.5%(8)	50人	2.8%	1,173人	64.7%	1,813人	滋 賀 県	107人	36.5%(3)	32人	10.9%	154人	52.6%	293人
青 森 県	87人	27.9%(14)	20人	6.4%	205人	65.7%	312人	京 都 府	101人	14.4%(43)	67人	9.5%	535人	76.1%	703人
岩 手 県	103人	27.5%(15)	37人	9.9%	234人	62.6%	374人	大 阪 府	438人	14.9%(41)	302人	10.3%	2,201人	74.8%	2,941人
宮 城 県	183人	36.7%(2)	56人	11.2%	259人	52.0%	498人	兵 庫 県	301人	19.1%(25)	132人	8.4%	1,146人	72.6%	1,579人
秋 田 県	27人	13.2%(44)	21人	10.2%	157人	76.6%	205人	奈 良 県	62人	19.0%(26)	23人	7.0%	242人	74.0%	327人
山 形 県	51人	18.9%(27)	24人	8.9%	195人	72.2%	270人	和歌山県	63人	18.4%(30)	25人	7.3%	254人	74.3%	342人
福 島 県	118人	28.0%(13)	10人	2.4%	293人	69.6%	421人	鳥 取 県	66人	25.3%(17)	24人	9.2%	171人	65.5%	261人
茨 城 県	116人	16.2%(38)	69人	9.6%	531人	74.2%	716人	島 根 県	46人	25.4%(16)	20人	11.0%	115人	63.5%	181人
栃 木 県	121人	19.5%(23)	66人	10.6%	435人	69.9%	622人	岡 山 県	114人	25.1%(18)	16人	3.5%	324人	71.4%	454人
群 馬 県	91人	18.7%(28)	41人	8.4%	354人	72.8%	486人	広 島 県	126人	16.8%(35)	39人	5.2%	587人	78.1%	752人
埼 玉 県	412人	22.6%(20)	186人	10.2%	1,229人	67.3%	1,827人	山 口 県	114人	23.7%(19)	23人	4.8%	344人	71.5%	481人
千 葉 県	385人	30.1%(10)	92人	7.2%	802人	62.7%	1,279人	徳 島 県	33人	12.9%(45)	23人	9.0%	200人	78.1%	256人
東 京 都	597人	15.6%(40)	388人	10.2%	2,836人	74.2%	3,821人	香 川 県	39人	20.5%(21)	20人	10.5%	131人	68.9%	190人
神奈川県	372人	18.5%(29)	191人	9.5%	1,445人	72.0%	2,008人	愛 媛 県	87人	18.3%(31)	27人	5.7%	361人	76.0%	475人
新 潟 県	150人	46.3%(1)	30人	9.3%	144人	44.4%	324人	高 知 県	75人	20.4%(22)	24人	6.5%	268人	73.0%	367人
富 山 県	23人	17.4%(33)	13人	9.8%	96人	72.7%	132人	福 岡 県	450人	29.6%(11)	114人	7.5%	957人	62.9%	1,521人
石 川 県	40人	14.9%(42)	23人	8.6%	206人	76.6%	269人	佐 賀 県	92人	35.0%(4)	14人	5.3%	157人	59.7%	263人
福 井 県	37人	16.0%(39)	27人	11.7%	167人	72.3%	231人	長 崎 県	78人	17.3%(34)	26人	5.8%	348人	77.0%	452人
山 梨 県	107人	35.0%(5)	29人	9.5%	170人	55.6%	306人	熊 本 県	84人	12.4%(46)	42人	6.2%	551人	81.4%	677人
長 野 県	111人	18.2%(32)	48人	7.9%	450人	73.9%	609人	大 分 県	162人	34.4%(6)	14人	3.0%	295人	62.6%	471人
岐 阜 県	87人	16.4%(36)	29人	5.9%	414人	78.1%	530人	宮 崎 県	55人	12.4%(47)	29人	6.5%	361人	81.1%	445人
静 岡 県	219人	32.1%(9)	53人	7.8%	410人	60.1%	682人	鹿児島県	141人	19.2%(24)	43人	5.9%	550人	74.9%	734人
愛 知 県	302人	16.3%(37)	133人	7.2%	1,423人	76.6%	1,858人	沖 縄 県	176人	34.4%(7)	10人	2.0%	326人	63.7%	512人
三 重 県	153人	29.4%(12)	35人	6.7%	333人	63.9%	521人	全 国	7,492人	21.5%	2,760人	7.9%	24,539人	70.5%	34,791人

（注１）「里親等」にはファミリーホームへの委託児童数を含む。
（注２）各都道府県の児童数と割合には、その区域内に所在する指定都市及び児童相談所設置市を含む。

年齢階層別の里親等委託率（令和元年度末（実績））

○里親委託加速化プランにより都道府県等から報告を受けた令和元年度末の年齢階層別の里親等委託率は以下のとおり。
○全国の合計では、「3歳未満児」が23.9%、「3歳以上～就学前」が26.2%、「学童期以降」が20.2%となっている。

自治体名	3歳未満児			3歳以上～就学前			学童期以降			合計		
	代替養育が必要な児童数	里親等委託児童数	里親等委託率	代替養育が必要な児童数	里親等委託児童数	里親等委託率	代替養育が必要な児童数	里親等委託児童数	里親等委託率	代替養育が必要な児童数	里親等委託児童数	里親等委託率
北海道	71人	51人	71.8%	131人	75人	57.3%	873人	238人	27.3%	1,075人	364人	33.9%
青森県	30人	7人	23.3%	27人	13人	48.1%	255人	67人	26.3%	312人	87人	27.9%
岩手県	39人	6人	15.4%	59人	16人	27.1%	276人	81人	29.3%	374人	103人	27.5%
宮城県	14人	0人	0.0%	36人	13人	36.1%	210人	86人	41.0%	260人	99人	38.1%
秋田県	19人	3人	15.8%	26人	10人	38.5%	159人	14人	8.8%	204人	27人	13.2%
山形県	17人	6人	35.3%	47人	9人	19.1%	209人	36人	17.2%	273人	51人	18.7%
福島県	39人	27人	69.2%	68人	29人	42.6%	314人	62人	19.7%	421人	118人	28.0%
茨城県	74人	12人	16.2%	109人	28人	25.7%	533人	76人	14.3%	716人	116人	16.2%
栃木県	76人	14人	18.4%	86人	21人	24.4%	460人	86人	18.7%	622人	121人	19.5%
群馬県	64人	19人	29.7%	83人	12人	14.5%	339人	60人	17.7%	486人	91人	18.7%
埼玉県・さいたま市	179人	33人	18.4%	322人	75人	23.3%	1,325人	304人	22.9%	1,826人	412人	22.6%
千葉県	110人	35人	31.8%	205人	86人	42.0%	791人	208人	26.3%	1,106人	329人	29.7%
東京都	431人	65人	15.1%	578人	125人	21.6%	2,812人	407人	14.5%	3,821人	597人	15.6%
神奈川県	89人	11人	12.4%	109人	46人	42.2%	459人	61人	13.3%	657人	118人	18.0%
新潟県	25人	8人	32.0%	22人	8人	36.4%	181人	73人	40.3%	228人	89人	39.0%
富山県	14人	0人	0.0%	24人	4人	16.7%	94人	19人	20.2%	132人	23人	17.4%
石川県・金沢市	22人	5人	22.7%	35人	8人	22.9%	223人	30人	13.5%	280人	43人	15.4%
福井県	10人	1人	10.0%	30人	6人	20.0%	191人	30人	15.7%	231人	37人	16.0%
山梨県	34人	17人	50.0%	49人	24人	49.0%	222人	66人	29.7%	305人	107人	35.1%
長野県	69人	21人	30.4%	56人	14人	25.0%	484人	76人	15.7%	609人	111人	18.2%
岐阜県	52人	20人	38.5%	100人	22人	22.0%	378人	45人	11.9%	530人	87人	16.4%
静岡県	48人	17人	35.4%	69人	16人	23.2%	314人	83人	26.4%	431人	116人	26.9%
愛知県	102人	25人	24.5%	210人	45人	21.4%	760人	125人	16.4%	1,072人	195人	18.2%
三重県	53人	15人	28.3%	81人	31人	38.3%	387人	107人	27.6%	521人	153人	29.4%
滋賀県	22人	10人	45.5%	31人	7人	22.6%	240人	90人	37.5%	293人	107人	36.5%
京都府	24人	3人	15.1%	41人	3人	7.3%	233人	37人	15.9%	298人	43人	14.4%
大阪府	132人	30人	22.7%	255人	43人	16.9%	1,010人	120人	11.9%	1,397人	193人	13.8%
兵庫県	98人	18人	18.4%	131人	25人	19.1%	835人	180人	21.6%	1,064人	223人	21.0%
奈良県	28人	5人	17.9%	49人	5人	10.2%	250人	52人	20.8%	327人	62人	19.0%
和歌山県	28人	3人	10.7%	47人	12人	25.5%	264人	48人	18.2%	339人	63人	18.6%
鳥取県	22人	1人	4.5%	38人	11人	28.9%	201人	54人	26.9%	261人	66人	25.3%
島根県	25人	8人	32.0%	34人	5人	14.7%	124人	33人	26.6%	183人	46人	25.1%
岡山県・岡山市	40人	14人	35.0%	49人	15人	30.6%	365人	85人	23.3%	454人	114人	25.1%
広島県・広島市	56人	7人	12.5%	128人	20人	15.6%	587人	99人	16.9%	771人	126人	16.3%
山口県	31人	2人	6.5%	47人	14人	29.8%	396人	96人	24.2%	474人	112人	23.6%
徳島県	24人	9人	37.5%	42人	1人	2.4%	190人	23人	12.1%	256人	33人	12.9%
香川県	23人	6人	26.1%	27人	6人	22.2%	140人	27人	19.3%	190人	39人	20.5%
愛媛県	43人	5人	11.6%	57人	14人	24.6%	378人	68人	18.0%	478人	87人	18.2%
高知県	28人	1人	3.6%	68人	20人	29.4%	274人	54人	19.7%	370人	75人	20.3%
福岡県	86人	13人	15.1%	119人	24人	20.2%	511人	122人	23.9%	716人	159人	22.2%
佐賀県	35人	18人	51.4%	36人	19人	52.8%	192人	55人	28.6%	263人	92人	35.0%
長崎県	28人	9人	32.1%	51人	6人	11.8%	373人	63人	16.9%	452人	78人	17.3%
熊本県	20人	0人	0.0%	57人	8人	14.0%	293人	37人	12.6%	370人	45人	12.2%
大分県	35人	19人	54.3%	78人	37人	47.4%	358人	106人	29.6%	471人	162人	34.4%
宮崎県	38人	1人	2.6%	71人	11人	15.5%	336人	43人	12.8%	445人	55人	12.4%
鹿児島県	68人	16人	23.5%	112人	15人	13.4%	554人	110人	19.9%	734人	141人	19.2%
沖縄県	43人	26人	60.5%	93人	38人	40.9%	376人	112人	29.8%	512人	176人	34.4%
札幌市	60人	23人	38.3%	121人	51人	42.1%	555人	150人	27.0%	736人	224人	30.4%
仙台市	23人	4人	17.4%	52人	22人	42.3%	161人	58人	36.0%	236人	84人	35.6%
千葉市	13人	4人	30.8%	23人	10人	43.5%	127人	42人	33.1%	163人	56人	34.4%
横浜市	86人	18人	20.9%	108人	18人	16.7%	501人	64人	12.8%	695人	100人	14.4%
川崎市	50人	9人	18.0%	55人	20人	36.4%	255人	54人	21.2%	360人	83人	23.1%
相模原市	26人	8人	30.8%	35人	13人	37.1%	128人	21人	16.4%	189人	42人	22.2%
新潟市	16人	11人	68.8%	5人	5人	100.0%	80人	45人	56.3%	101人	61人	60.4%
静岡市	16人	9人	56.3%	15人	10人	66.7%	101人	41人	40.6%	132人	60人	45.5%
浜松市	19人	12人	63.2%	18人	6人	33.3%	93人	25人	26.9%	130人	43人	33.1%
名古屋市	93人	16人	17.2%	150人	26人	17.3%	543人	65人	12.0%	786人	107人	13.6%
京都市	38人	8人	21.1%	56人	6人	10.7%	312人	45人	14.4%	406人	59人	14.5%
大阪市	159人	8人	5.0%	214人	46人	21.5%	799人	149人	18.6%	1,172人	203人	17.3%
堺市	33人	11人	33.3%	55人	12人	21.8%	240人	21人	8.8%	328人	44人	13.4%
神戸市	47人	7人	14.9%	66人	11人	16.7%	349人	32人	9.2%	462人	50人	10.8%
北九州市	44人	10人	22.7%	72人	13人	18.1%	328人	79人	24.1%	444人	102人	23.0%
福岡市	24人	16人	66.7%	49人	35人	71.4%	287人	138人	48.1%	360人	189人	52.5%
熊本市	27人	5人	18.5%	51人	10人	19.6%	229人	24人	10.5%	307人	39人	12.7%
横須賀市	9人	0人	0.0%	19人	4人	21.1%	111人	25人	22.5%	139人	29人	20.9%
明石市	3人	1人	33.3%	9人	1人	11.1%	63人	16人	25.4%	75人	18人	24.0%
合計	3,444人	822人	23.9%	5,396人	1,414人	26.2%	25,991人	5,248人	20.2%	34,831人	7,484人	21.5%

（※）上記の里親等委託率は、各自治体が算出したものであり、「代替養育が必要な児童数」には、里親等に委託された児童や、児童養護施設及び乳児院の入所児童以外の児童が含まれている場合がある。
（※）埼玉県、石川県、岡山県及び広島県は、県内全域を対象として里親等委託率を算出しているため、県分だけでなく、指定都市や児童相談所設置市分を合算した数となっている。
（※）石川県及び金沢市においては、令和元年度末時点ではなく、令和元年度における平均を算出した数値となっている。

（４）里親制度等の改正の経緯

昭和２３年１月　児童福祉法施行
・「里親家庭養育運営要綱」制定（昭和２３年１０月４日事務次官通知）

昭和６３年１月　特別養子縁組制度施行
・民法等一部改正により特別養子縁組制度実施（昭和６２年９月２６日公布、昭和６３年１月１日施行）
・「里親等家庭養育運営要綱」制定（昭和６２年１０月３１日事務次官通知）
・養子縁組あっせん事業届出制度実施

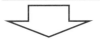

平成１４年１０月　里親制度改正
・「里親の認定等に関する省令」及び「里親が行う養育に関する最低基準」を制定
・専門里親、親族里親の創設（養育里親、親族里親、短期里親、専門里親の４類型）
・「里親支援事業」実施（里親研修事業、里親養育相談事業）、「一時的休息のための援助（レスパイトケア）」実施

・平成１６年児童福祉法改正で、里親による監護、教育、懲戒について児童福祉施設と同様の規定を追加
・子ども子育て応援プラン（平成１６年１２月）で、里親委託率を平成２１年度に１５％とする目標
・里親支援事業に、里親養育援助事業、里親養育相互援助事業を追加（平成１６年４月～）
・里親委託推進事業実施（平成１８年４月～）（児童相談所に「里親委託推進員」、「里親委託推進委員会」を設置）

平成２０年児童福祉法改正と里親制度の充実
・里親制度の改正（養育里親と養子縁組希望里親を制度上区分。養育里親の研修の義務化。里親支援の法定化。
　養育里親、専門里親、養子縁組希望里親、親族里親の４類型。里親認定省令に代わり、児童福祉法・施行令・施行規則に規定。）
・ファミリーホーム制度創設（平成２１年４月～）
・里親支援機関事業実施（平成２０年４月～）　（「里親支援事業」及び「里親委託推進事業」を統合）
・里親手当の倍額への引上げ（平成２１年４月～）

・少子化社会対策大綱（平成２７年３月）でファミリーホームを含めた里親等委託率を平成３１年に２２％の目標

平成２３年度の取組み
・「里親委託ガイドライン」の策定（里親委託優先の原則など）（４月）
・ファミリーホームの措置費を新規開設半年間は、定員払いに（４月～）
・「社会的養護の課題と将来像」（７月）で、ファミリーホームを含めた里親等委託率を今後１０数年で３割以上を目標に
・養育里親の欠格条項の改正（５月～、同居人が成年被後見人等となったときを欠格条項から外す改正）
・親族里親の定義変更（９月～、おじ・おばには、里親手当が支給される養育里親を適用）
・「里親及びファミリーホーム養育指針」の策定、里親委託ガイドライン改正、ファミリーホームの要件改正（３月末）

平成２８年児童福祉法改正
・児童を「家庭」において養育することが困難であり又は適当でない場合は、児童が「家庭における養育環境と同様の養育環境」にお
　いて継続的に養育されるよう、また、児童を家庭及び当該養育環境において養育することが適当でない場合は、児童が「できる限り
　良好な家庭的環境」において養育されるよう、必要な措置を講ずることとされた。（家庭養育優先原則）（公布日（平成２８年６月
　３日）施行）
　※「家庭」とは実父母や親族等を養育者とする環境を、「家庭における養育環境と同様の養育環境」とは養子縁組による家庭・里親家庭・ファ
　　ミリーホームを、「できる限り良好な家庭的環境」とは小規模かつ地域分散化された施設における家庭に近い環境を指す。
・里親の普及啓発から里親の選定及び里親と児童との間の調整並びに児童の養育に関する計画の作成までの一貫した里親支援を都道府
　県（児童相談所）の業務として位置付け（平成２９年４月１日施行）
・養子縁組里親の法定化及び研修義務化（平成２９年４月１日施行）

平成２８年児童福祉法改正を踏まえた取組
・「新たな社会的養育の在り方に関する検討会」において、今後の社会的養育の在り方を示す「新しい社会的養育ビジョン」が取りま
　とめられ、平成２８年改正児童福祉法の理念等を具体化するとともに、実現に向けた改革の工程と具体的な数値目標（※）が示され
　た。（平成２９年８月）
　※・愛着形成に最も重要な時期である３歳未満については概ね５年以内に、それ以外の就学前の子どもについては概ね７年以内に里親委託率
　　　７５％以上を実現し、学童期以降は概ね１０年以内を目途に里親委託率５０％以上を実現する。
　　・遅くとも平成３２年度までに全国で行われるフォスタリング機関事業の整備を確実に完了する。　　等
・平成２８年改正児童福祉法の理念のもと、「新しい社会的養育ビジョン」で掲げられた取組を通じて「家庭養育優先原則」を徹底
　し、子どもの最善の利益を実現していくため、各都道府県に対し、「都道府県社会的養育推進計画」を２０１９年度末までに策定いただ
　くとともに、２０１８年度から可能なものから、順次速やかに取組を進めていただくよう依頼。（平成３０年７月）
・質の高い里親養育を実現するため、都道府県が行うべきフォスタリング業務の在り方を具体的に提示するとともに、フォスタリング
　業務を民間機関に委託する場合における留意点や、民間機関と児童相談所との関係の在り方を示した「フォスタリング機関（里親養
　育包括支援機関）及びその業務に関するガイドライン」を策定。（平成３０年７月）

フォスタリング機関（里親養育包括支援機関）及びその業務に関するガイドラインの概要　①（2018年7月6日）

Ⅰ. ガイドラインの目的
○ 平成28年改正によって児童福祉法に明記された家庭養育優先原則を受け、質の高い里親養育を実現するため、都道府県が行うべきフォスタリング業務の在り方を具体的に提示するとともに、フォスタリング業務を民間機関に委託する場合における留意点や、民間機関と児童相談所との関係の在り方を示すもの。

Ⅱ. フォスタリング業務とその重要性
○ 質の高い里親養育を実現し、維持するとともに、関係機関による支援ネットワークを形成することにより、子どもの最善の利益の追求と実現を図ることが目的。このため、
・委託可能な里親を開拓・育成する
・相談しやすく、協働できる環境を作る
・安定した里親養育を継続できる（不調を防ぐ）
ことを成果目標とする。

○ フォスタリング業務とは、児童福祉法第11条第1項第2号に掲げる業務に相当する以下の業務。
・里親のリクルート及びアセスメント
・登録前、登録後及び委託後における里親に対する研修
・子どもと里親家庭のマッチング
・里親養育への支援（未委託期間中及び委託解除後のフォローを含む。）

○ フォスタリング業務は、一貫した体制の下に、継続的に提供されることが望ましい。

Ⅲ. フォスタリング機関と児童相談所
○ 一連のフォスタリング業務を包括的に実施する機関を「フォスタリング機関」といい、都道府県知事から一連のフォスタリング業務の包括的な委託を受けた民間機関を「民間フォスタリング機関」という。

○ フォスタリング業務は都道府県（児童相談所）の本来業務であり、まずは児童相談所がフォスタリング機関となることが想定されるが、民間機関への委託も可能。

○ 一連の業務の包括的な委託を受ける民間フォスタリング機関の活用を積極的に検討し、地域の実情に応じた実施体制を構築。

○ 民間機関への委託の可否について、都道府県は、民間機関を育成するという視点をもって、将来的な民間フォスタリング機関への委託可能性も含めて検討。

○ フォスタリング業務全体の最終的な責任は児童相談所が負う

○ 民間フォスタリング機関と児童相談所は、信頼関係に基づく良好なパートナーシップを構築。情報共有を徹底し、協働して問題解決に当たる。

○ 児童相談所の体制強化は引き続き必要であることに留意。

Ⅳ. フォスタリング機関の担い手及びチーム養育
○ 民間フォスタリング機関には、
・民間ならではのリクルート手法による多様な里親の開拓
・児童相談所と異なる立場からのサポート等
・継続性・一貫性のある人材育成、里親との継続的関係構築
といったメリットがある。乳児院や児童養護施設等は有力な担い手として期待される。

○ 里親とフォスタリング機関が、チームを組みつつ子どもの養育を行う「チーム養育」が必要。

フォスタリング機関（里親養育包括支援機関）及びその業務に関するガイドラインの概要　②

Ⅳ. フォスタリング機関の担い手及びチーム養育（つづき）
○ 子どもに関係する市区町村、保健センター、教育委員会、学校、保育所等、医療機関、乳児院、児童養護施設等の関係機関についても支援者として「応援チーム」に位置づけ、里親養育を理解し支援する地域ネットワークの構築に努める。

Ⅴ. フォスタリング機関の職員体制とそれぞれの業務内容
○ 職員体制については、統括者・ソーシャルワーカー・リクルーター・心理職・事務職員の配置が考えられる。

○ フォスタリング機関のソーシャルワーカーの業務は、以下のとおり。
・里親養育の心理的・実務的サポート
・里親養育に関するスーパービジョン
（自立支援計画の作成・共有や進捗把握、養育水準向上に向けた助言・指導など）
・里親養育の状況に応じた支援のコーディネート
（地域における関係機関を含めた支援体制構築や、
レスパイト・ケアの利用勧奨など）

○ フォスタリング業務を担う人材の育成に取り組む。

Ⅵ. フォスタリング業務の実施方法
※ 民間フォスタリング機関による実施を念頭に、具体的事例を交えつつ記載
① 里親のリクルート及びアセスメント
・認知度向上に向けた取組を含む「攻めるリクルート」による登録候補者獲得
・里親になることへの不安や負担感を軽減する説明
・家庭訪問の実施を含めた丁寧な適性評価

② 登録前、登録後及び委託後における里親に対する研修
・里親のスキルアップを目指すとともに、アセスメントの機会としても活用。マッチングに活かす
・実践的内容とするとともに、里親同士の互助関係の醸成に努める

③ 子どもと里親家庭のマッチング
・マッチングは里親委託の成否を左右する極めて重要な要素
・フォスタリング機関と児童相談所が情報を持ち寄り、細部にわたって共有しながらマッチングを図る

④ 里親養育への支援
・定期的な家庭訪問や電話によるフォローを実施し、状況を把握
・里親養育の状況に応じて、関係機関による支援をコーディネートする
・実親との協働の大切さを見失うことのないよう、子どもと実親の関係性に関する支援を行い、子どもと里親の不安を緩和する
・里親家庭での養育が不安定になった場合や虐待など不適切な養育があった場合に、要因に応じて適切に対応する
・里親委託が不調となった場合には、子どもと里親の双方に対する十分なフォローを行う
・委託解除時は、里親の喪失感を軽減できるように配慮する

Ⅶ. 「里親支援事業」の活用
○ 都道府県における積極的活用

里親委託・施設地域分散化等加速化プランについて

○ 平成28年改正児童福祉法の理念のもと、「家庭養育優先原則」を徹底し、子どもの最善の利益を実現していくため、都道府県等に対して、令和元年度末までに里親委託や児童養護施設等の小規模かつ地域分散化等の推進に向けた「都道府県社会的養育推進計画」の策定（計画期間：令和2年4月～令和12年3月）を依頼。

○ 令和2年8月には、各都道府県等から提出のあった計画について、里親等委託率の数値目標や里親推進に向けた取組等を「見える化」し、レーダーチャートにて取りまとめたうえで公表。

○ 「見える化」した結果も踏まえつつ、各都道府県等に対して、**国の財政面の支援の活用も含めた更なる取組や里親等委託率の目標値の引き上げ等について個別に助言等を実施**。

   ➢令和2年10月～ 各都道府県等に対し、里親等委託の推進等に活用可能な予算等について説明（ブロック会議のオンライン実施）
                    個別助言を行うに当たっての各都道府県等への事前調査を実施（計画の記載のみでは分からない内容を把握）
                    先駆的な取組みを行っている自治体の好事例集の作成・公表、各都道府県への個別ヒアリング等を実施。
   ➢令和3年1月～ 個別ヒアリングの実施結果を踏まえた数値目標・取り組み等の最終把握、レーダーチャートの修正・公表

○ 都道府県等の取組を強力に支援し、計画の加速化を促すため、令和6年度末（※）までの期間を**「集中取組期間」**として位置付け、毎年度、**「里親委託・施設地域分散化等加速化プラン」**の提出を求める。
   （※）計画の中間年、かつ、愛着形成に最も重要な時期である3歳未満の里親等委託率の数値目標を概ね5年以内に75%以上と掲げている。
   （※）プランの計画値と実績値に大幅な乖離が生じている場合、毎年度の提出時に併せて、要因分析させるとともに、対処方法を求める。

○ プランに基づく都道府県等の取組を促進するため、
  i フォスタリング事業の拡充や、用地確保に向けた施設整備費等の加算の創設など、**補助メニューの拡充等**を図るとともに、
  ii **集中取組期間における補助率の嵩上げ（1／2⇒2／3）**を実施する
ことにより、自治体ごとの財政面での課題や用地確保等の課題等に対応し、**意欲のある自治体の取組を強力に後押しする**。

令和3年度予算における里親委託の推進に向けた支援の拡充内容

里親委託・施設地域分散化等加速化プランを策定し、里親委託を推進する自治体の取組を強力に支援するため、里親養育包括支援（フォスタリング）事業の補助率の嵩上げ等を行うとともに、施設と連携した里親養育への支援体制を強化する。

①補助率の嵩上げなど、里親養育包括支援（フォスタリング）事業の拡充

加速化プランに基づく里親委託に向けた取組を強力に推進するため、以下により自治体の取組を支援する。

①補助率の嵩上げ
令和6年度末までの**「集中取組期間」**において、以下の要件のいずれも満たす場合に**補助率を嵩上げ（1／2 ⇒ 2／3）**
（要件）
（1）「3歳未満児の里親等委託率」及び「新規登録里親数」のいずれもが対前年度比で増加見込みであること
（2）加速化プランにおける計画値が以下の要件のいずれかに合致していること
   i 令和6年度末時点の3歳未満児の里親等委託率75%以上を目指す自治体
   ii 令和6年度末時点の3歳未満児の里親等委託率が令和元年度末と比較して3倍以上の増加を目指す自治体
（3）加速化プランにおける里親のなり手を増やすための方策として、以下の項目について、事後的に取組状況を検証可能とする具体的な取組内容を策定していること
   i フォスタリング体制の構築　ii 里親リクルート　iii 研修・トレーニング　iv マッチング　v 委託後の相談支援

②提案型補助事業の創設（里親等委託推進提案型事業≪新規≫）
意欲的に取り組む自治体が行う先駆的な取組を支援し、効果的な取組事例を横展開できるよう、**提案型補助事業を創設**（定額（国10/10相当））

③市町村と連携した里親制度の普及促進（市町村連携加算≪新規≫）
市町村との連絡調整に必要な連携コーディネーターの配置等の支援を行い、**市町村と連携した里親制度の普及促進や新規里親の開拓等**を推進

④障害児養育に係る里親等の負担軽減（障害児里親等委託推進モデル事業≪新規≫）
障害児やその養育者等への支援に関して専門的なノウハウを有する児童発達支援センター・障害児入所施設等と連携し、障害児の養育を行う里親等を訪問して必要な支援を行うなど、**障害児養育に係る里親等の負担軽減に向けた支援体制の構築に向けたモデル事業を創設**

⑤自立支援担当職員の配置（里親等委託児童自立支援事業≪新規≫）
進学・就職等の自立支援や退所後のアフターケアを担う**自立支援担当職員を配置**し、委託解除前から自立に向けた支援を行う事業を創設

②施設と連携した里親養育への支援体制の強化

施設の専門性・ノウハウを活用し、施設と連携した里親養育への支援体制を強化するため、児童入所施設措置費を改善する。

①里親養育への支援の拡充
里親委託の推進に向けて意欲的に取り組む自治体において、施設と連携した里親養育への支援体制を強化するため、**里親養育への支援に積極的に取り組む乳児院・児童養護施設に対して、里親支援専門相談員を追加で配置**

②里親等への巡回支援の実施
施設の専門性・ノウハウを活用し、里親やファミリーホーム等への巡回支援を行う児童養護施設等に対して、**心理療法担当職員を追加で配置**

③ファミリーホームの養育負担の軽減
ファミリーホームの養育負担を軽減するため、児童養護施設等における**一時的な休息のための援助（レスパイト・ケア）の対象にファミリーホームを追加**

※その他、国の実施する里親制度の普及促進に向けた広報啓発費用について、大幅に拡充する。

（5）里親委託を推進する上での課題と取組

里親委託を進める上での課題	里親委託を推進する取り組み例

里親委託を進める上での課題

○ 登録里親確保の問題
・里親制度の社会的認知度が低く、新規委託可能な登録里親が少ない。
・里親の希望する条件（性別、年齢、養子縁組可能性等）と合わない。
・信頼関係の構築が難しく、児童相談所として信頼できる里親が限られる。里親の養育技術向上。
・里子が万一のトラブルや事故に遭遇した時の里親としての責任が心配で、登録申請に至らない。　　　　　　等

○ 実親の同意の問題
・里親委託に対する実親の同意を得ることが難しい。（施設なら同意するが、里親の場合に同意しない）　　　等

○ 児童の問題の複雑化
・発達障害等児童の抱える問題等が複雑化しており、里親への委託が困難なケースが増えてきている　　　等

○ 実施体制、実施方針の問題
・児童福祉司が虐待対応業務に追われていることから、里親委託への業務に十分に関われていない。
・里親専任担当職員が配置されていないなど、里親を支援するための体制の整備が十分でない。
・未委託里親の状況や里親委託を検討できる児童の情報など、県内全児相での情報共有が必要
・職員の意識の問題として、失敗を恐れると委託に消極的になり、無難な施設を選択する等の問題　　　等

里親委託を推進する取り組み例

○ 広報・啓発
・区町村や里親会等との連携・協力
・里親子による体験発表会（里親の実情を知ってもらう）
・一日里親体験、里親希望者と施設児童との交流事業　　等

○ 実親の理解
・養子縁組を希望する里親のイメージが強い中で、養育里親の普及を進める
・養育里親についての里親の意識
・実親の理解が得やすいファミリーホームへの委託　　等

○ 里親の支援
・里親交流会で体験談を語り、コミュニケーションを深める
・里親の孤立化を防止、訪問支援
・里親研修、養育技術の向上
・地域との連携をつくり、里親によい養育環境をつくる　　等

○ 実施体制、実施方針
・里親支援機関事業を外部に委託し、里親支援体制を充実
・里親会の強化
・里親担当職員の増員等
・里親委託のガイドラインの策定
・里親委託等推進委員会を設置し、関係機関・団体の間で里親委託に対する共通認識を持ち、委託推進の機運を高める
・相談ケースごとに里親委託の検討。施設入所児童の中から、委託可能な児童を掘り起こし　　　　　　　等

（平成２２年１０月、各都道府県市へのアンケート結果より）

（6）里親等委託率の過去10年間の増加幅の大きい自治体

○過去10年間で、新潟市が22.2%から60.4%へ増加するなど、里親等委託率を大幅に伸ばした県・市も多い。

○これらの自治体では、児童相談所への専任の里親担当職員の設置や、里親支援機関の充実、体験発表会や、市町村と連携した広報、ＮＰＯや市民活動を通じた口コミなど、様々な努力が行われている。

		増加幅 （H21→R元比較）	里親等委託率	
			平成21年度末	令和元年度末
1	新潟市	＋ 38.2%	22.2%	60.4%
2	さいたま市	＋ 35.6%	8.2%	43.9%
3	福岡市	＋ 31.6%	20.9%	52.5%
4	岡山県	＋ 28.5%	4.8%	33.3%
5	佐賀県	＋ 26.7%	8.2%	35.0%
6	静岡市	＋ 26.6%	23.0%	49.6%
7	仙台市	＋ 22.6%	12.7%	35.3%
8	宮城県	＋ 21.0%	17.0%	38.1%
9	千葉市	＋ 20.3%	12.1%	32.4%
10	浜松市	＋ 19.6%	13.5%	33.1%

資料❸　都道府県等における里親等委託推進に向けた個別項目ごとの取組事例

（厚生労働省子ども家庭局家庭福祉課「社会的養育の推進に向けて（令和3年5月）」より）

1　広報・リクルートの取組事例

（1）企業と連携した広報

浜松市：企業・団体に向けた広報の実施

【配布したチラシ】

Point　地元企業・団体に勤務する社員・職員に里親制度を知ってもらうことにより、里親を目指す人を増やす効果を期待。

○　浜松市では、平成27年度から地元の大手企業、商工会議所、金融機関、総合病院を訪問するなどして、社員・職員向けに里親制度の周知を依頼。食堂など多くの人が集まる場所へのポスター掲示やチラシの配架、または電子掲示板へのチラシのデータ掲示など、各企業・団体において可能な範囲での周知をお願いしている。

○　また、人事担当者に直接会う機会がある場合には、社員・職員が里親となり、養子縁組を前提とした里親委託に結びついた場合の育児休暇の取得への配慮などをお願いしている。

○　令和元年度は15社・団体へ依頼したが、令和2年度は新型コロナウィルス感染拡大防止のため、直接の訪問はできる限り避け、電話で依頼し、チラシ・ポスターの送付などをお願いしている。

○　各企業・団体の理解で快く受け入れていただいており、現在まで続けることができている。

（2）大学と連携した広報

秋田県：大学との協働による広報啓発（美大生が里親制度を探求し表現）

【秋田拠点センターアルヴェ】

Point　秋田公立美術大学生が、乳児院の見学や職員との対話を通じて里親制度の意義や本質を探究し、デザイン思考を駆使してポスターに表現。デザイン性の高い広報物（ポスター）で、広く里親制度への関心を高めるとともに、潜在的な里親への働きかけとしている。

○　秋田赤十字乳児院では、秋田県がフォスタリング業務を委託する以前の平成30年から秋田公立美術大学と連携し、里親制度の普及啓発事業に独自に取り組んでいる。

○　令和2年度からは、フォスタリング業務の本格委託を契機に、秋田県、秋田赤十字乳児院、秋田公立美術大学の三者において連携を強化し、美大生がデザインしたポスターをトリガーに里親制度の普及啓発に傾注している。

○　具体的には、従来からの市役所等公共ホールに加え、ショッピングモールの協力を得てポスター展を開催し、県民の目に触れる機会の増加につなげている。この取組は、話題性から報道機関の取り上げ頻度も高い。

○　今後の展開としては、市町村と連携し、ポスター展の全県展開や集客の高い民間商業施設での開催、さらには、市町村イベントとタイアップし、『ポスター展示＋制度説明コーナー』といったブース出展により、里親制度への県民の関心を高めていきたい。

（2）大学と連携した広報

徳島県：大学等の講義での里親制度の説明や里親体験の発表

【講義後学生アンケート】

Point　社会的養護に関わりのある仕事に就く予定の学生を対象に、大学のカリキュラムに里親制度を設けることで、学生時から里親制度や子どもの養育に関する知識や理解を深めてもらう。

○　徳島県では、平成27年から、こども家庭支援センターひかりが主体となって、医療や教育、福祉関係の大学や専門学校で、学生に対して里親制度についての講義を実施。制度説明に加えて、里親による体験談の発表も実施することで、社会的養護における里親制度の意義をリアルに感じてもらえるようにしている。令和元年度は5つの学校において計8回開催した。

○　学生時から、里親制度への理解を深めてもらうことで、専門の職に就き、実際に里親里子と関わる機会に遭遇した際に、支援をスムーズに行うことが可能になる。また、里親制度が社会に自然と浸透するためには、幅広い世代、特に若者に理解を深めてもらうことも重要であるため、大学等での講義を継続している。

○　講義後のアンケートには、「血のつながりだけが全てではないとわかった」、「なんとなく聞いたことがあった里親制度をきちんと理解できた」等といった内容が書かれており、学生に理解を深めてもらう機会になっている。

愛媛県：県内の大学での里親関係の講演及び特別授業の実施

【福祉系の学科がある大学での特別授業の実施状況】

Point　保育士・教師を目指す学生への児童相談所の現場の理解促進。

○　愛媛県では、児童相談所の里親養育支援担当児童福祉司が、県内の福祉系学科がある2大学及び教育系学科がある1大学等で講演、特別授業を実施している。

○　令和2年には、福祉系学科がある大学等では保育士養成課程の一部として、教育系学科がある大学では特別支援教育の中で社会的養護、里親委託、養子縁組等について講話した。

○　福祉系学科がある大学からは児童相談所においてインターンの受入れも実施している。

○　他の大学や専門学校のほか、市町、その他里親制度に関心のある者等からの講演依頼に随時対応している。また、講演等の機会がより多く創出されるよう積極的に周知に努めている。

（3）様々な媒体を活用した広報

長野県：ラッピングバス広告を活用した広報

Point　ラッピングバスが上田市内を運行することにより、多くの方の目に触れる機会を増やすことで里親の広報啓発・リクルートにつなげる。

【ラッピングバス広告】

○ 長野県では、フォスタリング業務を委託している、うえだみなみ乳児院が、里親月間に合わせた令和2年10月1日から1年間、上田市内を運行する路線バスにラッピング広告を実施している。

○ ラッピングバス広告は、里親募集のチラシやポスターでも使用している赤ちゃんの写真を中心としたインパクトのあるデザインにすることで、広告注目率を高めている。1年間を通して市内で運行されることで、反復的・継続的な地域密着型の広告展開となっている。

○ また、ラッピングバスへの注目度を上げるとともに幅広い周知となるための工夫として、SNSを活用して、ラッピングバスを見かけたらSNSに投稿してもらうよう呼び掛けている。

和歌山県：ラッピングバス広告を活用した広報

Point　和歌山市内を運行するバス1台の側面にラッピング広告を掲出し、市内全域における里親制度の周知を図る。

【ラッピングバス広告】

【車内ポスター】

○ バス車体には、社会的養護を受けている子どもが描いた絵を採用し、里親と子どもとのつながりや里親制度が子どもの福祉のための制度であることを表現するようなデザインとし、里親制度の普及啓発を実施している。

○ また、里親月間中は、車内ポスターも掲出（バス8台分）。バスを利用される方に、里親制度を知ってもらえるよう、養育里親や養子縁組里親、週末里親のことなどいろいろなかたちの里親制度があることを伝え、周知を図った。

○ 費用は、バスラッピングと車内ポスター掲出で60万円。

（4）ターゲットを絞った広報・リクルート

新潟県：ターゲットを絞った里親リクルート

Point　施設や保育所のOB・OG等養育経験のある方にターゲットを絞ったリクルートにより、即戦力となる里親の確保につなげる。

○ 新潟県では、直近5年間、年平均30組程度の新規里親登録がある。社会的養護を必要とする子どもにおいては、家庭的養育環境の提供とともに、個別のニーズに応じた支援が求められており、里親トレーニング事業による里親向け研修の強化とともに、里親リクルートにおいては、即戦力となる里親の確保を図っている。

○ また、新潟県は広大な面積を有しており、地理的な特色からも、各地域の状況に応じた里親リクルートが必要である。特に、社会資源の乏しい都部においては、長期間の委託が可能な里親の確保のみならず、一時保護委託を含めた緊急的または短期間の受入れが可能な里親の確保が必要な状況にあると捉えており、経験者をターゲットにリクルートを行うことにより、養育の質が確保され、里親委託に直結しやすいと考えている。

○ よって、地域事情に応じて、保育所や学校教職員、福祉行政等のOB・OG等を即戦力となり得るターゲットとして、関係機関の会合参加時に制度の周知を図ることや退職時の所属へ仲介を依頼するなどして、個別の働きかけにより新規里親リクルート及び一時保護委託先の開拓を図っている。

千葉市：ターゲットを絞った広報

Point　退職職員の配布資料に里親募集チラシを同封することで、福祉や教育分野の退職者の里親登録につなげる。

【里親募集チラシ】

○ 退職という第2の人生を考えるタイミングにおいて、里親制度の周知をすることにより、「何か社会貢献したい」「千葉市のために時間がある今なら何かできそう」という方を捉え、登録につなごうとする取組。

○ また、市の職員には、保健師、保育士、教員などの専門性を持った方々も含まれており、そのような方々の力を発揮していただければ、より幅広い里親委託が可能となることも期待している。

○ 今年度は新型コロナウイルスの影響により退職者向け説明会が中止となったためチラシ配布のみとなったが、説明会を開催する場合には、説明の時間をいただくことも検討していた。

（5）その他の広報

福井県：里親制度説明会の夜間開催

Point 夜間開催により、参加希望者の利便性を図ることで、参加者の増加、里親登録者の増加につなげる。

- ○ 福井県では、毎年10月の里親月間に里親制度説明会を開催していたが、主に平日昼間の開催であったため参加者数が頭打ちの状況が続いていた。
- ○ そこで令和2年度は、登録者数の増加につなげることは勿論、少しでも多くの方に制度を知ってもらうことも目的とし、参加者の利便性も考慮して全て夜間の開催とし、開催回数もこれまでの2倍に増やした。
- ○ 開催にあたっては、全乳児院・児童養護施設の里親担当者と里親会、市町担当者に運営や体験談発表について協力依頼し、県だけではなく関係機関が連携して登録者数増加に取り組む必要があるとの意識を持てるよう働きかけた。
- ○ 各市町の広報誌への掲載のほか、里親支援専門相談員の協力のもと、スーパーや公共施設、病院等にチラシの設置や掲示を行い、研修、会議、出前講座等でのチラシ配布、県、市町、各施設の掲示板や回覧を活用するなど、様々な場面で説明会の周知を図った。
- ○ その結果、令和2年度の1会場あたりの参加者数が約2倍に増加。制度説明会を経て里親登録を希望し研修を受講する方も増加している。

【R2年度里親制度説明会の様子】

【里親募集チラシ】

愛知県：出張講座

Point 民生委員や青年会議所等の集まりに出向き、里親制度の説明、受講者と里親のグループワーク等を実施し、里親制度の啓発を実施。

- ○ 愛知県では、市役所、民生委員、ファミリーサポートの担い手、青年会議所等の集まりへ出向き、「出張講座」を実施している。商業施設においては、オープン形式の出張講座も実施。
- ○ 出張講座の担い手となり得る可能性がある団体等をこちらから開拓し、開催の調整を行う場合と、団体等からの依頼を受けて開催する場合がある。
- ○ 出張講座では、里親制度の説明、本県及び参加者が暮らす地域における社会的養護の現状に関するクイズ、グループワーク等を実施しており、社会的養護の現状を正しく理解し、自分にできることを考えていただける機会となるように取り組んでいる。
- ○ 特にグループワークでは、実際に里親として活動している方にも参加をしていただき、受講者が里親と直接話しをする機会を設けるように企画しており、具体的に里親として活動するイメージを持ってもらうことで、里親登録につなげられるように働きかけを行っている。

【出張講座の様子】 【出張講座チラシ】

2 研修・トレーニングの取組事例

（1）登録研修

北海道：登録前研修一部講義の講師依頼（市町村との連携）

Point 市町村保健師に研修の講師を担ってもらうことにより、受託後の効果的な支援につなげる。

- ○ 北海道の一部児童相談所では、登録前研修の一部（小児医学）講師を、受講者の居住する自治体の母子保健担当保健師に依頼して実施している。
- ○ 登録前研修については、基本的に集団開催だが、市町村保健師に講師を依頼する小児医学は、受講者の居住地ごと、少人数で複数回、開催している。（右図参考 R1、R2岩見沢児相開催実績 8市町で計11回実施）
  - ①日程調整　市町村母子保健担当課保健師に電話にて依頼。日時・場所を調整。
  - ②開催場所　母子保健担当課がある建物内や乳幼児健診などを行える会場で実施するよう配慮。
  - ③資料の作成　各講師が作成。市町村ごとに、地域の実情に即した資料を提供。
  　　　　　　ex）研修資料、市町村予防接種予診票、市町村の母子保健事業・子育て支援事業の紹介、母子健康手帳等
  - ④実施体制　児童相談所の里親養育支援児童福祉司も立ち会い、受講者・講師・児相の3者で実施。

【受講者の声】
登録後、半年で養子縁組前提の乳児を受託したAさん
・事前に保健師に名前を覚えてもらえた。
・受託後も事あるごとに気にかけてもらえた。
・受託前から保健師さんを知っているので、困りごとができても、気軽に相談できる。
・何か不安なことがあったら、まずその保健師さんを思い出す。

⇒結果として、

里親が困りごとを気軽に相談できる体制が地域で構築され、安心して養育できる環境づくりに貢献している。

【空知管内の状況】

R1.12 1名
R3.2 2名
R1.10 1名
R1.8 2名
R1.11 2名
R1.8 2名
R1.12 2名
R3.2 2名
R1.10 2名
R1.11 1名
R2.10 2名

横須賀市：里親登録希望者に合わせた柔軟な里親基礎研修、里親委託前研修の開催

Point 研修前からの丁寧なアセスメントにより、より里親登録の可能性の高い方を把握するとともに、研修体制を柔軟にすることで確実に里親委託につなげる。

- ○ 横須賀市では、里親候補者へのアセスメントを、担当を変えながら何度も丁寧に実施しており、その中で里親登録者が出てくれば、基礎研修、里親委託前研修を、年間実施回数を決めずに、里親希望者の状況に応じて随時、柔軟に実施している。
  （対応方法）
  1．里親希望者の面接は随時実施。
  2．希望者について里親担当で毎週ミーティングを実施。面接は2人1組で、複数回、面接者を変えて対応する。
  　→可能な限り様々な視点で面接を行い、里親候補として進むことができるかを判断。必要時、家庭訪問を実施。
  3．基礎研修の受講候補者について、所内協議を行い（所長、課長への報告）、対象者へ案内を送付する。
  4．基礎研修受講後、再度、里親としての登録の意思を確認する。
- ○ また、里親登録者が出てきた場合にすぐに対応できるように、児童福祉審議会の審査も毎月実施できる体制を確保している。

（２）未委託里親への研修

岡山県：登録直後や未委託の里親を対象に一時里親推進事業（県事業）を活用

Point 子どもたちが必要なニーズを満たされるとともに、子どもの養育や関係機関との連携のあり方を
イメージすることで、里親のモチベーション低下を防止する。

○　岡山県では、子どものための里親制度を推進するため、登録直後や未委託の里親を対象に、一時里親推進事業（県事業）を活
用している。この事業は、施設を利用している子どもたちが、里親家庭での生活体験を通じて、施設では満たすことが難しい育ちのニーズ
を満たすことや、一時保護を必要とする子どもたちが、短期間（1泊や2泊から）生活できる環境を提供することを目的としている。

○　一時里親推進事業（県事業）は、子どもの育ちに必要なニーズを満たすとともに、短期間の養育経験を通じて、里親が実際の子ど
もの養育や、児童相談所や施設等の関係機関との連携のあり方をイメージできることで、委託までのモチベーション低下の防止に繋がって
いる。

○　また、この事業の実施を通じて、児童相談所としても里親の特徴（強み等）のアセスメントを可能としており、多様で複雑な育ちの
ニーズを有する子どもとのマッチングに役立っている。

【里親制度パンフレット】

山口県：養子縁組里親対象のサロンの実施

Point 養子縁組里親に特化したサロンを開催することにより、養子縁組特有の実践例・課題を共有
し、モチベーションの維持につなげる。

○　山口県では、令和2年度に設置したフォスタリング機関が、養子縁組里親対象のサロン「COCOかふぇ」を開催している。
これは、県央部の施設が平成27年度から個別に開催していたものを引き継ぎ、フォスタリング機関の設置を機に、全県規模
でのサロンに発展させたものである。

○　県下に5か所の児童家庭支援センターがある利点を生かし、各センターを会場としている。民間機関を活用することによっ
て、親しみやすい雰囲気となり、参加の裾野が広がっている。

○　また、養子縁組成立後に里親登録を取り消した方も参加可能とし、養子縁組家庭に継続して関わりを持つことが可能と
なる（フォスタリング業務に付随して実施）。

○　年6回の開催のうち、5回は託児を設置し、大人だけでの茶話会形式、1回は家族交流会として屋外で子どもを含めた交
流を行っている。家族交流会は、養子として育つ子どもたち同士のつながりを自然と作っていくことも期待して実施している。

○　未委託里親は、子どもを迎えている里親から、委託を待っている間の思いに共感してもらうことや、実際に子どもを迎えて育
てている様子を目にすることで、自身の今後をイメージし、モチベーションを維持することにつながっている。

○　子どもを迎えた里親が、未委託里親に対し、自らの経験を話すだけにとどまらず、自身の子どもとのふれあい等の養育体験
の機会を提供でき、先輩里親からのサポート体制の構築にもつながっている。

【「COCOかふぇ」スタンドと案内チラシ】

（３）その他の取組

岐阜県：法定研修以外にも年間１６回の研修を実施

Point 里親にきめ細かく寄り添った内容の研修を実施し、効果的なスキルアップを実現。

○　岐阜県では、フォスタリング事業を受託している児童家庭支援センターが日本福祉大学の教授監修のもと、年間１６回
の研修カリキュラムを作成し、未委託里親向けやファミリーホーム開設希望者向けなど対象を細かく分けて、ニーズに合っ
た研修を実施。

○　原則受講必須のカリキュラムを設定し、全ての里親に、年間１回以上スキルアップ研修を受講するよう依頼。

○　里親一人ひとりの「研修計画」を作成し、里親自身の研修歴やこれから伸ばしていきたい内容を踏まえ、里親自身に必
要な研修内容を「見える化」することで、効果的なスキルアップを図っている。未委託里親は、「研修計画」を作成する中で、
自分に足らない技術は何なのか、希望する児童を委託してもらうには何が必要なのかを、意識してもらう。

【研修受講の様子】

愛知県：登録後の里親支援研修

Point 里親を対象に、スキルアップ及び横のつながりを構築することを目的とした研修の実施。

○　愛知県では、登録後の里親のスキルアップを目的とした「里親支援研修」を実施している。（年15回程度）

○　研修のテーマは、真実告知、ライフストーリーワーク、養育費の請求方法、未委託里親が子どもを迎え入れるための準備
等、里親からのニーズが高いもの、里親として知っておいてほしいもの等で設けている。

○　研修への参加は任意であり、里親であれば、無料で参加することが可能。

○　研修の前半は主に講義を行い、後半ではグループワーク、先輩里親の体験談、事例共有等を行うことで、同じ悩みを
抱える里親が横のつながりをつくり、相互援助機能の推進につながっている。

○　特に「お父さんサロン」という位置付けで開催している里親支援研修は、休日に開催をすることで、仕事の都合等で普
段の研修や集まりに参加ができない里父に多く参加をしていただいており、里父同士の横のつながりをつくる場となっている。

○　令和2年度は、研修の中で、里親宅で育ち、自立をした当事者の方に体験談を話してもらう機会を設ける予定であっ
たが、新型コロナウイルス感染拡大の影響もあり中止となってしまった。来年度以降の実施に向けて調整を行っている。

【里親支援研修チラシ】

3 マッチングの取組事例

静岡県：児童家庭支援センター（里親支援機関）と協働した委託（措置）里親の選定（マッチング）

中央児童相談所と児童家庭支援センター「はるかぜ」（里親支援機関）が、お互いの情報を共有し、子どもに適した里親を選定。
児童家庭支援センター（里親支援機関）が児童相談所の「里親選定委員会」に参加することにより、委託（措置）後の養育支援につながっている。

○ 静岡県では、平成29年度から、児童家庭支援センターを里親支援機関（A型）に指定し、里親制度の普及啓発、リクルート、登録前研修の実施、訪問支援、未委託里親を対象とした研修、里親サロン支援などを内容とする「里親養育援助事業」を委託することにより、里親支援の充実を図っている。

○ それまで、登録里親に関する情報、委託候補児童の情報は児童相談所が把握していたことから、児童家庭支援センター（里親支援機関）は、委託する里親の選定（マッチング）に当たって、判断材料に乏しかった。

○ そこで、児童相談所が把握している里親のこれまでの受託状況や養育に関する情報を里親の了承を得て児童家庭支援センターに提供するとともに、新規里親については、児童家庭支援センター（里親支援機関）が登録前から関わりを持つことで里親に関する情報を蓄積できるようにした。

○ 加えて、児童相談所が把握している里親への措置（委託）が適当と判断した子どもの情報についても、児童家庭支援センター（里親支援機関）へ提供することで、児童相談所と児童家庭支援センター（里親支援機関）との間で里子、里親双方の情報が共有され、里親の選定にあたり相互の情報が有効に活用されるようになった。

○ 令和３年度からは、里親の選定（マッチング）に当たり、児童相談所長出席のもと「里親選定委員会」を開催し、児童相談所と児童家庭支援センター（里親支援機関）が意見を出し合い、里親候補者を選定する取組を行っている。

○ 里親選定委員会に児童家庭支援センターが参加することで、児童相談所のアセスメントや養育の意向などが共有でき、里親と里子双方への支援について具体的なイメージが持てることとなり、児童家庭支援センターによる里親に対する効果的な養育支援・モニタリングにつながっている。

大阪府：児童相談所の組織を改編し、「家庭移行推進チーム」を設置

各児童相談所に「家庭移行推進チーム」を設置。里親担当職員のほか、児童福祉司、児童心理司を配置し、施設入所中の就学前児童、里親委託、FH委託児童を担当。
施設入所児童については、家庭引き取りが可能な場合には、再統合の取組をすすめ、難しい場合には特別養子縁組や里親委託へつなぐことを検討する。

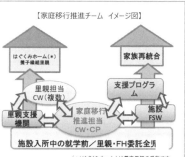

【家庭移行推進チーム イメージ図】

○ 「家庭移行推進チーム」においては、家庭移行推進を担当するSVを配置し、里親ソーシャルワークの進捗管理を行いながら、チーム内でのSV体制を確保。里親担当者は複数配置している。

○ また、家庭移行推進担当児童心理司を配置し、家庭移行を推進させるために、子どもと保護者のアセスメントを強化し、児童福祉司と児童心理司によるチームアプローチによる支援を充実させる。また、特に里親委託中の子どもたちについて、児童心理司の関わりを強化する。

○ 里親支援については里親担当職員と児童心理司が連携、その上で里親支援機関とも連携して実施する。

4 委託後支援の取組事例

群馬県：里親による里親支援事業（ピアサポート事業）

同じ「里親」の立場からの支援により、支援のスキマをフォロー。
今後増えていく「里親」が支援側にも回ることで、継続的な里親支援体制を構築。

○ 群馬県では、里親登録数や委託児童が増加する一方で、里親支援機関のみが里親や委託児童の支援を担う形では、将来に渡り継続性のある支援体制の構築が困難になることを懸念して、令和２年度から「里親ピアサポート事業」と称し、里親のマンパワーを活用した里親支援事業を、里親会への委託により実施している。

○ 本事業では、「サポート里親」を中心とした里親５組が１グループを構成し、緩やかな支援の輪を形成。グループにはベテラン里親から未委託里親までを偏らないようコーディネートし、同じ「里親」だからこそ対応できる里親ならではの相談対応や、レスパイト・ケアの調整、横のつながりの形成等の役割を担って貰っている。個々の対応をグループに委ねているため、土日・祝日を含めた支援・対応も可能となっている。

○ また、2か月に１回、「サポート里親会議」を開催し、サポート里親同士の情報交換・情報提供や、サポート里親自身の支援を行っている。

○ 令和２年度は、モデル的に５グループにより実施。令和３年度以降、順次、グループ数を拡大して実施する予定。

【「里親ピアサポート事業」のイメージ】

千葉県：里親支援機関による委託推進及び訪問支援事業

県内を北部地域と南部地域に分割して訪問支援事業を委託することにより、里親に対してきめ細やかな支援を行う。

○ 千葉県では、平成29年度より、里親が悩みを抱えて孤立してしまわないよう、直接里親を訪問して養育に関する適切な指導や助言を行う事業を委託している。地域ごとの実態に合わせた支援を行うため、人口比等を考慮し北部地域と南部地域に事業を分割している。訪問支援件数は、併せて年間150件程度となっている。

○ 児童相談所と委託事業者に加え、定期的に児童家庭支援センターの里親支援専門相談員も交え、近況報告をすることで各里親に関する情報共有を密にしている。今年度は北部南部両地域に児童家庭支援センターを設置している事業者に委託しており、より細やかな支援が可能となっている。

○ 令和２年度より事業者に心理職員を配置できるよう事業予算を拡大し、特に専門性が高い支援を必要とする里親家庭に対してもきめ細やかな支援を行っている。

【赤線で県内を北部と南部に分割】

兵庫県：会議体による里親委託及び特別養子縁組対象児童の情報把握

Point <u>支援を要する妊婦が受診する病院と、児童相談所がスムーズに情報連携するため、医療関係者をメンバーに組み込んだ会議体を設置し、システムフローを構築。</u>

【ひょうご里親委託・養子縁組推進システムフロー】

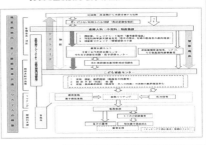

○ 特別養子縁組を念頭においた新生児・乳児の里親委託にあたっては、医療機関や母子保健機関との連携の下、実親の意思を尊重することを前提としたソーシャルワークの視点に加え、妊娠中からの相談、支援及び出産直後のケアを必要とする。

○ そのため一般的な里親委託以上に関係者相互の意思疎通の重要性が高く、行政は実親、医療機関、里親等の多様な関係者に対するきめ細やかな働きかけが不可欠となる。

○ 兵庫県では、平成28年度から行政や産婦人科医、小児科医、保健師等で構成される「里親委託・養子縁組推進会議」を設置した。

○ 「里親委託・養子縁組推進会議」において、思いがけない妊娠や若年妊娠で出産後もリスクを抱える母子等について、産婦人科医等の医療機関とこども家庭センター（児童相談所）が緊密に連携し、早い段階で里親委託、特別養子縁組等親へ繋ぐ仕組み（ひょうご里親委託・養子縁組推進システムフロー）を構築している。

【県こども家庭センターが関わった特別養子縁組成立件数】
H27年度：2件　H28年度：10件　H29年度：11件　H30年度：10件　R元年度：12件

香川県：特別養子縁組制度の普及啓発及び縁組成立後のフォローアップの実施

Point <u>「特別養子縁組制度講演会」や「里親・養親サロン」の実施により、特別養子縁組に特化した啓発やフォローアップを展開する。</u>

【特別養子縁組制度講演会の開催】

○ 香川県では、平成29年度から特別養子縁組に関心のある方、医療関係者、児童相談所職員等を対象として、特別養子縁組制度の理解促進や養子縁組里親の登録促進を目的とした「特別養子縁組制度講演会」を実施している。

○ また、養子縁組里親登録者や特別養子縁組が成立した養親が参加し、意見交換や情報交換等を行う「里親・養親サロン」を継続的に開催しており、養子縁組里親及び養親の交流促進の機会としている。

○ 講演会やサロンにおいては、特別養子縁組が成立した養親自身に縁組成立前後の体験談等を語っていただくことや、県が作成する啓発リーフレットに「養親の声」としてメッセージを掲載いただくことなどにより、養親の声が直接届くよう工夫している。

栃木県：里親支援専門相談員による主体的な活動の実施

Point <u>各乳児院・児童養護施設の里親支援専門相談員による「里親支援専門相談員部会」を設置し、定期的な情報共有の実施等により里親等委託を推進。</u>

【他県の里親支援専門相談員との意見交換会の様子（R元年度）】

○ 県内の乳児院及び児童養護施設等で構成される栃木県児童養護施設等連絡協議会の中に、各乳児院及び児童養護施設の里親支援専門相談員を中心とする「里親支援専門相談員部会」を設置している。

○ 部会の主な活動として、定期的（年6回程度）会議を開催。各施設におけるマッチング等の取組状況の共有、事例検討、他自治体等への視察研修等を実施し、里親等委託の推進を図っている。

○ 部会には、テーマによって児相職員やこども政策課職員も参加し、情報共有や意見交換等を実施している。

○ また、部会独自のチラシ「里親支援専門相談員部会だより」の作成・配付や各市町が行う福祉祭り等でのPR等、児相、里親及び市町と連携した普及啓発活動に加えて、児相が実施する里親を対象とした研修への協力（専門相談員が行う支援についての説明、研修当日の託児等）等を実施している。

東京都：里親支援専門相談員による里親家庭の支援

Point <u>里親が地域で孤立することなく子供を養育していくことができるように、東京都では「チーム養育」を大切にしている。</u>

【東京都の里親制度におけるチーム養育体制】

○ 東京都では、平成30年1月から、里親家庭の支援にあたり「チーム養育体制」を取り入れている。

○ これは、児童相談所の進行管理のもと、関係機関がチームで養育を行う体制であり、里親についても、このチームの一員として連携して子供の養育をしていくという考え方がこの体制の根幹にある。

○ チームの中でも施設の職員である里親支援専門相談員による里親家庭の定期的な訪問は、この制度の柱の一つとなっている。

○ 子供の気持ちも養育者としての苦労も理解することができる施設の職員による支援は、里親に寄り添った支援も可能であるとともに、里親を地域に結ぶ役割も果たしている。

○ 併せて、子供が通う学校や地域の里親制度に対する理解が進むよう、関係者が一体となって普及啓発にも取り組んでいる。

大分県における里親等委託推進に向けた取組

❶地域の特色

・大分県は、18歳未満人口が約17万人の県であり、2013(H25)年度から2018(H30)年度までは、子どもの人口が減少する一方で、代替養育を必要とする子どもは2018(H30)年度末時点で501人おり、代替養育を必要とする子どもの数の子ども人口に占める割合は0.3%に近づいている。

・児童虐待対応件数は年々増加傾向であり、2018(H30)年は2013(H25)年の1.87倍に増加。

・**全国に先駆け2002(H14)年以降、里親委託を積極的に推進した結果、当時1.2%であった里親委託率は2006(H18)年度末に10.9%、2016(H28)年度末には30.6%まで上昇。**
この間、**2006(H18)年から2016(H28)年までの増加率(19.7%)は全国4位。**

❷フォスタリング体制

児童相談所の里親担当職員の配置状況
・専従職員6名(全員中央児相に配置)

里親支援専門相談員の配置状況
・乳児院 1か所／1か所　・児童養護施設 8か所／9か所

※里親支援専門相談員の主な役割
① 委託中の里親支援のための里親宅や里親サロンの定期的な訪問
② 研修でのファシリテーターとして里親同士の交流促進や助言

フォスタリング業務の実施機関

実施機関名	リクルート	研修トレーニング	マッチング	委託後支援・交流	国庫補助
中央児童相談所	●	●	●	●	●
児童家庭支援センター(3)				●	
里親会				●	

里親支援専門相談員

実施機関名	リクルート	研修トレーニング	マッチング	委託後支援・交流
乳児院(1)		●	●	●
児童養護施設(8)		●		●

❸基礎情報

	平成25年度末	平成30年度末	令和6年度末(目標)	
			(全体)	(3歳未満)
登録里親数	127世帯	180世帯	230世帯	–
里親等委託児童数	130人	166人	190人	25人
代替養育が必要な児童数	463人	501人	498人	33人
里親等委託率	28.1%	33.1%	38%	75%

取組の概要(詳細は次頁参照)

里親制度の普及啓発とリクルートによる里親登録者の確保
・ **市町村・民間団体等と協働し、**認知度向上に向け積極的なアプローチを実施

里親の育成と養育力の向上
・ **体系的な研修やトレーニングプログラムの充実**により、里親の養育力を向上

マッチング及び里親支援の充実
・ 児童養護施設や乳児院に里親支援専門相談員を配置し、**マッチングの段階から、施設の専門性を活かした養育支援を実施**

→ **2013(H25)年度から2018(H30)年度の里親新規登録が年平均10組増加**

大分県のフォスタリング事業の取組

○中央児童相談所をフォスタリング業務実施機関と位置づけ、児童福祉司(里親担当)や里親委託推進員、里親リクルート活動員を集中的に配置することで、マッチングから委託後支援まで児童相談所職員による丁寧な対応が可能となっている。また、児童相談所里親担当職員と里親支援専門相談員の定期的な情報共有が可能となり、児童相談所の子ども担当職員へのスムーズな情報提供が可能となり、円滑な委託後フォローに繋がっている。

○長年積み重ねてきた市町村や民間機関との協力関係により、幅広く、きめ細かな普及啓発・リクルート活動が可能になり、里親登録者の絶対数の増加に繋げるとともに、未委託里親も含めた任意のスキルアップ研修の充実やフォスタリングチェンジプログラム等の実施により、養育里親の確保を図っている。

○児童相談所職員、里親支援専門相談員、里親の顔の見える関係を構築し、丁寧なマッチングを行うとともに、定期訪問や里親サロンの開催等により、里親の養育の悩みや不安、喜び等を共有して、適時適切な委託後支援を実施し、里親が安心して養育できる環境づくりに取り組んでいる。

１．普及促進・リクルート事業の取組
・県内全市町村で里親募集説明会を開催し、長期里親だけではなく、短期里親への案内も実施(令和2年度35回)
・里親中央フォーラムを開催し(年1回)、里親や里親養育経験者のトークショーなどを交えた普及啓発を実施
・民間機関の協力による広報誌での特集連載(グリーンコープ生協会報、印刷会社発行の生活情報誌)
・地域で先輩里親の体験談が聞ける座談会(里親カフェ)を実施(県内6地区×1回)
・出前講座として、教員、民生委員の研修会、不妊治療医療機関などに児相職員が出向いて、里親制度や特別養子縁組制度の説明会を実施
・大分県産婦人科医会との連携

２．里親研修・トレーニング事業の取組
・里親の養育力向上を目的に、法定研修とは別に、**未委託里親も含めて**スキルアップ研修を年4回実施
(養育で困りそうなテーマを選定して、グループワークを取り入れ、里親専門相談員や先輩里親がアドバイス)
・**児童養護施設・乳児院の協力**を得て、施設の里親支援専門相談員が研修のグループワークに参加し、養育の専門性やノウハウを里親に伝達
・児相職員が未委託里親家庭を定期的に訪問し、研修の参加等を働きかけを実施
・里親、FHの補助者、地域小規模児童養護施設の職員等を対象としたフォスタリングチェンジプログラムを実施

３．里親委託等推進事業(マッチング)の取組
・児相職員の定期訪問により里親の意向や状況把握を行い、里親と子どもの状況に応じたきめ細かなマッチングや里親応援会議を実施
・児相職員、里親支援専門相談員、里親の顔の見える関係を構築し、円滑なマッチングを実施
・児童養護施設や乳児院に里親支援専門相談員を配置し、**マッチングの段階から、施設の専門性を活かした養育支援を実施**
・委託解除後訪問により、次の委託に向けた意向等を必ず確認

４．里親訪問等支援事業の取組
・初期支援の重要性を踏まえ、委託後6か月間は、児童職員を中心に定期訪問・電話による計画的な支援を実施
・児童養護施設や乳児院に里親支援専門相談員を配置し、里親家庭を訪問し、養育相談を実施。里親レスパイトも積極的に活用。
・里親会が里親サロンを地域ごとに定期開催し、他の里親と養育の悩みや喜びを共有。**里親支援専門相談員も参加し助言等を行う。**
・情報共有のため、**児童相談所と里親支援専門相談員が月1回の定期連絡会を開催**、個々のケースを共有し、必要に応じて、ケースワーカーに繋ぐなど、関係機関と連携した支援を実施

(里親募集説明会の案内)

(里親カフェの様子)

福岡市における里親等委託推進に向けた取組

❶ 地域の特色

- 福岡市は、18歳未満人口が約24万人の都市であり、そのうち、代替養育を必要とする子どもが平成30年度末時点で約380人いる。

- 児童虐待相談対応件数は年々増加傾向であるが（H25:415件 → H30:1,908件）、子どもの家庭復帰を促進し、できる限り家庭から分離せずに社会で養育するという方針に転換した結果、**代替養育が必要な児童数は減少傾向**にある。

- 地域の特色として、福岡市は従前からNPO法人との共働関係にある地域であり、NPO法人との共働による里親制度の普及啓発や民間フォスタリング機関と協力した里親委託による家庭養育推進を図っており、**乳児院から児童養護施設への措置変更は減少**している（H25: 8人 → H30: 0人）

（地図：福岡市子ども家庭支援センター SOS子どもの村福岡、NPO法人キーアセット、福岡市子ども総合支援センターえがお館（児童相談所）、福岡市子ども家庭支援センターはぐはぐ、児童養護施設、乳児院、東区・博多区・中央区・南区・城南区・早良区・西区）

❷ フォスタリング体制

児童相談所の里親担当職員の配置状況
- 専従職員 7 名

里親支援専門相談員の配置状況
- 乳児院 2か所／2か所　　・児童養護施設 1か所／3か所

※里親支援専門相談員の主な役割
①未委託の養子縁組里親を対象とした研修の実施
②縁組成立後の里親家庭を対象とした交流の場の運営

実施機関名	リクルート	研修・トレーニング	マッチング	委託後支援・交流	国庫補助
こども総合相談センターえがお館（児童相談所）	●	●	●	●	●
NPO法人キーアセット	●	●	●	●	●
子ども家庭支援センター「SOS子どもの村福岡」		●		●	
子ども家庭支援センター「はぐはぐ」		●		●	

里親支援専門相談員

実施機関名	リクルート	研修・トレーニング	マッチング	委託後支援・交流
乳児院（2）		●		●
児童養護施設（1）		●		●

❸ 基礎情報

	平成25年度末	平成30年度末	令和6年度末（目標）（全体）	（3歳未満）
登録里親数	130世帯	221世帯	403世帯	－
里親等委託児童数	147人	181人	242人	27人
代替養育が必要な児童数	461人	378人	390人	35人
里親等委託率	31.9%	47.9%	62.1%	77.1%

取組の概要（詳細は次頁参照）

乳幼児里親の開拓・充実を図る方針の策定
- 以前は、2歳未満の乳児のほとんどを乳児院に措置していたが、子どもたちの心身の発達においては、乳幼児期の愛着関係が重要であり、特定の大人による養育が必要だと結論づけ、**2016年に乳幼児が出来る限り家庭で養育されるように上記方針を策定。**

児童相談所とNPO法人の2本柱で里親委託を推進
- 児童相談所の業務量等を踏まえると、行政の力だけで里親委託を推進するには限界があるため、NPO法人と強力に連携し、**行政と民間の2本柱で攻めのリクルート等を実施**

→ **乳幼児の里親等委託率はH29末の29.2%からR1末に69.9%に上昇**

福岡市のフォスタリング事業の取組

○福岡市では、こども総合相談センター（児童相談所）を公的フォスタリング業務実施機関、NPO法人キーアセットを「乳幼児を受託する養育里親」に関する民間のフォスタリング業務実施機関（福岡市の委託業務）と位置づけ、それぞれの強みを活かした明確な役割分担と連携のもとフォスタリング業務を展開。

○平成17年度から子どもの権利擁護等の取組を展開するNPO法人と共働し、子ども・子育て支援等に関与する民間団体（20団体ほど）に幅広く呼びかけ実行委員会方式により普及啓発の在り方を検討。年2回のフォーラムは定着している取組のひとつ。ネットワークができたことにより、実行委員でもある市社協が実施するファミリーサポーター研修において里親制度の案内を実施するなど、子育て支援に関心の高い市民への普及啓発の機会につながっている。

○児童相談所においては里親担当職員の体制を充実させるとともに、施設入所児童を担当する係において、入所児童それぞれの現状やニーズを改めて見直し、保護者へアプローチしたり、里親委託に措置変更していくなど地道な取組みの結果、「家庭養育優先」の具現化が図られてきた経過があり、所内全体としての風土づくりが重要。

【こども総合相談センター】（福岡市児童相談所）

◆ **市民との共働による普及啓発（H17〜）**
NPO法人との共働による実行委員会方式（ファミリーシップふくおか）による普及啓発
→「新しい絆フォーラム」の開催（年2回）
広く市民へ感動とともに里親制度を伝える

里親委託率UP
H16 6.9%→R1 52.5%

◆ **里親研修の実施**
- 基礎研修、登録前研修を年4回実施
- 里親支援専門相談員の協力を得て施設での実習実施
- 養育里親の養育力向上を目指した「フォスタリングチェンジプログラム」の実施（NPO法人SOS子どもの村との共働事業）

【NPO法人 キーアセット】

◆ **攻めのリクルート活動（H28〜）**
《リクルート先》
複合商業施設、カフェ・区役所
スーパーマーケット、バス車内広告
市役所のイベント等

◆ **アセスメント・トレーニングブック"Journey to Foster"を活用した研修の実施**
- 一貫性のある研修の提供
アセスメントとトレーニングを一緒に行う
- 開催の時期や曜日・時間帯など里親候補者に合わせた柔軟な研修体制

【両フォスタリング機関の相互連携によるマッチングと委託後支援の取り組み】
- こども総合相談センターとキーアセットの定例事業報告会（月1回）の実施 → 里親候補者ならびに登録里親の情報共有
- **乳幼児の保護は、一時保護委託も含めてまずは里親委託を検討**
- マッチングに関してはその都度協議しながら、子どもに最も適した里親の選定を行う
- **リクルートから委託後支援まで、一貫してキーアセットが担当** → 里親との信頼関係を重視
- 実親との面会交流が必要な場合は、里親をフォローしながら積極的に進め家族再統合を目指す

里親養育包括支援（フォスタリング）事業【拡充】

1．事業内容

【令和3年度予算】213億円の内数（児童虐待・DV対策等総合支援事業）

　里親のリクルート及びアセスメント、登録前・登録後及び委託後における里親に対する研修、子どもと里親家庭のマッチング、里親養育への支援（未委託期間中及び委託解除後のフォローを含む。）に至るまでの一貫した里親養育支援及び養子縁組に関する相談・支援を総合的に実施する事業に要する費用を補助。

　「概ね5年以内に3歳未満児の里親等委託率75％以上」の目標を実現するため、令和6年度末までの期間に限り、目標の達成に向けて意欲的に取り組む自治体に対して、補助率の嵩上げ（補助率1／2→2／3）を行う。≪拡充≫

　また、市町村との連絡調整に必要な連携コーディネーターの配置等の支援を行い、フォスタリング機関と市町村が連携して里親制度の普及促進や新規里親の開拓等の一層の推進を図る。≪拡充≫

①里親制度等普及促進・リクルート事業

　里親のリクルートに向けた現状分析や企画立案を行うとともに、それらを踏まえた積極的な広報啓発活動の実施により新たな里親を開拓する。

②里親研修・トレーニング等事業

　里親に対する登録前研修や更新研修を実施するとともに、未委託里親や委託後の里親に対して、事例検討やロールプレイ、実習などのトレーニングを実施することにより、養育技術の維持、向上を図る。また、フォスタリング業務を担当する職員の研修への参加を促進し、資質向上を図る。

③里親委託推進等事業

　子ども、実親及び里親家庭のアセスメントを踏まえた情報を基に、委託先の候補となる里親家庭の選定、委託の打診と丁寧な説明、子どもと里親の面会等を実施するとともに、委託後の子どもの自立に向けて、子どもや里親等の意向を踏まえた効果的な自立支援計画を作成する。

④里親訪問等支援事業

　里親家庭等への定期的な訪問や夜間・休日の相談窓口の開設等により、相談に応じるとともに、子どもの状態の把握や里親等への援助を行う。また、里親等が集い、養育についての話し合い等相互の交流を定期的に行い、情報交換や養育技術の向上を図る。

　里親養育支援体制の更なる充実を図るため、フォスタリング機関が24時間の相談体制及び緊急時に里親家庭へ駆けつけられる緊急対応体制を整備する。

⑤里親等委託児童自立支援事業 ≪新規≫

　フォスタリング機関に進学・就職等の自立支援や退所後のアフターケアを担う自立支援担当職員を配置し、児童養護施設等と同様、里親・ファミリーホームにおいても委託解除前から自立に向けた支援を行う。

⑥共働き家庭里親委託促進事業

　企業に働きかけ、里親委託と就業の両立が可能となるような仕組みづくりを官民連携の下、共有し、分析・検証し、その成果を全国的に普及・拡大する。

⑦障害児里親等委託推進モデル事業

　障害児やその養育者への支援に関して専門的なノウハウを有する児童発達支援センター・障害児入所施設等と連携し、障害児の養育を行う里親等を訪問して必要な支援を行うなど、障害児養育に係る里親等の負担軽減に向けた支援体制の構築に向けたモデル事業を創設する。

⑧里親等委託推進提案型事業 ≪新規≫

　「概ね5年以内に3歳未満児の里親等委託率75％以上」の目標の達成に向けて意欲的に取り組む自治体が行う先駆的な取組を支援し、効果的な取組事例を横展開できるよう、提案型補助事業を創設する。

2．実施主体

　都道府県・指定都市・児童相談所設置市（設置予定市区）（民間団体等に委託して実施することも可）

3．補助率

　①～⑦の事業：国1／2（又は2／3）、都道府県・指定都市・児童相談所設置市：1／2（又は1／3）、　⑧の事業：国10／10

4．補助基準額

①統括責任者加算・・・・・・・・・・・1か所当たり　5,875千円

②市町村連携加算・・・・・・・・・・・1か所当たり　5,700千円

③里親制度等普及促進・里親リクルート事業
　都道府県等が実施する場合・・・・・1自治体当たり　1,938千円
　委託して実施する場合・・・・・・・1か所当たり　1,292千円
　里親リクルーター配置加算・・・・・1か所当たり　5,745千円加算
　新規里親登録件数
　　15件以上25件未満・・・・・・・・1か所当たり　1,305千円加算
　　25件以上35件未満・・・・・・・・1か所当たり　1,860千円加算
　　35件以上・・・・・・・・・・・・1か所当たり　2,415千円加算

④里親研修・トレーニング等事業
　都道府県等が実施する場合・・・・・1自治体当たり　7,759千円
　委託して実施する場合・・・・・・・1か所当たり　5,173千円
　里親トレーナー配置加算（常　勤）1か所当たり　5,439千円加算
　里親トレーナー配置加算（非常勤）1か所当たり　2,604千円加算
　研修代替要員費・・・・・・・・・・1人当たり　　　38千円

⑤里親委託推進等事業　・・・・・・・1か所当たり　6,485千円
　新規里親委託件数
　　15件以上30件未満・・・・・・・・1か所当たり　1,125千円加算
　　30件以上45件未満・・・・・・・・1か所当たり　2,880千円加算
　　45件以上・・・・・・・・・・・・1か所当たり　3,945千円加算

⑥里親訪問等支援事業　・・・・・・・1か所当たり　9,803千円
　里親等委託児童数
　　20人以上40人未満・・・・・・・・1か所当たり　2,337千円加算
　　40人以上60人未満・・・・・・・・1か所当たり　4,304千円加算
　　60人以上80人未満・・・・・・・・1か所当たり　7,769千円加算
　　80人以上・・・・・・・・・・・・1か所当たり　10,486千円加算
　心理訪問支援員配置加算（常　勤）・1か所当たり　5,106千円加算
　心理訪問支援員配置加算（非常勤）・1か所当たり　1,552千円加算
　面会交流支援加算・・・・・・・・・1か所当たり　2,195千円加算
　夜間・土日相談対応強化加算
　　24時間365日の相談支援体制を
　　整備する場合・・・・・・・・・・1か所当たり　6,092千円加算
　　上記以外・・・・・・・・・・・・1か所当たり　2,880千円加算

⑦里親等委託児童自立支援事業
　アフターケア対象者10人以上かつ
　支援回数120回以上の場合・・・・・1か所当たり　2,906千円
　アフターケア対象者20人以上かつ
　支援回数240回以上の場合・・・・・1か所当たり　5,812千円

⑧共働き家庭里親委託促進事業　・・・1自治体当たり　3,749千円

⑨障害児里親等委託推進モデル事業　・1か所当たり　2,100千円

⑩里親等委託推進提案型事業　・・・・・1自治体当たり　10,000千円

里 親 養 育 包 括 支 援 （ フ ォ ス タ リ ン グ ） 事 業 イ メ ー ジ

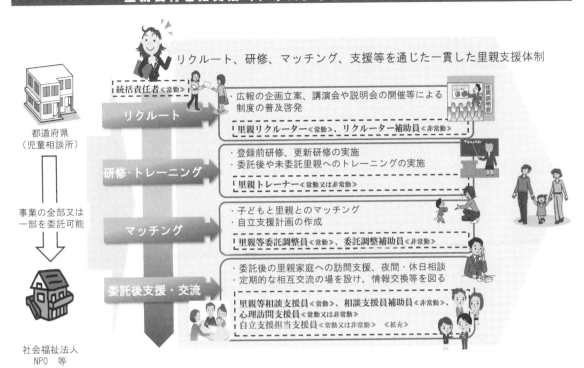

リクルート、研修、マッチング、支援等を通じた一貫した里親支援体制

統括責任者《常勤》

リクルート
・広報の企画立案、講演会や説明会の開催等による制度の普及啓発
里親リクルーター《常勤》、リクルーター補助員《非常勤》

研修・トレーニング
・登録前研修、更新研修の実施
・委託後や未委託里親へのトレーニングの実施
里親トレーナー《常勤又は非常勤》

マッチング
・子どもと里親とのマッチング
・自立支援計画の作成
里親等委託調整員《常勤》、委託調整補助員《非常勤》

委託後支援・交流
・委託後の里親家庭への訪問支援、夜間・休日相談
・定期的な相互交流の場を設け、情報交換等を図る
里親等相談支援員《常勤》、相談支援員補助員《非常勤》、
心理訪問支援員《常勤又は非常勤》
自立支援担当支援員《常勤又は非常勤》 《拡充》

都道府県
（児童相談所）

事業の全部又は一部を委託可能

社会福祉法人
NPO 等

市町村と連携した里親等委託の推進について（市町村連携加算）

（里親養育包括支援（フォスタリング）事業）

事業内容

○ 「家庭養育優先原則」に基づき、里親等委託の推進するに当たり、里親の確保や養育支援は重要な課題であり、地域において児童福祉に理解がある者や子どもの養育を希望する者などを把握し、地域の子育て支援を担う市町村との連携は極めて重要となっている。
○ このため、フォスタリング機関に市町村連携コーディーネーターを配置し、里親制度等普及促進・リクルート事業や里親研修・トレーニング事業等について、市町村との連携した取組を推進する。

加算額

1か所当たり 570万円

市町村と連携した里親等委託推進のイメージ

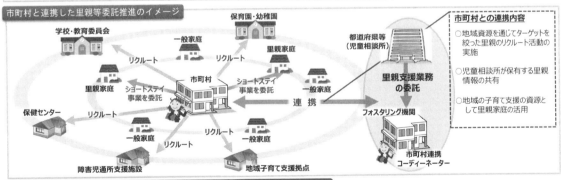

都道府県等と市町村が連携して里親等委託を推進することにより期待される効果

都道府県におけるメリット
○ 地域における里親家庭の理解促進が図られること。
○ 地域の児童福祉に理解がある者や子どもの養育を希望する者に対する里親登録の働きかけが一層推進されること。
○ 短期間でも子どもの養育経験を積むことによる里親（特に未委託里親）のスキルアップに繋がること。
○ 地域の様々な子育て支援施策を活用した里親の養育支援が行われること。

市町村におけるメリット
○ 地域の子育て支援の資源として里親を活用できること（特に児童養護施設等がない地域においてもショートステイ事業を実施できるようになる）。
○ 地域の要支援家庭等について、フォスタリング機関や乳児院・児童養護施設等からのバックアップを受けた里親を通じて支援を行うことができること。
○ 地域の支援が必要な子どもにとっても、地域において里親制度が広まることにより、養育環境が急激に変化することなく、支援を受けることができること。

障害児の里親等委託の推進について（障害児里親等委託推進モデル事業）

（里親養育包括支援（フォスタリング）事業）

事業内容

○ 「家庭養育優先原則」に基づき、障害児も含め里親等委託を推進しているところであり、里親・ファミリーホームに委託された子どもの中には障害児も多く含まれている。今後、さらに里親等委託が進展していくことに伴い、障害児の受け入れを行う里親・ファミリーホームの割合は増加することが見込まれる。一方で、養育者である**里親等は障害児の養育について不安や負担を感じている**ことから、里親等に対する**支援体制の構築が課題**となっている。
（参考）障害等のある児童の割合（平成30年10月1日時点）　里親：24.9%　ファミリーホーム：46.5%

○ このため、里親等包括支援機関（フォスタリング機関）が、障害児やその養育者への支援に関して専門的なノウハウを有する**児童発達支援センター・障害児入所施設等と連携**し、障害児の養育を行う里親等を訪問して必要な支援を行うなど、**障害児養育に係る里親等の負担軽減に向けた支援体制の構築に向けたモデル事業を実施**する。

（参考）障害児入所施設の在り方に関する検討会報告書（令和2年2月10日）
・ 障害児においてもできる限り良好な家庭的環境の中で特定の大人を中心とした継続的で安定した愛着関係の下で育ちを保障することでウェルビーイングの向上を目指す必要があり、より家庭的な環境として里親やファミリーホームの活用を一層推進するための検討をすべき。
・ 厚生労働省においては、提言を受けて関係部局で施策をさらに一層推進することが極めて重要であり、これに関して障害児支援を担当する障害保健福祉部は、社会的養護施策を担当する子ども家庭局と共に施策を進めるべきである。

補助額等

（1）実施主体　都道府県、指定都市、児童相談所設置市
（2）補助額　　1か所当たり　210万円
（3）負担割合　国1／2、実施主体1／2
（4）実施か所数　10か所程度

事業イメージ

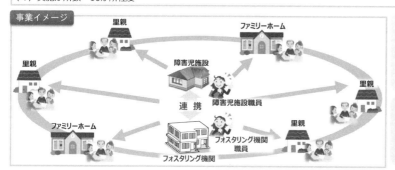

障害児施設職員の業務イメージ
①障害児への専門的な支援の実施
②里親等への養育に関する相談支援
③地域社会との交流支援
④他の障害福祉サービスとの連携支援
⑤障害児養育に知見のある里親のリクルート

フォスタリング機関職員の業務イメージ
①支援ニーズの把握
②障害児施設との連絡調整
③障害児施設職員との連携による支援
④他の児童福祉サービスとの連携支援

「里親月間（里親を求める運動）」について

1. 目　的

　厚生労働省及び関係団体が主唱し、毎年10月を「里親月間（里親を求める運動）」と定め、都道府県、指定都市、児童相談所設置市が管内市町村や、児童福祉施設、里親支援機関、各地域の里親会や社会福祉協議会等の関係機関並びに関係団体の協力を得ながら、①地域の実情に応じて里親制度に関する広報活動を展開、②新規里親の開拓を行うなど里親委託を促進、③里親家庭において適切な養育を確保し里親を孤立させることのないよう里親支援の充実を図り、併せて、④里親組織の育成等に取り組むことにより、里親制度の一層の推進を図ることを目的とする。

2. 主唱・協力

主唱：厚生労働省、公益財団法人全国里親会、一般社団法人日本ファミリーホーム協議会

協力：都道府県、指定都市、児童相談所設置市、市町村、社会福祉法人全国社会福祉協議会、全国児童養護施設協議会、全国乳児福祉協議会、全国母子生活支援施設協議会、全国児童自立支援施設協議会、全国児童心理治療施設協議会、全国自立援助ホーム協議会、全国児童家庭支援センター協議会、公益財団法人日本財団、全国児童相談所長会、全国民生委員児童委員連合会、全国保育協議会、公益社団法人全国私立保育園連盟、社会福祉法人日本保育協会、公益社団法人日本PTA全国協議会、一般財団法人児童健全育成推進財団、全国地域活動連絡協議会、NPO法人子育てひろば全国連絡協議会

3. 取組方針

　月間期間中、以下の基本的な方針により取り組む。

（1）　里親制度の普及啓発の強化を図り、児童福祉関係機関・施設はもとより病院や学校、企業・事業所、地域住民等への理解を促すことにより、社会全体で里親を支援する気運づくりを行う。
（2）　新規里親を積極的に開拓するとともに、併せて未委託里親への委託を進めるなど、里親委託数を増加させる。
（3）　里親等への研修等を充実し、里親の養育技術の一層の向上を図る。
（4）　児童相談所、里親支援機関、児童家庭支援センター等による里親支援の一層の拡充を図る。
（5）　里親組織等を育成するとともに、活動の活性化を図る。

令和 2 年度の里親制度の広報啓発

事業内容

　里親制度等の普及促進を図るため、年間を通じて、また、毎年10月に実施する里親月間（里親を求める運動）においては特に集中的に、様々な広告媒体を活用した広報啓発を実施。

令和元年度

1. **インターネット等を活用した広報の実施**
   - **①里親制度に関する特設サイトの開設**
     里親制度の基本情報や里親制度啓発動画、インタビュー記事（里親、元委託児童等）等の掲載
   - **②インターネット広告等の実施**
     TwitterやYahoo!等に広告を掲載し、特設サイトへ誘導
2. **BSテレビCMの放映**
   10月の里親月間に合わせて、BSテレビでCMを放映
3. **新聞広告の実施**
   9月30日の読売新聞夕刊、10月1日の読売新聞朝刊に広告を掲載
4. **ポスター、リーフレットの配布・掲示**
   発送部数：ポスター約3万5千部、リーフレット約65万部
   配布先　：自治体、公共交通機関等

令和 2 年度

1. **LINEやインターネット等を活用した広報の実施**
   - **①里親制度に関する特設サイトの開設**
     里親制度の基本情報や里親制度啓発動画、インタビュー記事（里親、里親支援に従事されている方、元委託児童等）等の掲載
   - **LINEを活用した広報の実施**
     LINEアプリやLINE NEWS等に広告を掲載し、特設サイトへ誘導
   - **②インターネット広告等の実施**
     TwitterやYahoo!、Google等に広告を掲載し、特設サイトへ誘導
2. **地上波テレビCMの放映**
   10月の里親月間に合わせて、地上波テレビでスポットCMを放映
3. **新聞広告の実施**
   10月1日の朝日新聞朝刊に一面広告を掲載
4. **シンポジウムの開催**
   10月10日に里親や有識者等が登壇するシンポジウムを開催
5. **ポスター、リーフレットの配布・掲示**
   発送部数：ポスター約2万部、リーフレットはデジタル化
   配布先　：自治体、公共交通機関等
6. **映画「朝が来る」とのタイアップ**
   映画「朝が来る」とタイアップした広報を実施
   （タイアップポスター及び特設サイトを開設）
7. **政府広報テレビ・ラジオによる広報の実施**
   10月の里親月間に合わせて、政府広報テレビ及びラジオを通じて里親制度の特集を放送

予算額

里親制度等広報啓発事業費補助金	【令和2年度予算】81百万円	➡	【令和3年度予算】210百万円

不妊治療関連施策とあわせて実施する里親制度や特別養子縁組制度の普及啓発等

＜検討課題＞

　子どもを持ちたいと願う家庭の選択肢として、早い段階から里親制度や特別養子縁組制度に興味・関心を持っていただけるよう、不妊治療への支援拡充と併せて、不妊治療医療機関などにおける、里親・特別養子縁組制度の普及啓発等を強化。

※特別養子縁組とは、実親（生みの親）との法的な親子関係を解消し、養親（育ての親）との新たな親子関係を結ぶ制度。

＜対応方針＞

現　状

✓ 広く一般に対して里親・特別養子縁組制度の普及啓発を実施。

（厚生労働省の普及啓発ポスター）

✓ 子どもを持ちたいという願いを叶える選択肢の一つとして、不妊治療を受けている方に対して、里親・特別養子縁組制度をご案内する取組は不妊治療医療機関等において殆ど無い。

今後の取組の方向性

令和2年度中
✓ 里親・特別養子縁組制度に関する不妊治療を受けている方への意識調査や、不妊治療医療機関における不妊治療を受けている方への制度のご案内の仕方に関するパイロット研究を実施。

令和3年度以降
✓ 不妊治療医療機関や不妊専門相談センター等において、
　①不妊治療を受けている方に対する制度のご案内の推進
　②スタッフが制度を正しく理解するための研修やマニュアル整備の推進

✓ 不妊治療医療機関や不妊相談専門センター、婦人相談所、児童相談所、民間団体等のネットワークを構築

LINEやインターネット等を活用した広報の実施

テレビ等をあまり視聴することのない方も含め、**多くの方が利用するLINE**（月間約8,400万人利用）**やTwitter**（月間約4,500万人利用）を活用した広報のほか、**Yahoo!等のインターネット広告**を活用した広報を実施。

イメージ図

≪LINEアプリ≫　　≪インターネット広告≫

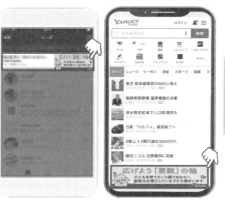

※LINE関連アプリ（LINEマンガやLINE
　ウォレットなど）でも同様の広報を実施

※GoogleやTwitterも同様の広報を
　実施

**里親広報
特設サイト**

≪トップページ≫

≪里親の種類の紹介≫

≪養育費に関する支援の紹介≫

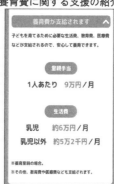

テレビCM等を活用した広報の実施

広報内容

日常的に接触頻度が多く、社会的影響力のあるテレビCM等を活用し、より広く国民に制度の情報を発信することで**里親制度の社会的認知の底上げを図る。**

地上波TVCM（令和2年度新規）

- エ リ ア：関東ローカル
- 放送時期：令和2年10月1日〜31日（里親月間）
- 秒　　数：1回当たり15秒
- エリア人口：関東地区世帯数19,866千世帯
　　　　　　　関東地区人口43,115千人

≪CMイメージ≫

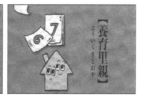

政府広報(TV番組,ラジオ)

≪政府広報テレビ≫

①番組情報
・番組名：「宇賀なつみのそこ教えて！」
・放送局：BS朝日
・放送日時：10月16日（金）18:00〜18:30
　　　　　　（再放送）10月23日（金）18:00〜18:30）

②放送内容
1. 有識者の方による里親制度の説明（趣旨や里親への支援、研修等について）
2. 現役里親（共働き世帯）の方への取材
3. 里親に対する様々な支援を実施しているフォスタリング機関への取材
4. 里親家庭で育った方への取材

≪政府広報ラジオ≫

①番組情報
・番組名：「柴田阿弥とオテンキのりの
　　　　　　ジャパン5.0」
・放送局：文化放送をはじめNRN系列
　　　　　　全国19局ネット
・放送日時：10月18日（日）
　　　　　　12:20〜12:35
（※）曜日・時間は放送局によって異なる。

②放送内容
1. 里親制度の趣旨や目的について
2. 里親になるための条件や手続き等について
3. 里親の種類や特別養子縁組制度との違いについて
4. 里親が養育する際に受けられる支援や里親手当等について

資料❹　自立支援の充実

（厚生労働省子ども家庭局家庭福祉課「社会的養育の推進に向けて（令和3年5月）」より）

進学、就職の状況の推移（児童養護施設・里親）

①中学校卒業後の進路（各年度末に中学校を卒業した児童のうち、翌年度5月1日現在の進路）

			平成２７年度 （H28.5.1）		平成２８年度 （H29.5.1）		平成２９年度 （H30.5.1）		平成３０年度 （R元.5.1）		令和元年度 （R2.5.1）	
			人数	割合	人数	割合	人数	割合	人数	割合	人数	割合
児童養護施設児（単位：人）			2,333人	100.0%	2,258人	100.0%	2,342人	100.0%	2,306人	100.0%	2,231人	100.0%
	進学	高校等	2,239人	96.0%	2,174人	96.3%	2,204人	94.1%	2,175人	94.3%	2,117人	94.9%
		専修学校等	35人	1.5%	40人	1.8%	40人	1.7%	43人	1.9%	33人	1.5%
	就職		35人	1.5%	25人	1.1%	56人	2.4%	43人	1.9%	50人	2.2%
	その他		24人	1.0%	19人	0.8%	42人	1.8%	45人	2.0%	31人	1.4%
里親委託児（単位：人）			345人	100.0%	348人	100.0%	344人	100.0%	343人	100.0%	390人	100.0%
	進学	高校等	333人	96.5%	344人	96.0%	314人	91.3%	333人	97.1%	379人	97.2%
		専修学校等	5人	1.4%	9人	2.5%	13人	3.8%	3人	0.9%	7人	1.8%
	就職		5人	1.4%	3人	0.9%	10人	2.9%	2人	0.6%	2人	0.5%
	その他		2人	0.6%	2人	0.6%	7人	2.0%	5人	1.5%	2人	0.5%
（参考）全中卒者（単位：千人）			1,169千人	100.0%	1,137千人	100.0%	1,152千人	100.0%	1,131千人	100.0%	1,108千人	100.0%
	進学	高校等	1,154千人	98.7%	1,148千人	98.8%	1,138千人	98.8%	1,118千人	98.8%	1,095千人	98.8%
		専修学校等	4千人	0.3%	4千人	0.3%	2千人	0.2%	2千人	0.2%	3千人	0.3%
	就職		3千人	0.3%	3千人	0.3%	3千人	0.3%	2千人	0.2%	2千人	0.2%
	その他		8千人	0.7%	8千人	0.4%	7千人	0.6%	7千人	0.7%	7千人	0.7%

家庭福祉課調べ（「社会的養護の現況に関する調査」）。　全中卒者は学校基本調査。
※「高校等」は、高等学校、中等教育学校後期課程、特別支援学校高等部、高等専門学校
※「専修学校等」は、学校教育法に基づく専修学校及び各種学校、並びに職業能力開発促進法に基づく公共職業訓練施設

進学、就職の状況の推移（児童養護施設・里親）

②高等学校等卒業後の進路（各年度末に高等学校等を卒業した児童のうち、翌年度5月1日現在の進路）

			平成２７年度 （H28.5.1）		平成２８年度 （H29.5.1）		平成２９年度 （H30.5.1）		平成３０年度 （R元.5.1）		令和元年度 （R2.5.1）	
			人数	割合	人数	割合	人数	割合	人数	割合	人数	割合
児童養護施設児（単位：人）			1,818人	100.0%	1,684人	100.0%	1,715人	100.0%	1,752人	100.0%	1,752人	100.0%
	進学	大学等	226人	12.4%	239人	14.2%	276人	16.1%	245人	14.0%	311人	17.8%
		専修学校等	211人	11.6%	217人	12.9%	253人	14.8%	251人	14.3%	268人	15.3%
	就職		1,280人	70.4%	1,132人	67.2%	1,072人	62.5%	1,102人	62.9%	1,031人	58.8%
	その他		101人	5.6%	96人	5.7%	114人	6.6%	154人	8.8%	142人	8.1%
里親委託児（単位：人）			269人	100.0%	327人	100.0%	350人	100.0%	375人	100.0%	390人	100.0%
	進学	大学等	70人	26.0%	90人	27.5%	99人	28.3%	102人	27.2%	118人	30.3%
		専修学校等	65人	24.2%	72人	22.0%	61人	17.4%	81人	21.6%	110人	28.2%
	就職		116人	43.1%	145人	44.4%	149人	42.6%	169人	45.1%	130人	33.3%
	その他		18人	6.7%	20人	6.1%	41人	11.7%	23人	6.1%	32人	8.2%
（参考）全高卒者（単位：千人）			1,137千人	100.0%	1,148千人	100.0%	1,136千人	100.0%	1,134千人	100.0%	1,126千人	100.0%
	進学	大学等	593千人	52.2%	599千人	52.2%	592千人	52.1%	589千人	51.9%	594千人	52.7%
		専修学校等	249千人	21.9%	250千人	21.7%	246千人	21.7%	246千人	21.7%	243千人	21.5%
	就職		205千人	18.0%	206千人	18.0%	203千人	17.9%	203千人	17.9%	206千人	18.3%
	その他		89千人	7.8%	93千人	8.1%	95千人	8.4%	96千人	8.5%	83千人	7.4%

家庭福祉課調べ（「社会的養護の現況に関する調査」）。　全高卒者は学校基本調査。
※「大学等」は、大学、短期大学、高等専門学校第4学年
※「専修学校等」は、学校教育法に基づく専修学校及び各種学校、並びに職業能力開発促進法に基づく公共職業訓練施設

（４）措置費による教育及び自立支援の経費

○ 平成21年度に幼稚園費、学習塾費、部活動費を新設するなど、教育費の充実に努めている。
○ 平成24年度に資格取得等のための高校生の特別育成費の加算を新設するとともに、就職・大学進学等支度費の増額を行った。
○ 平成25年度には、特別育成費のうち就職又は進学に役立つ資格取得又は講習等の受講をするための経費の支弁について義務教育
　終了児童のうち高等学校等に在学していないものも対象とした。
○ 平成27年度には、特別育成費に補習費、補習費特別保護単価を創設。
○ 令和元年度には、高等学校在学中の通学費を新設するとともに、補習費を増額した。

		支弁される額　　（令和2年度）	
幼稚園費		実費	※平成21年度～
入進学支度費		小学校1年生：　64，300円（年額／1人）	中学校1年生：　81，000円（年額／1人）
教育費	学用品費等	小学校：　2，210円（月額／1人）	中学校：　4，380円（月額／1人）
	教材代	実費	
	通学費	実費	
	学習塾費	実費（中学生を対象）	※平成21年度～
	部活動費	実費	
特別育成費		公立高校：　23，330円（月額／1人） 私立高校：　34，540円（月額／1人） 通学費：実費　※令和元年度～ 高等学校第1学年の入学時入学特別加算：　86，300円（年額／1人） 資格取得等のための特別加算（高校3年生）：　57，620円（年額／1人）　※平成24年度～ 　　　　　　　　　※平成25年から義務教育終了児童のうち高等学校等に在学していないものも対象 補習費（学習塾等）：20，000円（高校3年生は＋5，000円）（月額／1人） 　　　　　　　　　　　　※平成30年度までは15，000円 補習費特別保護単価（個別学習支援）：25，000円（月額／1人）	
学校給食費		実費（小学生及び中学生を対象）	
見学旅行費		小学校6年生：　　21，890円（年額／1人） 中学校3年生：　　60，910円（年額／1人） 高等学校3年生：　111，290円（年額／1人）	
就職、大学進学等支度費		就職支度費・大学進学等自立生活支度費：　82，760円（1人1回） 特別基準（親の経済的援助が見込めない場合の加算）：198，540円	合計281，300円

社会的養護自立支援事業等　【拡充】

1．事業内容

【令和3年度予算】213億円の内数（児童虐待・DV対策等総合支援事業）

①社会的養護自立支援事業≪拡充≫
　里親等への委託や、児童養護施設等への入所措置を受けていた者について、必要に応じて18歳（措置延長の場合は20歳）到達後も原則22歳の
年度末までの間、引き続き里親家庭や施設等に居住して必要な支援を提供する事業に要する費用を補助。
　［拡充内容］
　　・自助グループが特定日に児童養護施設等に赴いて入所児童の自立に向けた相談支援を行う場合に必要となる経費を補助する。
　　・メンタルケア等、医療的な支援が必要な者が適切に医療を受けられるよう、医療連携に必要な経費（嘱託医との契約等）を補助する。
　　・一定期間一人暮らしを体験し、安定した退所後の生活を確保するため、民間アパート等の借り上げに必要な経費を補助する。
　　・法律相談が必要となるケース（金銭・契約トラブル等）に対応するため、弁護士と契約に必要な経費を補助する。
②身元保証人確保対策事業≪拡充≫
　児童養護施設や婦人保護施設等を退所する子どもや女性が就職したり、アパート等を賃借する際に、施設長等が身元保証人となる場合の損害保険契
約を全国社会福祉協議会が契約者として締結する。その保険料に対して補助を行う。
　［拡充内容］
　　・保証人の対象範囲を拡大し、退所者支援を行う民間団体等を追加するとともに、同一の保証人から複数の保証を受けられるよう運用改善を行う。
　　・入院時の身元保証に対する補助を行う。

2．実施主体

①都道府県・指定都市・児童相談所設置市（民間団体等に委託して実施することも可）※母子生活支援施設：市及び福祉事務所設置町村
②都道府県・指定都市・中核市・児童相談所設置市・市及び福祉事務所設置町村

3．補助基準額

①社会的養護自立支援事業

・支援コーディネーター配置		・就労相談支援		1チーム当たり年額 5，739千円
1か所当たり年額　6，232千円		・学習費等支援		
・居住費支援　1人当たり月額	90千円（里親）	特別育成費	基本額	1人当たり年額　24，420円
	397千円（児童養護施設）　等		資格取得等特別加算	1人当たり年額　57，610円
・生活費支援　1人当たり月額	51，870円（就学・就労をしていない者）		補習費	1人当たり月額　20，000円
	11，310円（就学している者）　等		補習費特別分	1人当たり月額　25，000円
・生活相談支援		就職支度費	一般分	1人当たり年額　82，760円
賃　金　1か所当たり年額	10，212千円（常勤2名以上配置）		特別基準分	1人当たり年額 198，530円
	6，981千円（上記以外）	大学進学等自立生活支度費		
事務費　1か所当たり年額	4，860千円（対象者が気軽に集まれる場を常設する場合）		一般分	1人当たり年額　82，760円
	2，166千円（上記以外）≪拡充≫		特別基準分	1人当たり年額 198，530円
・医療連携支援 1か所当たり年額	5，900千円≪新規≫	・退所後生活体験支援		1人当たり月額　53，700円≪新規≫
		・法律相談支援		1か所当たり年額　3，000千円≪新規≫

②身元保証人確保対策事業

・就職時の身元保証	年間保険料10，560円	・大学・高等学校等入学時の身元保証	年間保険料10，560円
・賃貸住宅等の賃借時の連帯保証	年間保険料19，152円	・入院時の身元保証	年間保険料 2，400円≪新規≫

4．補助率

国：1／2、都道府県・指定都市・中核市・児童相談所設置市：1／2（国：1／2、都道府県：1／4、市及び福祉事務所設置町村：1／4）

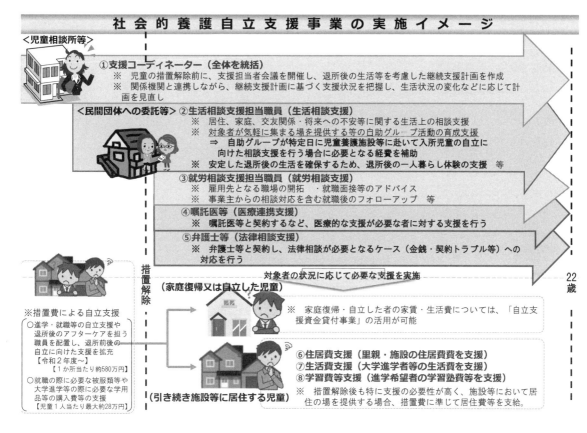

児童養護施設退所者等に対する自立支援資金の貸付

○児童養護施設等を退所し、就職や進学する者等の安定した生活基盤を築き、円滑な自立を実現するため、家賃相当額の貸付及び生活費の貸付を行う。
○また、児童養護施設等の入所中の子ども等を対象に、就職に必要な各種資格を取得するための経費について貸付を行う。

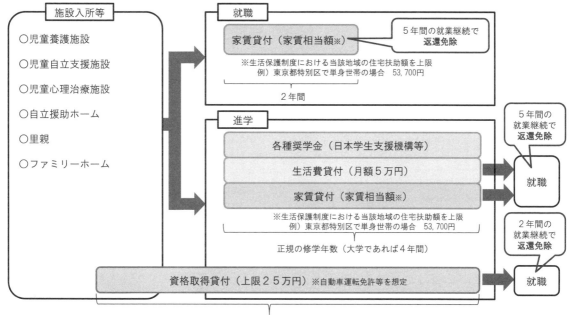

（厚生労働省子ども家庭局家庭福祉課「社会的養育の推進に向けて（令和3年5月）」より）

特別養子縁組の成立件数の推移等

特別養子縁組の成立件数

出典：司法統計年報

平成23年	平成24年	平成25年	平成26年	平成27年	平成28年	平成29年	平成30年	令和元年
374	339	474	513	542	495	616	624	711

＜参照条文＞民法（明治29年法律第89号）（特別養子縁組関係抜粋）

（特別養子縁組の成立）
第八百十七条の二　家庭裁判所は、次条から第八百十七条の七までに定める要件があるときは、養親となる者の請求により、実方の血族との親族関係が終了する縁組（以下この款において「特別養子縁組」という。）を成立させることができる。
2　（略）
（養親の夫婦共同縁組）
第八百十七条の三　養親となる者は、配偶者のある者でなければならない。
2　夫婦の一方は、他の一方が養親とならないときは、養親となることができない。ただし、夫婦の一方が他の一方の嫡出である子（特別養子縁組以外の縁組による養子を除く。）の養親となる場合は、この限りでない。
（養親となる者の年齢）
第八百十七条の四　二十五歳に達しない者は、養親となることができない。ただし、養親となる夫婦の一方が二十五歳に達していない場合においても、その者が二十歳に達しているときは、この限りでない。
（養子となる者の年齢）
第八百十七条の五　第八百十七条の二に規定する請求の時に十五歳に達している者は、養子となることができない。特別養子縁組が成立するまでに十八歳に達した者についても、同様とする。
2　前項前段の規定は、養子となる者が十五歳に達する前から引き続き養親となる者に監護されている場合において、十五歳に達するまでに第八百十七条の二に規定する請求がされなかったことについてやむを得ない事由があるときは、適用しない。
3　養子となる者が十五歳に達している場合においては、特別養子縁組の成立には、その者の同意がなければならない。
（父母の同意）
第八百十七条の六　特別養子縁組の成立には、養子となる者の父母の同意がなければならない。ただし、父母がその意思を表示することができない場合又は父母による虐待、悪意の遺棄その他養子となる者の利益を著しく害する事由がある場合は、この限りでない。
（子の利益のための必要性）
第八百十七条の七　特別養子縁組は、父母による養子となる者の監護が著しく困難又は不適当であることその他特別の事情がある場合において、子の利益のため特に必要があると認めるときに、これを成立させるものとする。
（監護の状況）
第八百十七条の八　特別養子縁組を成立させるには、養親となる者が養子となる者を六箇月以上の期間監護した状況を考慮しなければならない。
2　前項の期間は、第八百十七条の二に規定する請求の時から起算する。ただし、その請求前の監護の状況が明らかであるときは、この限りでない。
（実方との親族関係の終了）
第八百十七条の九　養子と実方の父母及びその血族との親族関係は、特別養子縁組によって終了する。ただし、第八百十七条の三第二項ただし書に規定する他の一方及びその血族との親族関係については、この限りでない。

養子縁組あっせん事業者一覧（令和3年4月1日現在）

家庭福祉課調べ

（民間あっせん機関による養子縁組のあっせんに係る児童の保護等に関する法律（平成28年法律第110号）に定める許可を受けたもの）

	事業所所在地 自治体名	事業者名
1	北海道	医療社団法人弘和会　森産科婦人科病院
2	茨城県	特定非営利活動法人　ＮＰＯ　Ｂａｂｙぽけっと
3	埼玉県	医療法人きずな会　さめじまボンディングクリニック
4	千葉県	特定非営利活動法人　ベビーブリッジ
5	東京都	認定特定非営利活動法人　環の会
6	東京都	一般社団法人　アクロスジャパン
7	東京都	社会福祉法人　日本国際社会事業団
8	東京都	特定非営利活動法人　フローレンス
9	東京都	一般社団法人　ベアホープ
10	滋賀県	医療法人青葉会　神野レディスクリニック
11	奈良県	特定非営利活動法人　みぎわ
12	和歌山県	特定非営利活動法人　ストークサポート
13	山口県	医療法人社団諍友会　田中病院
14	沖縄県	一般社団法人　おきなわ子ども未来ネットワーク
15	札幌市	医療法人明日葉会　札幌マタニティ・ウイメンズホスピタル
16	千葉市	社会福祉法人　生活クラブ　生活クラブ風の村ベビースマイル
17	大阪市	公益社団法人　家庭養護促進協会大阪事務所
18	神戸市	公益社団法人　家庭養護促進協会神戸事務所
19	岡山市	一般社団法人　岡山県ベビー救済協会
20	広島市	医療法人　河野産婦人科クリニック
21	熊本市	医療法人聖粒会　慈恵病院
22	熊本市	社会医療法人愛育会　福田病院　特別養子縁組部門

民間あっせん機関による養子縁組のあっせんに係る児童の保護等に関する法律（概要）

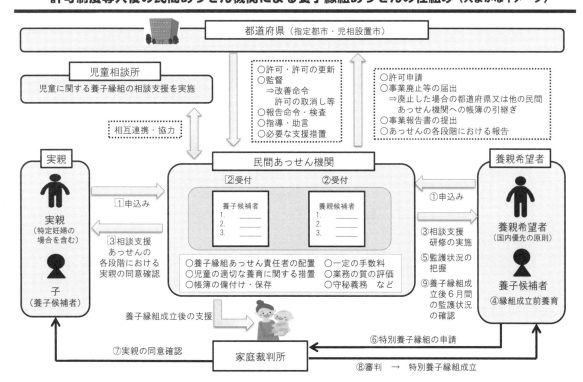

民法等の一部を改正する法律の概要

改正の目的	児童養護施設に入所中の児童等に家庭的な養育環境を提供するため，特別養子縁組の成立要件を緩和すること等により，制度の利用を促進。

厚労省の検討会において全国の児童相談所・民間の養子あっせん団体に対して実施した調査の結果
「要件が厳格」等の理由で特別養子制度を利用できなかった事例 298件（H26～H27）
（うち「実父母の同意」を理由とするもの 205件・「上限年齢」を理由とするもの 46件）

見直しのポイント
① 特別養子制度の対象年齢の拡大（第1）
② 家庭裁判所の手続を合理化して養親候補者の負担軽減（第2）

第1 養子候補者の上限年齢の引上げ（民法の改正）

1. 改正前の制度

養子候補者の上限年齢

原則 特別養子縁組の成立の審判の申立ての時に6歳未満であること。
例外 6歳に達する前から養親候補者が引き続き養育 ⇒ 8歳未満まで可。

改正前の制度において上限年齢が原則6歳未満，例外8歳未満とされている理由
① 養子候補者が幼少の頃から養育を開始した方が実質的な親子関係を形成しやすい。
② 新たな制度であることから，まずは，必要性が明白な場合に限って導入。

【児童福祉の現場等からの指摘】年長の児童について，特別養子制度を利用することができない。

2. 改正の内容

養子候補者の上限年齢の引上げ等

(1) 審判申立時における上限年齢（新民法第817条の5第1項前段・第2項）
原則 特別養子縁組の成立の審判の申立ての時に15歳未満であること。
例外 ①15歳に達する前から養親候補者が引き続き養育
　　　かつ，②やむを得ない事由により15歳までに申立てできず
　　　※15歳以上の者は自ら普通養子縁組をすることができることを考慮して15歳を基準としたもの。

(2) 審判確定時における上限年齢（新民法第817条の5第1項後段）
審判確定時に18歳に達している者は，縁組不可。

(3) 養子候補者の同意（新民法第817条の5第3項）
養子候補者が審判時に15歳に達している場合には，その者の同意が必要。
（15歳未満の者についても，その意思を十分に考慮しなければならない。）

第2 特別養子縁組の成立の手続の見直し（家事事件手続法及び児童福祉法の改正）

1. 改正前の制度

養親候補者の申立てによる1個の手続

養親候補者
申立て
（審理対象）
特別養子縁組の成立の審判手続 → 特別養子縁組成立の審判
・ 実親による養育が著しく困難又は不適当であること等
・ 実親の同意（審判確定まで撤回可能）の有無等
・ 養親子のマッチング
　※ 6か月以上の試験養育
　　　・ 養親の養育能力
　　　・ 養親と養子の相性
　　　・ 実親の養育能力（経済事情や若年等）
　　　・ 虐待の有無

【児童福祉の現場等からの養親候補者の負担についての指摘】
① 実親による養育状況に問題ありと認められるか分からないまま，試験養育をしなければならない。
② 実親による同意の撤回に対する不安を抱きながら試験養育をしなければならない。
③ 実親と対立して，実親による養育状況等を主張・立証しなければならない。

2. 改正の内容

二段階手続の導入

(1) 二段階手続の導入（新家事事件手続法第164条・第164条の2関係）
特別養子縁組を以下の二段階の審判で成立させる。
(ア) 実親による養育状況及び実親の同意の有無等を判断する審判（**特別養子適格の確認の審判**）
(イ) 養親子のマッチングを判断する審判（**特別養子縁組の成立の審判**）
　⇒ 養親候補者は，第1段階の審判における裁判所の判断が確定した後に試験養育をすることができる（上記①及び②）。

(2) 同意の撤回制限（新家事事件手続法第164条の2第5項関係）
　⇒ 実親が第1段階の手続の裁判所の期日等でした同意は，2週間経過後は撤回不可（上記②）。

(3) 児童相談所長の関与（新児童福祉法第33条の6の2・第33条の6の3）
　⇒ 児童相談所長が第1段階の手続の申立人又は参加人として主張・立証をする（上記③）。

（イメージ図）
児相長 or 養親候補者申立て

養親となる者が第1段階の審判を申し立てるときは，第2段階の審判と同時に申し立てなければならない。
二つの審判を同時にすることも可能。
⇒ 手続長期化の防止

第1段階の手続
（審理対象）
・ 実親による養育状況
・ 実親の同意の有無等

→ 特別養子適格の確認の審判

実親は，第2段階には関与せず，同意を撤回することもできない。

養親候補者申立て

第2段階の手続
（審理対象） ・ 養親子のマッチング ※ 6か月以上の試験養育

→ 特別養子縁組成立の審判

試験養育がうまくいかない場合には却下

第3 施行期日【令和2年4月1日】

資料❻ 統計表等

（厚生労働省子ども家庭局家庭福祉課「社会的養育の推進に向けて（令和3年5月）」より）

（1）在籍児童の年齢（平成３０年２月１日現在）　　　　　　　　　　　（単位：人、％）

区分	里親		児童養護施設		児童心理治療施設		児童自立支援施設		乳児院		母子生活支援施設		ファミリーホーム		自立援助ホーム	
	児童数	割合	児童数	割合	児童数	割合	児童数	割合	児童数	割合	児童数	割合	児童数	割合	児童数	割合
0歳	164	3.0%	－	－	－	－	－	－	662	21.9%	162	3.1%	11	0.7%	－	－
1歳	201	3.7%	9	0.0%	－	－	－	－	1,020	33.7%	331	6.2%	15	1.0%	－	－
2歳	218	4.1%	190	0.7%	－	－	－	－	868	28.7%	407	7.7%	27	1.8%	－	－
3歳	273	5.1%	711	2.6%	－	－	－	－	320	10.6%	420	7.9%	36	2.4%	－	－
4歳	279	5.2%	1,041	3.9%	1	0.1%	－	－	89	2.9%	443	8.3%	45	3.0%	－	－
5歳	287	5.3%	1,281	4.7%	1	0.1%	－	－	31	1.0%	429	8.1%	59	3.9%	－	－
6歳	236	4.4%	1,349	5.0%	3	0.2%	－	－	8	0.3%	398	7.5%	68	4.5%	－	－
7歳	249	4.6%	1,340	5.0%	27	2.0%	－	－	－	－	375	7.1%	97	6.4%	－	－
8歳	251	4.7%	1,427	5.3%	49	3.6%	－	－	－	－	353	6.7%	76	5.0%	－	－
9歳	234	4.3%	1,668	6.2%	79	5.8%	8	0.6%	－	－	333	6.3%	68	4.5%	－	－
10歳	265	4.9%	1,755	6.5%	110	8.0%	18	1.2%	－	－	297	5.6%	90	5.9%	1	0.2%
11歳	244	4.5%	1,892	7.0%	136	9.9%	48	3.3%	－	－	251	4.7%	71	4.7%	－	－
12歳	248	4.6%	1,909	7.1%	178	13.0%	126	8.7%	－	－	225	4.2%	102	6.7%	－	－
13歳	289	5.4%	1,958	7.2%	165	12.1%	205	14.2%	－	－	200	3.8%	102	6.7%	－	－
14歳	324	6.0%	2,225	8.2%	208	15.2%	405	28.0%	－	－	198	3.7%	101	6.7%	－	－
15歳	336	6.2%	2,236	8.3%	191	14.0%	479	33.1%	－	－	176	3.3%	129	8.5%	7	1.1%
16歳	382	7.1%	2,091	7.7%	74	5.4%	73	5.0%	－	－	129	2.4%	128	8.5%	89	14.4%
17歳	406	7.5%	1,999	7.4%	68	5.0%	22	1.5%	－	－	117	2.2%	136	9.0%	124	20.1%
18歳	362	6.7%	1,699	6.3%	47	3.4%	12	0.8%	－	－	52	1.0%	106	7.0%	169	27.4%
19歳	114	2.1%	215	0.8%	5	0.4%	2	0.1%	－	－	1	0.0%	38	2.5%	158	25.6%
総数※	5,382	100.0%	27,026	100.0%	1,367	100.0%	1,448	100.0%	3,023	100.0%	5,308	100.0%	1,513	100.0%	616	100.0%
平均年齢	10.2歳		11.5歳		12.9歳		14.0歳		1.4歳		7.3歳		11.6歳		17.7歳	

※総数には年齢不詳も含む。
※児童養護施設入所児童等調査結果（平成３０年２月１日現在）

（2）在籍児童の措置時の年齢（平成３０年２月１日現在在籍児童）　　　　　（単位：人、％）

区分	里親		児童養護施設		児童心理治療施設		児童自立支援施設		乳児院		ファミリーホーム		自立援助ホーム	
	児童数	割合	児童数	割合	児童数	割合	児童数	割合	児童数	割合	児童数	割合	児童数	割合
0歳	593	11.0%	50	0.2%	－	－	－	－	2,176	72.0%	65	4.3%	－	－
1歳	557	10.3%	633	2.3%	－	－	－	－	508	16.8%	48	3.2%	－	－
2歳	780	14.5%	5,260	19.5%	－	－	－	－	144	4.8%	117	7.7%	－	－
3歳	523	9.7%	3,524	13.0%	2	0.1%	－	－	17	0.6%	111	7.3%	－	－
4歳	325	6.0%	2,253	8.3%	1	0.1%	－	－	4	0.1%	104	6.9%	－	－
5歳	273	5.1%	1,847	6.8%	8	0.6%	－	－	2	0.1%	68	4.5%	－	－
6歳	279	5.2%	1,948	7.2%	57	4.2%	－	－	－	－	100	6.6%	－	－
7歳	205	3.8%	1,576	5.8%	101	7.4%	1	0.1%	－	－	81	5.4%	－	－
8歳	169	3.1%	1,507	5.6%	136	9.9%	10	0.7%	－	－	95	6.3%	－	－
9歳	153	2.8%	1,325	4.9%	151	11.0%	16	1.1%	－	－	81	5.4%	－	－
10歳	173	3.2%	1,290	4.8%	166	12.1%	68	4.7%	－	－	71	4.7%	1	0.2%
11歳	155	2.9%	1,175	4.3%	166	12.1%	125	8.6%	－	－	87	5.8%	－	－
12歳	216	4.0%	1,133	4.2%	201	14.7%	217	15.0%	－	－	89	5.9%	－	－
13歳	171	3.2%	1,029	3.8%	173	12.7%	455	31.4%	－	－	88	5.8%	－	－
14歳	174	3.2%	908	3.4%	112	8.2%	371	25.6%	－	－	85	5.6%	－	－
15歳	209	3.9%	782	2.9%	47	3.4%	99	6.8%	－	－	90	5.9%	7	1.1%
16歳	170	3.2%	272	1.0%	16	1.2%	26	1.8%	－	－	64	4.2%	89	14.4%
17歳	100	1.9%	121	0.4%	3	0.2%	10	0.7%	－	－	33	2.2%	124	20.1%
18歳	13	0.2%	18	0.1%	2	0.1%	－	－	－	－	5	0.3%	169	27.4%
19歳	－	－	1	0.0%	－	－	－	－	－	－	－	－	158	25.6%
総数※	5,382	100.0%	27,026	100.0%	1,367	100.0%	1,448	100.0%	3,023	100.0%	1,513	100.0%	616	100.0%
平均年齢	5.9歳		6.4歳		10.7歳		12.9歳		0.3歳		8.2歳		17.7歳	

※総数には年齢不詳も含む。
※児童養護施設入所児童等調査結果（平成３０年２月１日現在）

（3）措置理由別児童数（令和元年度中新規措置児童） （単位：人、%）

区分	里親		乳児院		児童養護施設	
	児童数	割合	児童数	割合	児童数	割合
父母の死亡	116	6.2%	9	0.5%	84	1.8%
父母の行方不明	48	2.6%	16	0.8%	28	0.6%
父母の離婚	12	0.6%	17	0.9%	59	1.3%
父母の不和	16	0.9%	27	1.4%	56	1.2%
父母の拘禁	54	2.9%	62	3.2%	142	3.0%
父母の入院	74	3.9%	79	4.1%	171	3.7%
父母の就労	28	1.5%	40	2.1%	86	1.8%
父母の精神障害	199	10.6%	410	21.1%	402	8.6%
父母の放任怠惰	153	8.2%	229	11.8%	564	12.1%
父母の虐待	400	21.3%	411	21.2%	2,074	44.3%
棄児	19	1.0%	11	0.6%	6	0.1%
父母の養育拒否	332	17.7%	155	8.0%	202	4.3%
破産等の経済的理由	109	5.8%	154	7.9%	107	2.3%
児童の問題による監護困難	76	4.1%	―	―	247	5.3%
その他	238	12.7%	322	16.6%	452	9.7%
計	1,874	100.0%	1,942	100.0%	4,680	100.0%

※家庭福祉課調べ

（5）在所期間別在籍児童数（令和2年3月1日現在在籍児童） （単位：人、%）

区分	里親		乳児院		児童養護施設		児童心理治療施設		児童自立支援施設	
	児童数	割合	児童数	割合	児童数	割合	児童数	割合	児童数	割合
1年未満	1,485	25.3%	1,494	50.0%	4,173	15.9%	455	28.5%	776	53.5%
1年以上 2年未満	867	14.8%	879	29.4%	3,577	13.6%	434	27.2%	480	33.1%
2年以上 3年未満	661	11.2%	437	14.6%	2,938	11.2%	281	17.6%	148	10.2%
3年以上 4年未満	476	8.1%	121	4.0%	2,518	9.6%	212	13.3%	31	2.1%
4年以上 5年未満	387	6.6%	42	1.4%	2,156	8.2%	89	5.6%	11	0.8%
5年以上 6年未満	317	5.4%	12	0.4%	1,864	7.1%	59	3.7%	3	0.2%
6年以上 7年未満	255	4.3%	4	0.1%	1,531	5.8%	31	1.9%	1	0.1%
7年以上 8年未満	241	4.1%	―	―	1,276	4.9%	17	1.1%	0	0.0%
8年以上 9年未満	255	4.3%	―	―	1,150	4.4%	9	0.6%	0	0.0%
9年以上10年未満	227	3.9%	―	―	1,093	4.2%	7	0.4%	0	0.0%
10年以上11年未満	157	2.7%	―	―	890	3.4%	2	0.1%	―	―
11年以上12年未満	132	2.2%	―	―	801	3.1%	1	0.1%	―	―
12年以上13年未満	120	2.0%	―	―	764	2.9%	―	―	―	―
13年以上14年未満	72	1.2%	―	―	543	2.1%	―	―	―	―
14年以上15年未満	80	1.4%	―	―	413	1.6%	―	―	―	―
15年以上16年未満	64	1.1%	―	―	302	1.2%	―	―	―	―
16年以上17年未満	49	0.8%	―	―	168	0.6%	―	―	―	―
17年以上18年未満	20	0.3%	―	―	52	0.2%	―	―	―	―
18年以上	12	0.2%	―	―	18	0.1%	―	―	―	―
総数	5,877	100.0%	2,989	100.0%	26,227	100.0%	1,597	100.0%	1,450	100.0%

※家庭福祉課調べ

（6）在所期間別退所児童数（令和元年度中に退所した児童）　　　　　　　　　　（単位：人、%）

区分	里親 児童数	里親 割合	乳児院 児童数	乳児院 割合	児童養護施設 児童数	児童養護施設 割合	児童心理治療施設 児童数	児童心理治療施設 割合	児童自立支援施設 児童数	児童自立支援施設 割合
1か月未満	44	2.7%	92	4.9%	62	1.2%	2	0.4%	14	1.6%
1か月以上2か月未満	60	3.7%	96	5.1%	96	1.9%	8	1.6%	8	0.9%
2か月以上6か月未満	197	12.2%	282	15.0%	293	5.7%	16	3.1%	57	6.7%
6か月以上1年未満	368	22.8%	353	18.8%	432	8.4%	61	12.0%	180	21.2%
1年以上　2年未満	335	20.8%	459	24.5%	669	13.0%	138	27.1%	427	50.2%
2年以上　3年未満	143	8.9%	396	21.1%	553	10.7%	100	19.6%	135	15.9%
3年以上　4年未満	95	5.9%	149	7.9%	486	9.4%	91	17.9%	22	2.6%
4年以上　5年未満	77	4.8%	27	1.4%	422	8.2%	41	8.1%	7	0.8%
5年以上　6年未満	37	2.3%	19	1.0%	297	5.8%	23	4.5%	0	0.0%
6年以上　7年未満	47	2.9%	4	0.2%	260	5.0%	14	2.8%	0	0.0%
7年以上　8年未満	27	1.7%	−	−	206	4.0%	4	0.8%	0	0.0%
8年以上　9年未満	20	1.2%	−	−	177	3.4%	7	1.4%	0	0.0%
9年以上10年未満	18	1.1%	−	−	178	3.5%	2	0.4%	0	0.0%
10年以上11年未満	16	1.0%	−	−	148	2.9%	1	0.2%	−	−
11年以上12年未満	17	1.1%	−	−	137	2.7%	1	0.2%	−	−
12年以上13年未満	15	0.9%	−	−	147	2.9%	−	−	−	−
13年以上14年未満	9	0.6%	−	−	124	2.4%	−	−	−	−
14年以上15年未満	16	1.0%	−	−	116	2.3%	−	−	−	−
15年以上16年未満	19	1.2%	−	−	154	3.0%	−	−	−	−
16年以上17年未満	23	1.4%	−	−	147	2.9%	−	−	−	−
17年以上18年未満	21	1.3%	−	−	34	0.7%	−	−	−	−
18年以上	9	0.6%	−	−	16	0.3%	−	−	−	−
総　数	1,613	100.0%	1,877	100.0%	5,154	100.0%	509	100.0%	850	100.0%

※家庭福祉課調べ

（16）ファミリーホーム委託・委託解除の状況（令和元年度中）　　　　　　　　（単位：人）

令和元年度新規委託児童数（新規又は措置変更）

他の児童福祉施設	家庭から	その他	計
200	277	23	500

令和元年度委託解除児童数

	解除									変更
家庭環境改善	児童の状況改善	就職	進学（大学等）	普通養子縁組	特別養子縁組	無断外出	死亡	その他	計	他の児童福祉施設等
106	9	64	21	1	1	8	0	42	252	120

変更前の内訳

乳児院	児童養護施設	児童心理治療施設	児童自立支援施設	母子生活支援施設	里親	他のファミリーホーム	その他
25	49	9	13	0	86	16	2

変更後の内訳

乳児院	児童養護施設	児童心理治療施設	児童自立支援施設	里親	他のファミリーホーム	母子生活支援施設	自立援助ホーム	障害児入所施設	その他
0	43	10	7	23	13	0	8	8	8

※家庭福祉課調べ

（17）新生児等の措置先（令和元年度中）　　　　　　　（単位：人）

措置時の年齢	措置先 乳児院	措置先 里親	措置先 合計
0歳児（1か月未満）	458	158	616
0歳児（1か月以上）	877	284	1,161
1歳以上2歳未満	421	167	588
合計	1,756	609	2,365
割合	74.2%	25.8%	100.0%

※家庭福祉課調べ

（18）新生児等の新規措置の措置先（都道府県市別）（令和元年度） （単位：人）

	乳児院への措置			里親への措置		
	0歳児（1か月未満）	0歳児（1か月以上）	1歳以上2歳未満	0歳児（1か月未満）	0歳児（1か月以上）	1歳以上2歳未満
北海道	5	4	3	13	16	7
青森県	3	6	1	0	0	1
岩手県	1	8	8	2	2	1
宮城県	1	5	2	0	0	1
秋田県	3	3	0	1	1	1
山形県	3	13	8	0	4	0
福島県	3	5	1	6	7	3
茨城県	9	15	4	1	2	3
栃木県	7	33	6	0	8	2
群馬県	8	16	8	6	9	4
埼玉県	31	52	19	1	10	11
千葉県	11	10	11	5	11	7
東京都	117	114	74	7	24	18
神奈川県	13	20	16	0	4	4
新潟県	4	4	2	0	4	2
富山県	10	6	2	0	0	0
石川県	1	7	1	0	1	0
福井県	6	11	1	0	1	0
山梨県	0	4	1	0	8	5
長野県	14	16	7	5	9	2
岐阜県	3	10	5	7	5	6
静岡県	4	9	5	6	6	2
愛知県	9	18	13	15	4	4
三重県	6	17	7	4	4	1
滋賀県	0	12	0	0	5	2
京都府	6	7	1	2	0	1
大阪府	18	38	20	7	12	6
兵庫県	14	15	10	0	5	5
奈良県	5	8	4	1	2	0
和歌山県	0	6	3	2	0	0
鳥取県	3	3	4	0	1	0
島根県	4	6	4	1	2	1
岡山県	2	4	3	0	3	1
広島県	3	7	6	1	2	2
山口県	3	8	2	1	0	0
徳島県	7	0	4	2	2	1

	乳児院への措置			里親への措置		
	0歳児（1か月未満）	0歳児（1か月以上）	1歳以上2歳未満	0歳児（1か月未満）	0歳児（1か月以上）	1歳以上2歳未満
香川県	0	12	0	1	4	0
愛媛県	1	6	2	2	3	1
高知県	4	9	3	0	1	0
福岡県	4	28	11	10	2	4
佐賀県	0	8	2	2	2	1
長崎県	1	8	5	6	0	2
熊本県	2	5	0	0	0	0
大分県	17	0	0	2	6	7
宮崎県	4	12	3	0	0	0
鹿児島県	8	12	2	5	2	1
沖縄県	0	12	1	0	9	6
札幌市	4	14	9	4	6	0
仙台市	5	6	8	1	0	0
さいたま市	1	9	4	0	2	1
千葉市	0	7	2	1	0	0
横浜市	2	30	11	2	6	2
川崎市	5	23	8	0	7	1
相模原市	3	6	4	0	3	0
新潟市	1	0	1	0	6	2
静岡市	1	2	1	3	5	1
浜松市	0	2	0	1	3	6
名古屋市	3	28	8	7	6	1
京都市	4	7	5	0	5	3
大阪市	30	48	31	5	7	6
堺市	2	4	4	1	3	1
神戸市	4	16	5	0	5	1
岡山市	4	6	5	0	3	0
広島市	1	6	8	1	1	0
北九州市	2	11	3	3	2	1
福岡市	2	10	5	5	4	3
熊本市	4	8	2	0	4	1
横須賀市	0	1	1	0	0	0
金沢市	2	0	1	0	0	0
明石市	0	1	0	0	3	1
合　計	458	877	421	158	284	167

※家庭福祉課調べ

（19）乳児院退所後の措置変更先（都道府県市別）（令和元年度） （単位：人、%）

	乳児院からの措置解除児童数	乳児院からの措置変更児童数	里親（FH含）へ 児童数	割合	児童養護施設へ 児童数	割合	その他へ
北海道	5	5	2	40.0%	2	40.0%	1
青森県	9	9	5	55.6%	2	22.2%	2
岩手県	5	5	4	80.0%	1	20.0%	0
宮城県	2	2	2	100.0%	0	0.0%	0
秋田県	6	6	6	100.0%	0	0.0%	0
山形県	14	14	4	28.6%	3	21.4%	7
福島県	8	8	7	87.5%	0	0.0%	1
茨城県	12	12	1	8.3%	10	83.3%	1
栃木県	24	24	6	25.0%	18	75.0%	0
群馬県	16	16	5	31.3%	11	68.8%	0
埼玉県	57	57	19	33.3%	36	63.2%	2
千葉県	22	22	8	36.4%	13	59.1%	1
東京都	139	139	42	30.2%	80	57.6%	17
神奈川県	26	26	10	38.5%	12	46.2%	4
新潟県	6	6	5	83.3%	1	16.7%	0
富山県	2	2	1	50.0%	1	50.0%	0
石川県	3	3	1	33.3%	2	66.7%	0
福井県	7	7	1	14.3%	4	57.1%	2
山梨県	7	7	5	71.4%	2	28.6%	0
長野県	9	9	0	0.0%	5	55.6%	4
岐阜県	14	14	6	42.9%	7	50.0%	1
静岡県	13	13	5	38.5%	6	46.2%	2
愛知県	27	27	6	22.2%	16	59.3%	5
三重県	11	11	4	36.4%	4	36.4%	3
滋賀県	8	8	5	62.5%	3	37.5%	0
京都府	8	8	3	37.5%	5	62.5%	0
大阪府	49	49	15	30.6%	29	59.2%	5
兵庫県	17	17	6	35.3%	10	58.8%	1
奈良県	9	9	0	0.0%	9	100.0%	0
和歌山県	15	15	4	26.7%	10	66.7%	1
鳥取県	10	10	2	20.0%	6	60.0%	2
島根県	9	9	6	66.7%	2	22.2%	1
岡山県	6	6	4	66.7%	1	0.0%	1
広島県	13	13	4	30.8%	8	61.5%	1
山口県	7	7	1	14.3%	5	71.4%	1
徳島県	6	6	2	33.3%	4	66.7%	0

	乳児院からの措置解除児童数	乳児院からの措置変更児童数	里親（FH含）へ 児童数	割合	児童養護施設へ 児童数	割合	その他へ
香川県	1	1	1	100.0%	0	0.0%	0
愛媛県	13	13	5	38.5%	8	61.5%	0
高知県	7	7	3	42.9%	4	57.1%	0
福岡県	25	25	5	20.0%	17	68.0%	3
佐賀県	11	11	8	72.7%	2	18.2%	1
長崎県	8	8	3	37.5%	5	62.5%	0
熊本県	2	2	1	50.0%	1	0.0%	0
大分県	9	9	7	77.8%	2	22.2%	0
宮崎県	11	11	1	9.1%	9	81.8%	1
鹿児島県	18	18	6	33.3%	9	50.0%	3
沖縄県	5	5	0	0.0%	5	100.0%	0
札幌市	11	11	1	9.1%	9	81.8%	1
仙台市	16	16	7	43.8%	9	56.3%	0
さいたま市	8	8	4	50.0%	4	50.0%	0
千葉市	4	4	3	75.0%	1	25.0%	0
横浜市	21	21	2	9.5%	15	71.4%	4
川崎市	15	15	10	66.7%	4	26.7%	1
相模原市	9	9	4	44.4%	4	44.4%	1
新潟市	3	3	1	33.3%	0	0.0%	0
静岡市	4	4	2	50.0%	1	25.0%	1
浜松市	1	1	1	100.0%	0	0.0%	0
名古屋市	16	16	2	12.5%	13	81.3%	1
京都市	16	16	5	31.3%	10	62.5%	1
大阪市	76	76	20	26.3%	27	35.5%	29
堺市	11	11	4	36.4%	5	45.5%	2
神戸市	6	6	3	50.0%	3	50.0%	0
岡山市	8	8	5	62.5%	2	25.0%	1
広島市	13	13	2	15.4%	10	76.9%	1
北九州市	13	13	6	46.2%	6	46.2%	1
福岡市	6	6	4	66.7%	2	33.3%	0
熊本市	14	14	5	35.7%	9	64.3%	0
横須賀市	6	6	0	0.0%	4	66.7%	2
金沢市	1	1	0	0.0%	1	100.0%	0
明石市	3	3	1	33.3%	2	66.7%	0
合　計	992	992	339	34.2%	531	53.5%	122

※家庭福祉課調べ

（２０）措置児童の保護者の状況　　　　　　　　　　　　　　　　　　　　　　　　　（単位：人）

区分	乳児院		児童養護施設		里親	
父母有り（養父母含む）	1,639	(54.2%)	9,920	(36.7%)	1,142	(21.2%)
父のみ（養父含む）	79	(2.6%)	2,866	(10.6%)	416	(7.7%)
母のみ（養母含む）	1,240	(41.0%)	12,302	(45.5%)	2,656	(49.3%)
両親ともいない	53	(1.8%)	1,384	(5.1%)	919	(17.1%)
両親とも不明	8	(0.3%)	359	(1.3%)	222	(4.1%)
不　　詳	4	(0.1%)	195	(0.7%)	27	(0.5%)
総　　数	3,023	(100.0%)	27,026	(100.0%)	5,382	(100.0%)

※児童養護施設入所児童等調査結果（平成３０年２月１日現在）

（２１）家族との交流状況　　　　　　　　　　　　　　　　　　　　　　　　　　　（単位：人）

	総数	交流あり			交流なし	不詳
		電話・メール・手紙	面会	一時帰宅		
里親	5,382	227	925	359	3,782	89
	100.0%	4.2%	17.2%	6.7%	70.3%	1.7%
児童養護施設	27,026	2,438	7,772	9,126	5,391	2,299
	100.0%	9.0%	28.8%	33.8%	19.9%	8.5%
児童心理治療施設	1,367	76	449	538	218	86
	100.0%	5.6%	32.8%	39.4%	15.9%	6.3%
児童自立支援施設	1,448	93	452	493	199	211
	100.0%	6.4%	31.2%	34.0%	13.7%	14.6%
乳児院	3,023	102	1,672	425	651	173
	100.0%	3.4%	55.3%	14.1%	21.5%	5.7%
ファミリーホーム	1,513	128	435	258	559	133
	100.0%	8.5%	28.8%	17.1%	36.9%	8.8%
自立援助ホーム	616	143	72	56	292	53
	100.0%	23.2%	11.7%	9.1%	47.4%	8.6%

※児童養護施設入所児童等調査結果（平成３０年２月１日現在）

（２２）家族との交流の頻度（（２１）における「交流あり」の頻度別内訳）　　　　　　　　（単位：人）

		里親		児童養護施設		児童心理治療施設		児童自立支援施設		乳児院		ファミリーホーム		自立援助ホーム	
【電話・メール・手紙】	総数	227	100.0%	2,438	100.0%	76	100.0%	93	100.0%	102	100.0%	128	100.0%	143	100.0%
	月1回以上	37	16.3%	487	20.0%	14	18.4%	31	33.3%	30	29.4%	18	14.1%	55	38.5%
	年2回〜11回	118	52.0%	1,431	58.7%	46	60.5%	48	51.6%	58	56.9%	68	53.1%	69	48.3%
	年1回ぐらい	71	31.3%	501	20.5%	16	21.1%	11	11.8%	13	12.7%	42	32.8%	18	12.6%
	不詳	1	0.4%	19	0.8%	－	－	3	3.2%	1	1.0%	－	－	1	0.7%
【面会】	総数	925	100.0%	7,772	100.0%	449	100.0%	452	100.0%	1,672	100.0%	435	100.0%	72	100.0%
	月1回以上	175	18.9%	1,833	23.6%	101	22.5%	178	39.4%	960	57.4%	92	21.1%	19	26.4%
	年2回〜11回	559	60.4%	5,000	64.3%	298	66.4%	247	54.6%	608	36.4%	265	60.9%	41	56.9%
	年1回ぐらい	189	20.4%	930	12.0%	49	10.9%	27	6.0%	97	5.8%	78	17.9%	11	15.3%
	不詳	2	0.2%	9	0.1%	1	0.2%	－	－	7	0.4%	－	－	1	1.4%
【一時帰宅】	総数	359	100.0%	9,126	100.0%	538	100.0%	493	100.0%	425	100.0%	258	100.0%	56	100.0%
	月1回以上	159	44.3%	2,769	30.3%	224	41.6%	175	35.5%	346	81.4%	110	42.6%	18	32.1%
	年2回〜11回	178	49.6%	5,949	65.2%	296	55.0%	300	60.9%	77	18.1%	129	50.0%	34	60.7%
	年1回ぐらい	18	5.0%	395	4.3%	18	3.3%	18	3.7%	2	0.5%	19	7.4%	4	7.1%
	不詳	4	1.1%	13	0.1%	－	－	－	－	－	－	－	－	－	－

※児童養護施設入所児童等調査結果（平成３０年２月１日現在）

（２４）里親申込の動機

総　数	児童福祉への 理解から	子どもを 育てたいから	養子を 得たいため	その他	不　詳
4,216	1,759	1,299	453	617	88
100.0%	41.7%	30.8%	10.7%	14.6%	2.1%

※児童養護施設入所児童等調査（平成３０年２月１日現在）

（２５）登録期間

総　数	５年未満	５年〜９年	10年〜14年	15年以上
4,216	1,845	1,224	611	531
100.0%	43.8%	29.0%	14.5%	12.6%

※児童養護施設入所児童等調査（平成３０年２月１日現在）

（２６）委託児童数

総　数	1人	2人	3人	4人	不詳
4,216	3,208	789	166	42	11
100.0%	76.1%	18.7%	3.9%	1.0%	0.3%

※児童養護施設入所児童等調査（平成３０年２月１日現在）

（２７）里親の年齢

	総　数	30歳未満	30〜39歳	40〜49歳	50〜59歳	60歳以上	いない	不　詳
里　父	4,216	11	203	964	1,140	1,345	10	528
	100.0%	0.3%	4.8%	22.9%	27.0%	31.9%	0.2%	12.5%
里　母	4,216	28	251	1,207	1,374	1,251	10	82
	100.0%	0.7%	6.0%	28.6%	32.6%	29.7%	0.2%	1.9%

※児童養護施設入所児童等調査（平成３０年２月１日現在）

（２８）里親の職業

		社会福祉事業従事者	宗教家	教員	専門・技術	管理	事務	販売	農林・漁業	単純労働	サービス	その他の就業者	就業していない	不詳	いない
里父	4,216	178	448	110	675	223	341	178	121	236	288	467	399	24	528
	100.0%	4.2%	10.6%	2.6%	16.0%	5.3%	8.1%	4.2%	2.9%	5.6%	6.8%	11.1%	9.5%	0.6%	12.5%
里母	4,216	297	280	75	256	39	257	107	67	37	274	540	1,876	29	82
	100.0%	7.0%	6.6%	1.8%	6.1%	0.9%	6.1%	2.5%	1.6%	0.9%	6.5%	12.8%	44.5%	0.7%	1.9%

※児童養護施設入所児童等調査（平成３０年２月１日現在）

（２９）年間所得

総　数	平均所得金額
里親家庭	594.4万円
一般家庭	551.6万円

※児童養護施設入所児童等調査（平成３０年２月１日現在）　※一般家庭は「平成３０年国民生活基礎調査」

（３０）住宅所有状況

総数	自家		借家		その他	不明	不詳
	一戸建て	集合住宅	一戸建て	集合住宅			
4,216	3,034	389	254	438	52	1	48
100.0%	72.0%	9.2%	6.0%	10.4%	1.2%	0.0%	1.1%

※児童養護施設入所児童等調査（平成３０年２月１日現在）

（31）就業状況（令和2年3月1日現在） ※家庭福祉課調べ

委託里親数	里親の構成	里親の就業状況		
4,673 （100%）	夫婦世帯 3,998 （87.2%）	共働き	2,025	43.3%
		一方が働いている	1,709	36.6%
		どちらも働いていない	264	5.6%
	ひとり親世帯 675 （12.8%）	働いている	438	9.4%
		働いていない	237	5.1%

（32）里親の一時的な休息のための援助（レスパイト・ケア）の実施状況（令和元年度実績）

受入先種別	受入施設等数	延利用回数	実施延日数
乳児院	78	397	747
児童養護施設	165	633	1913
里親	558	1359	3,816
その他	38	170	596
合計	839	2,559	7,072

※レスパイト・ケアを利用した里親
　世帯数・・・863世帯

※家庭福祉課調べ

（33）児童相談所の里親担当職員と里親委託等推進員の配置状況（平成31年4月1日現在：家庭福祉課調べ）

		児童相談所の体制		
	児童相談所数	里親担当職員	専任	兼任
全　国	215	631	166	465
1　北　海　道	8	8		8
2　青　森　県	6	39	1	38
3　岩　手　県	3	5	1	4
4　宮　城　県	3	7		7
5　秋　田　県	3	4	1	3
6　山　形　県	2	6		6
7　福　島　県	4	7		7
8　茨　城　県	3	11		11
9　栃　木　県	3	13	3	10
10　群　馬　県	3	6		6
11　埼　玉　県	7	31		31
12　千　葉　県	6	12	7	5
13　東　京　都	11	28	15	13
14　神　奈　川　県	5	10	8	2
15　新　潟　県	5	33	5	28
16　富　山　県	2	7		7
17　石　川　県	2	2	2	
18　福　井　県	2	7	2	5
19　山　梨　県	2	4	1	3
20　長　野　県	5	37	9	28
21　岐　阜　県	5	7		7
22　静　岡　県	5	11	3	8
23　愛　知　県	10	60		60
24　三　重　県	6	16	2	14
25　滋　賀　県	3	4		4
26　京　都　府	3	8		8
27　大　阪　府	6	7		7
28　兵　庫　県	5	10		10
29　奈　良　県	2	4	1	3
30　和　歌　山　県	2	6		6
31　鳥　取　県	3	3		3
32　島　根　県	4	6		6
33　岡　山　県	3	3	3	
34　広　島　県	3	7		7
35　山　口　県	6	7	7	
36　徳　島　県	3	7		7
37　香　川　県	2	5	2	3
38　愛　媛　県	3	3	1	2
39　高　知　県	2	6		6
40　福　岡　県	6	6	6	
41　佐　賀　県	2	4		4
42　長　崎　県	2	8	6	2
43　熊　本　県	2	7	3	4
44　大　分　県	2	7	6	1
45　宮　崎　県	3	3		3
46　鹿　児　島　県	3	10	4	6
47　沖　縄　県	2	5	5	
48　札　幌　市	1	3	2	1
49　仙　台　市	1	3		3
50　さ　い　た　ま　市	1	11	10	1
51　千　葉　市	1	5		5
52　横　浜　市	4	8	8	
53　川　崎　市	3	11	5	6
54　相　模　原　市	1	3	3	
55　新　潟　市	1	2	2	
56　静　岡　市	1	4		4
57　浜　松　市	1	5	5	
58　名　古　屋　市	3	9	6	3
59　京　都　市	2	3		3
60　大　阪　市	2	15	5	10
61　堺　市	1	4	3	1
62　神　戸　市	1	3	3	
63　岡　山　市	1	5	2	3
64　広　島　市	1	4	3	1
65　北　九　州　市	1	3		3
66　福　岡　市	1	7		7
67　熊　本　市	1	3		3
68　横　須　賀　市	1	3	2	1
69　金　沢　市	1	5		5
70　明　石　市	1	5		5

おわりに

　ある日、仕事から帰宅すると、数年前まで我が家で受託していた子どもがリビングに座っています。これまで我が家に来る際には「遊びに行くね」という連絡があったので、ちょっとびっくりして「どうしたの？」と訊ねると、ここしばらくストーカー行為で困っていたのだといいます。今日はアパートにいることが怖くなってしまい、とにかく逃げたい一心でここまで来たと話すのです。自分で自分を守れたことを肯定的に伝えながら、まずは休める場所を用意し、一緒に警察で相談してみることにしました。

*

　念のためにお断りしておくと、この話は特定の人物のことを描写したものではありません。しかし、子どもの養育にかかわってきた人たちにとっては、「そういうことは十分ありうるな」と感じるエピソードではないかと思います。

　わたしたちは、生きていく中でさまざまな予期せぬ出来事に出くわします。時には、今いる場所から退避することが迫られるような場合もあります。退避するところは、必ずしも生まれ育った家庭である必要はありません。もしも家庭以外の避難所や休息所があれば、そこに逃げ込んでも構わないでしょう。しかし、たいていの人にとっては、「ここなら退避してもだいじょうぶ」と思える場所は、あるがままの自分を知り、そうした自分を受け止めてくれるはずだという感覚があるところに違いありません。そこで「家庭」が登場します。

＊＊

　本書を通して学習してきたように、「家庭」をすべての子ども・若者に保障することを、現代の子ども家庭福祉は目指しています。こうした方向性は、ここ20年ほどの年月をかけて、ようやくできあがってきたものです。

　実際、編者のふたりが社会福祉を学び始めた頃は、社会的養護を改革しようという機運はあったものの、養護の役割は「最低生活保障」というところにとどまりがちな実態が広く見られました。子どもたちにとってのアメニティ（居心地のよさ）を向上させようという試みは必ずしも広がりにくく、例えば児童養護施設の中には、思春期になってもプライバシーが保障される空間が与えられなかったり、公立高校でなければ進学させない方針をとっている施設さえあったりしたものです。結果的に、経済的な生活水準が向上した一般家庭と施設との乖離は大きなものとなっていきました。

その後、編者たちが本格的に研究の道を志すようになると、身近なところで里親養育の普及・啓発に尽力している人たちがいることを知るようになりました——本書の編集代表もそのひとりでした。そして、その人たちが社会や行政にはたらきかけ、実際に家庭養護のしくみの整備が急速に進んでいく様子を目の当たりにしてきました。

編者たちがそうした人たちから学んできたことのひとつは、家庭養護を単純に量的に拡充していくことではなく、家庭養護を何よりも「子どもの権利を守るもの」として機能させていくということです。子どもの権利が守られる養育が行われるからこそ、「家庭」はやがておとなへと移行してゆく子どもたちにとってのホームグラウンドになるわけです——このことを忘れてしまうと、家庭は子どもたちにとって退避できるところではなく、回避すべき場となってしまいかねません。

＊ ＊ ＊

そうした理想を確実に実現していくためにも、家庭養護を支えるフレームワーク（＝理念を実現するためのしくみ）が大事になります。

本書は、このフレームワークを学ぶためのものでしたが、養育そのものというよりも、それを取り巻くしくみの話が中心ということもあって、少々難解に感じられるところがあったかもしれません。しかし、編集代表・編者を含む執筆者全員、家庭養護が子どもの権利擁護に資するものとなるよう強く願っていることが伝わる書に仕上がったものと自負しています。

本シリーズで家庭養護をより具体的に学習していく中で、本書が解説したフレームワークを思い出し、実際に行われる養育や支援を結び付けていくことを願っています。そして、さらによりよい制度・政策を創造していけるよう、子どもたちとともに家庭養護からソーシャルアクションを起こしていきましょう。

2021年5月

澁 谷 昌 史

▌編集代表

相澤 仁（あいざわ・まさし）

1956年埼玉県生まれ。

立教大学大学院文学研究科教育学専攻博士課程後期課程満期退学。

国立武蔵野学院長を経て、2016年4月より、大分大学福祉健康科学部教授。

日本子ども家庭福祉学会会長、日本子ども虐待防止学会理事。

『子どもを健やかに養育するために』（共編、2003年、日本児童福祉協会）、『児童生活臨床と社会的養護』（分担執筆、2012年、金剛出版）、『やさしくわかる社会的養護シリーズ全7巻』（編集代表、2012～2014年、明石書店）

▌編集

澁谷昌史（しぶや・まさし）

上智大学大学院文学研究科社会学専攻社会福祉コース博士前期課程修了。

上智社会福祉専門学校社会福祉士・児童指導員科専任教員、社会福祉法人恩賜財団母子愛育会日本子ども家庭総合研究所研究員などを経て、2007年4月に関東学院大学文学部に准教授として着任。現在、同大学社会学部教授。

『子どもの養育・支援の原理──社会的養護総論』（やさしくわかる社会的養護シリーズ1）（共編、2012年、明石書店）、『児童・家庭福祉』（最新社会福祉士養成講座3）（共編、2021年、中央法規出版）

伊藤嘉余子（いとう・かよこ）

同志社大学大学院文学研究科博士前期課程修了、修士（社会福祉学）。

日本社会事業大学大学院社会福祉学研究科博士後期課程修了、博士（社会福祉学）。

福島学院大学講師、埼玉大学准教授等を経て、現在、大阪府立大学地域保健学域教育福祉学類／大学院人間社会システム科学研究科教授。

『児童養護施設におけるレジデンシャルワーク』（単著、明石書店、2007年）、『子どもと社会の未来を拓く──相談援助』（単著、青踏社、2013年）、『子どもと社会の未来を拓く──保育相談支援』（単著、青踏社、2013年）、『児童福祉──子ども家庭福祉と保育者』（共編著、樹村房、2009年）、『アメリカの子ども保護の歴史』（共訳、明石書店、2011年）、「社会的養護の子どもと措置変更──養育の質とパーマネンシー保障から考える」（編著、2017年、明石書店）

■執筆者一覧〈執筆順、（　）は担当個所〉

澁谷　昌史　関東学院大学社会学部教授（第1章、コラム）

石田賀奈子　立命館大学産業社会学部准教授（第2章）

相澤　　仁　大分大学福祉健康科学部教授（第3章、コラム）

安藤　　藍　千葉大学教育学部准教授（第4章、コラム）

伊藤嘉余子　大阪府立大学地域保健学域教授（第5章、コラム）

島　　玲志　大阪府岸和田子ども家庭センター相談対応第二課課長（第6章）

林　　浩康　日本女子大学人間社会学部教授（第7章、コラム）

石田　慎二　帝塚山大学教育学部教授（第8章）

栄留　里美　大分大学福祉健康科学部専任講師（第9章、コラム）

シリーズ みんなで育てる家庭養護 里親・ファミリーホーム・養子縁組 ❶

家庭養護のしくみと権利擁護

2021年6月30日　初版第1刷発行

編集代表	相　澤　　　仁
編　　集	澁　谷　昌　史
	伊　藤　嘉　余　子
発 行 者	大　江　道　雅
発 行 所	株式会社　明石書店

〒101-0021　東京都千代田区外神田 6-9-5
　　　　　　電　話　03 (5818) 1171
　　　　　　F A X　03 (5818) 1174
　　　　　　振　替　00100-7-24505
　　　　　　https://www.akashi.co.jp/

　　　　　装丁　　　　　　谷川のりこ
　　　　　印刷・製本　モリモト印刷株式会社

（定価はカバーに表示してあります）　　　　　　　ISBN978-4-7503-5234-3

社会的養護の子どもと措置変更

養育の質とパーマネンシー保障から考える

伊藤嘉余子編著

◎2600円

子ども虐待 家族再統合に向けた心理的支援

児童相談所の現場実践からのモデル構築

千賀則史著

◎3700円

「三つの家」を活用した子ども虐待のアセスメントとプランニング

親子に笑顔がもどる10の方法

ニキ・ウェルド、ソニア・パーカー、井上直美編著

◎2800円

むずかしい子を育てるペアレント・トレーニング

野口啓示著　のぐちふみこイラスト

◎1600円

アメリカの子ども保護の歴史

虐待防止のための改革と提言

明石ライブラリー⒁

ジョン・E・B・マイヤーズ著

庄司順一、澁谷昌史、伊藤嘉余子訳

◎5500円

ダイレクト・ソーシャルワーク ハンドブック

対人支援の理論と技術

ディーン・H・ヘプワース、ロナルド・H・ルーニーほか著

武田信子監修　山野則子、澁谷昌史、平野直己ほか監訳

◎25000円

スクールソーシャルワーク ハンドブック

実践・政策・研究

キャロル・リッペイ・マサット、マイケル・S・ケリー、ロバート・コンスタブル編著　山野則子監修

◎20000円

子どもの養子縁組ガイドブック

特別養子縁組・普通養子縁組の法律と手続き

家庭養護促進協会大阪事務所編集　岩﨑美枝子監修

◎2200円

社会的養護のもとで育つ若者の「ライフチャンス」

選択肢とつながりの保障、「生の不安定さ」からの解放を求めて

永野咲著

◎3700円

施設で育った子どもたちの居場所「日向ぼっこ」と社会的養護

社会的養護の当事者参加推進団体 日向ぼっこ編著

◎1600円

社会的養護児童のアドボカシー

意見表明権の保障を目指して

栄留里美著

◎4500円

ライフストーリーワーク入門

社会的養護への導入・展開がわかる実践ガイド

山本智佳央、楢原真也、徳永祥子、平田修三編著

◎2200円

ソーシャルペダゴジーから考える施設養育の新たな挑戦

マーク・スミス、レオン・フルチャー、ピーター・ドラン著　楢原真也監訳

◎2500円

子ども虐待対応における保護者との協働関係の構築

家族と支援者へのインタビューから学ぶ実践モデル

鈴木浩之著

◎4600円

子ども虐待対応におけるサインズ・オブ・セーフティ・アプローチ実践ガイド

子どもの安全(セーフティ)を家族とつくる道すじ

菱川愛、渡邉直、鈴木浩之編著

◎2800円

ファミリーグループ・カンファレンス入門

子ども虐待における「家族」が主役の支援

林浩康、鈴木浩之編著

佐藤和宏、妹尾洋之、新納拓爾、根本顕著

◎2500円

子どものための里親委託・養子縁組の支援

宮島清、林浩康、米沢普子 編著

A5判／並製／244頁 ◎2400円

2016年の児童福祉法改正と養子縁組あっせん法の成立、2017年の新しい社会的養育ビジョンを経て、日本の家庭養護は大きな転換期を迎えている。それを受け本書では、子どもの最善の利益を図る里親制度、養子縁組とは何かを改めて議論するためのプラットホームを提供する。

●内容構成●

里親と子ども

『里親と子ども』編集委員会 編　A5判／並製　◎各1500円

「里親制度・里親養育とその関連領域」に関する専門誌。里親のみならず、施設関係者、保健医療関係者、教育・保育など幅広い領域の方々に向けて、学術的な内容をわかりやすい形で提供していく。

〈価格は本体価格です〉

実践に活かせる専門性が身につく！

やさしくわかる【全7巻】
社会的養護シリーズ

編集代表 相澤 仁 (大分大学)　　A5判／並製／各巻2400円

- 社会的養護全般について学べる総括的な養成・研修テキスト。
- 「里親等養育指針・施設運営指針」「社会的養護関係施設第三者評価基準」（平成24年3月）、「社会的養護の課題と将来像」（平成23年7月）の内容に準拠。
- 現場で役立つ臨床的視点を取り入れた具体的な実践論を中心に解説。
- 執筆陣は、わが国の児童福祉研究者の総力をあげるとともに、第一線で活躍する現場職員が多数参加。

1 子どもの養育・支援の原理——社会的養護総論
柏女霊峰 (淑徳大学)・澁谷昌史 (関東学院大学) 編

2 子どもの権利擁護と里親家庭・施設づくり
松原康雄 (明治学院大学) 編

3 子どもの発達・アセスメントと養育・支援プラン
犬塚峰子 (大正大学) 編

4 生活の中の養育・支援の実際
奥山眞紀子 (国立成育医療研究センター) 編

5 家族支援と子育て支援——ファミリーソーシャルワークの方法と実践
宮島 清 (日本社会事業大学専門職大学院) 編

6 児童相談所・関係機関や地域との連携・協働
川﨑二三彦 (子どもの虹情報研修センター) 編

7 施設における子どもの非行臨床——児童自立支援事業概論
野田正人 (立命館大学) 編

〈価格は本体価格です〉

シリーズ みんなで育てる家庭養護

里親・ファミリーホーム・養子縁組

相澤仁 [編集代表]

これまでの子どものケアワーク中心の個人的養育から、親子の関係調整など多職種・多機関との連携によるソーシャルワーク実践への転換をはかる、里親・ファミリーホームとそれを支援する関係機関に向けた、画期的かつ総合的な研修テキスト。

◎B5判／並製／◎各巻 2,600円

〈価格は本体価格です〉